icve 智慧职教

智能制造专业
新形态一体化教材

U0650928

工业机器人工作站系统集成

▶ 主编　双元教育

高等教育出版社·北京

内容提要

　　本书围绕工程实践，将工程分解为8部分，以工程项目引导方式讲解工业机器人工作站系统集成。 具体内容包括系统集成概述、系统整体设计、系统外设选型和设计、电气控制系统设计、视觉和传感系统设计、系统程序设计、系统装调、项目管理。

　　本书实现了互联网与传统教育的完善融合，采用"纸质教材+数字化资源+在线课程"的出版形式，以数字化资源标签和二维码的结合突出资源导航。 扫描二维码即可观看微课、动画等视频类学习内容，随扫随学，突破传统课堂教学的时空限制，激发学生自主学习的兴趣，打造高效课堂。 授课教师可发邮件至编辑邮箱 1377447280@ qq. com 索取配套资源。

　　本书适合作为高等职业院校工业机器人技术专业、机电一体化专业及相关专业的教材，也可供从事工业机器人应用工作的工程技术人员参考。

图书在版编目(CIP)数据

　　工业机器人工作站系统集成／双元教育主编. --北京:高等教育出版社,2021.11
　　ISBN 978 - 7 - 04 - 052114 - 6

　　Ⅰ.①工… Ⅱ.①双… Ⅲ.①工业机器人-工作站-系统集成技术-高等职业教育-教材 Ⅳ.①TP242.2

　　中国版本图书馆 CIP 数据核字(2019)第 116132 号

工业机器人工作站系统集成

GONGYE JIQIREN GONGZUOZHAN XITONG JICHENG

| 策划编辑 | 郭　晶 | 责任编辑 | 郭　晶 | 封面设计 | 赵　阳 | 版式设计 | 马　云 |
| 责任校对 | 王　雨 | 责任印制 | 存　怡 | | | | |

出版发行	高等教育出版社	网　址	http://www.hep.edu.cn
社　址	北京市西城区德外大街 4 号		http://www.hep.com.cn
邮政编码	100120	网上订购	http://www.hepmall.com.cn
印　刷	北京利丰雅高长城印刷有限公司		http://www.hepmall.com
开　本	787mm×1092mm　1/16		http://www.hepmall.cn
印　张	14.5		
字　数	300 千字	版　次	2021年11月第1版
购书热线	010-58581118	印　次	2021年11月第1次印刷
咨询电话	400-810-0598	定　价	42.00元

"智慧职教"服务指南

"智慧职教"是由高等教育出版社建设和运营的职业教育数字教学资源共建共享平台和在线课程教学服务平台，包括职业教育数字化学习中心平台（www. icve. com. cn）、职教云平台（zjy2. icve. com. cn）和云课堂智慧职教 App。用户在以下任一平台注册账号，均可登录并使用各个平台。

- 职业教育数字化学习中心平台（www. icve. com. cn）：为学习者提供本教材配套课程及资源的浏览服务。

登录中心平台，在首页搜索框中搜索"工业机器人工作站系统集成"，找到对应作者主持的课程，加入课程参加学习，即可浏览课程资源。

- 职教云（zjy2. icve. com. cn）：帮助任课教师对本教材配套课程进行引用、修改，再发布为个性化课程（SPOC）。

1. 登录职教云，在首页单击"申请教材配套课程服务"按钮，在弹出的申请页面填写相关真实信息，申请开通教材配套课程的调用权限。

2. 开通权限后，单击"新增课程"按钮，根据提示设置要构建的个性化课程的基本信息。

3. 进入个性化课程编辑页面，在"课程设计"中"导入"教材配套课程，并根据教学需要进行修改，再发布为个性化课程。

- 云课堂智慧职教 App：帮助任课教师和学生基于新构建的个性化课程开展线上线下混合式、智能化教与学。

1. 在安卓或苹果应用市场，搜索"云课堂智慧职教"App，下载安装。

2. 登录 App，任课教师指导学生加入个性化课程，并利用 App 提供的各类功能，开展课前、课中、课后的教学互动，构建智慧课堂。

"智慧职教"使用帮助及常见问题解答请访问 help. icve. com. cn。

前言

  工业机器人系统集成作为工业智能制造的核心技术之一,贯穿于设计、生产、管理、服务各个环节。具有自感知、自学习、自决策、自执行、自适应等功能的新型生产方式,促进着工业机器人系统集成技术水平的不断升级。工业智能制造的快速发展也离不开工业机器人系统集成多方式的系统整合。特别在"中国制造 2025""工业 4.0"等国内、国际推动智能化生产的环境中,传统制造业改造升级,新兴产业蓬勃兴起,工业系统集成已成为推动智能制造快速发展的产业。其中工业系统集成的核心在于工业机器人系统集成。工业机器人系统集成行业属于技术密集型产业,核心技术的积累和技术创新是推动其取得竞争优势的关键因素。

  在国家新工科人才培养方式倡导下,本书结合工程实际,以"工程项目引导"的教育理念把教学理论融入工程实践。全书将一个整体学习项目分为 8 部分,从用户需求分析、项目计划、项目设计实施、调试验收、项目管理等方面,全方位介绍工业机器人工作站系统集成项目的整个工程化过程;具体涵盖了工业机器人编程应用、系统工具设计、控制系统设计、机器视觉应用、智能传感器等专业知识,使读者能够掌握工业机器人工作站系统集成的设计理念与方法,掌握相关专业技术技能,形成系统化的思维体系和项目整体化的设计能力。

  本书由双元教育科技有限公司(以下简称"双元教育")组织编写,是面向工业机器人应用高端技能人才培养的体系化教材之一。双元教育整合教育资源、合作企业资源,在充分调研企业当前、未来岗位需求的基础上,在以知名院校专家、企业专家为核心组成的专家指导委员会的带领下,历时 1 年编写完成本体系化教材。本套体系化教材包括《工业机器人技术基础》《工业机器人现场编程》《工业机器人离线编程与仿真》《工业机器人工作站系统建模》《工业机器人工作站电气系统设计》《工业机器人工装系统设计》《工业机器人工作站系统集成》《工业机器人系统维护与维修》,学习者可以进行体系化学习或单项学习。

  在本书的编写过程中,编者参阅了国内外相关著作、资料,在此向原文献作者表示衷心的感谢。

  由于机器人技术的发展日新月异,应用领域广泛,编者水平有限,对于书中不妥之处,敬请读者批评指正,并提出宝贵意见。

编 者

2021 年 3 月

目录

项目1 概述 ········· 1

任务一 系统集成综述 ········· 2

1.1.1 工业机器人系统集成在自动化
系统中的地位 ········· 2

1.1.2 系统集成的特点 ········· 2

1.1.3 系统集成应用技术概述 ········· 3

任务二 典型工业机器人系统集成介绍 ········· 6

1.2.1 工业机器人系统集成必要性 ········· 6

1.2.2 工业机器人系统结构 ········· 7

1.2.3 工业机器人系统集成特点 ········· 7

1.2.4 工业机器人系统集成行业特点 ········· 8

1.2.5 典型工业机器人系统 ········· 8

任务三 系统集成流程 ········· 11

1.3.1 开发阶段 ········· 11

1.3.2 准备阶段 ········· 12

1.3.3 实施阶段 ········· 12

任务四 工业机器人视觉搬运工作站
实训系统介绍 ········· 13

1.4.1 视觉搬运工作站实训系统
设计要求 ········· 13

1.4.2 系统集成任务分配 ········· 15

1.4.3 项目集成步骤和本书内容
安排 ········· 17

项目自评 ········· 18

学习体会 ········· 18

练习题 ········· 19

项目2 系统整体设计 ········· 21

任务一 用户需求分析 ········· 22

2.1.1 用户需求分析方法 ········· 22

2.1.2 用户需求分析内容 ········· 25

2.1.3 本项目需求分析 ········· 26

任务二 工业机器人选型 ········· 28

2.2.1 工业机器人类型和主要参数 ········· 28

2.2.2 工业机器人选型主要因素 ········· 33

2.2.3 本项目工业机器人选型 ········· 36

任务三 系统方案设计 ········· 37

2.3.1 系统设计基本原则和内容 ········· 37

2.3.2 方案设计工具 ········· 39

2.3.3 本项目系统设计 ········· 41

项目自评 ········· 48

学习体会 ········· 48

练习题 ········· 48

项目3 系统外设选型和设计 ········· 51

任务一 末端执行器选型和设计 ········· 52

3.1.1 末端执行器类型和特点 ········· 52

3.1.2 末端执行器工作原理 ········· 54

3.1.3 末端执行器选型和设计原则 ········· 58

任务二 典型工业机器人工作站执行
装置 ········· 59

3.2.1 搬运机器人工作站执行装置 ········· 60

3.2.2 焊接机器人工作站执行装置 ········· 63

3.2.3 喷涂机器人工作站执行装置 ········· 69

任务三 外围系统选型和设计 ········· 71

3.3.1 供料装置选型 ········· 71

3.3.2 传送装置选型 ········· 73

3.3.3 工件定位和夹紧 ········· 74

3.3.4 仓储模块选型 ········· 78

任务四 本项目工作站末端执行器及
外围设备选型和设计 ········· 80

3.4.1 末端执行器选型和设计 ········· 80

3.4.2 上料模块选型和设计 ········· 81

3.4.3 传送模块选型和设计 ········· 81

3.4.4 仓储模块选型和设计 ········· 82

项目自评 ········· 83

学习体会 ………………………… 83
练习题 …………………………… 84

项目 4 电气控制系统设计 ……… 85

任务一 工业机器人系统集成控制系统 86
  4.1.1 工业机器人控制系统概述 …… 86
  4.1.2 工作站控制系统结构 ……… 87

任务二 基于工业机器人控制器的电气
     系统设计 …………………… 89
  4.2.1 工业机器人控制器简介 …… 89
  4.2.2 工业机器人控制系统设计 … 92

任务三 基于 PLC 的电气系统设计 … 95
  4.3.1 PLC 控制器概述 ………… 95
  4.3.2 PLC 控制器选型 ………… 99
  4.3.3 关键电气设备选型 …… 101
  4.3.4 PLC 控制系统设计 …… 104

任务四 典型外部系统电气设计 …… 109
  4.4.1 伺服驱动电气系统设计 … 109
  4.4.2 传感器信号采集系统设计 … 113

项目自评 …………………………… 115
学习体会 …………………………… 115
练习题 ……………………………… 116

项目 5 视觉和传感系统设计 …… 117

任务一 机器视觉系统选型和设计 … 118
  5.1.1 视觉系统概述 ………… 118
  5.1.2 视觉设备选型 ………… 124
  5.1.3 视觉系统设计 ………… 127

任务二 传感系统和智能传感器 …… 138
  5.2.1 传感器概述 …………… 138
  5.2.2 智能传感器 …………… 141
  5.2.3 力觉传感器 …………… 143

项目自评 …………………………… 149
学习体会 …………………………… 149
练习题 ……………………………… 149

项目 6 系统程序设计 …………… 151

任务一 PLC 控制系统程序设计 …… 152
  6.1.1 PLC 控制系统程序设计思路 …… 152
  6.1.2 PLC 与工业机器人控制程序
     设计 …………………… 152
  6.1.3 PLC 与外围设备控制程序

     设计 …………………… 160
  6.1.4 PLC 程序编译下载和调试
     运行 …………………… 164

任务二 工业机器人控制系统程序设计 … 168
  6.2.1 工业机器人控制系统程序设计
     思路 …………………… 168
  6.2.2 机器视觉系统程序设计 … 169
  6.2.3 工业机器人系统控制程序
     设计 …………………… 171

任务三 人机界面程序设计 ………… 174
  6.3.1 人机界面程序设计思路 … 174
  6.3.2 人机界面程序设计方法 … 176

项目自评 …………………………… 181
学习体会 …………………………… 181
练习题 ……………………………… 182

项目 7 系统装调 ………………… 183

任务一 工业机器人安装和调试 …… 184
  7.1.1 系统安装和调试概述 …… 184
  7.1.2 工业机器人安装 ……… 185
  7.1.3 工业机器人调试 ……… 188

任务二 典型外围部件安装和调试 … 190
  7.2.1 典型外围系统介绍 …… 190
  7.2.2 典型外围系统安装和调试 … 192

项目自评 …………………………… 194
学习体会 …………………………… 194
练习题 ……………………………… 195

项目 8 项目管理 ………………… 197

任务一 项目策划 …………………… 198
  8.1.1 项目概述 ……………… 198
  8.1.2 需求调研分析 ………… 199
  8.1.3 项目立项论证 ………… 202
  8.1.4 工业机器人实训系统项目
     策划 …………………… 202

任务二 项目综合管理 ……………… 205
  8.2.1 进度计划管理 ………… 205
  8.2.2 成本管理 ……………… 208
  8.2.3 风险管理 ……………… 209
  8.2.4 质量管理 ……………… 210
  8.2.5 安全管理 ……………… 211

8.2.6　标准方法和知识管理 ············ 212

8.2.7　变更管理 ······················· 213

8.2.8　工业机器人实训项目综合

　　　　管理 ······················· 213

任务三　项目验收和文档管理 ············ 215

8.3.1　项目验收 ···················· 215

8.3.2　合同管理 ···················· 217

8.3.3　文档管理 ···················· 217

8.3.4　软件文档管理 ················ 218

项目自评 ····························· 220

学习体会 ····························· 220

练习题 ······························· 220

参考文献 ··························· **221**

概述

　　随着生产力的发展,工业机器人技术已经在各个行业领域得到广泛应用。工业机器人本体无法单独完成特定的工作任务,需要为它配上不同的工具或系统,辅以外围设备,集成为一个有机的整体,协同工作。作为一名工业机器人应用工程师,需要根据系统集成项目的技术功能要求,合理地设计、选型应用设备和控制系统,构建有效的工业机器人工作系统。这项工作就是工业机器人系统集成。

学习目标

知识目标
- 了解工业机器人系统集成的特点。
- 熟悉系统集成中应用的关键技术。
- 掌握工业机器人系统集成的流程。
- 熟悉工业机器人典型系统的集成要求与实现路径。

能力目标
- 能够明确工业机器人系统集成的工作任务与专业分工。
- 能够指明集成系统的整体结构与各个组成部分。
- 能够规划集成项目的流程与工作内容。

学习内容

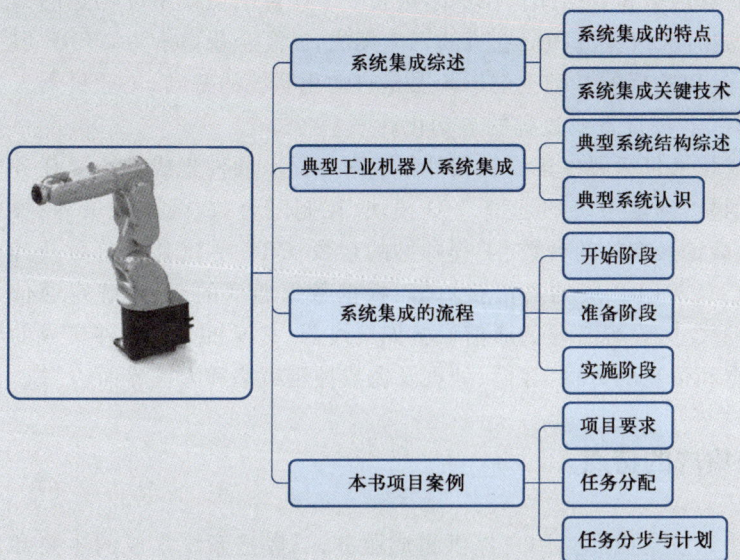

- 系统集成综述
  - 系统集成的特点
  - 系统集成关键技术
- 典型工业机器人系统集成
  - 典型系统结构综述
  - 典型系统认识
- 系统集成的流程
  - 开始阶段
  - 准备阶段
  - 实施阶段
- 本书项目案例
  - 项目要求
  - 任务分配
  - 任务分步与计划

工业机器人系统集成是指根据用户需求,选用可靠、经济的产品,利用相关专业技术,将其连接成一个完整、协调、有效的工作系统,通过不断优化实现系统的整体性能。具体如下。

① 充分了解和掌握用户的需求,并将其转化为具体的控制系统结构、控制策略、量化的任务要求和性能指标。

② 对系统所要求的性能指标进行分解,分配到系统的各个组成环节。

③ 根据各个组成环节的性能指标要求,选择符合要求且性价比高的设备,构建系统的硬件结构,同时要考虑各种设备组合时的相互匹配性。

④ 实现工业机器人集成系统的安装、调试和运行。

在系统集成过程中,能够完成相同任务并达到给定性能指标要求的系统方案往往不止一个,因此需要从安全、环保、节能、成本等多个角度综合考虑,选择最合理的系统方案。这就是系统集成中的优化问题。

工业机器人系统集成的实现涉及用户需求分析、系统设计、系统仿真、设备选型、安装调试、投运与运行维护,还包括售后服务、安全生产、可靠性、标准规范等。这就要求工业机器人应用工程师具备扎实的专业理论基础和丰富的工程经验。

1.1.1 工业机器人系统集成在自动化系统中的地位

目前,工业自动化系统可归纳为三层结构和一个计算机支撑系统。三层结构是指企业资源计划(ERP)层、制造执行系统(MES)层和过程控制系统(PCS)层,计算机支撑系统是指企业网络和数据库。三层结构和一个计算机支撑系统构建的集成系统可实现企业的物流、资金流和信息流的三流集成,提高企业竞争力。ERP 层和 MES 层必须建立在 PCS 层的基础上。PCS 层是自动化系统的基础,工业机器人集成系统位于 PCS 层,实现设备或过程的自动化。

工业机器人集成技术包括硬件集成和软件集成两方面。硬件集成的主要任务是:根据输入、输出信号,确定系统的选型、I/O 模块、控制站台数、网关数量等;根据人机界面的要求,确定操作站的台数、工程师站的台数、CRT 或 LCD 屏幕数及其他外围设备,以及与 MES/ERP 层的通信接口等;根据数据通信的要求,确定通信信道的类型和线缆的尺寸,设置必要的通信设备如集线器、交换机等。软件集成的主要任务是实现数据和信息的传输、存储、处理及完成控制策略和人机界面。

1.1.2 系统集成的特点

系统集成项目由系统集成商为用户提供集成服务,二者是系统集成的主要参与方。从用户的立场来看,系统集成有以下特点。

1. 目标的针对性

企业的生产活动对产品质量、数量产生了新的要求,以优化投入产出比为目标,产生系统集成的需求。通常,企业的系统集成目标和现状会有很大差异。而且,随着产业领域、类型、组成、环境、目标需求的不同,系统集成所采用的方法与构成要素也不同。在很多情况下,实现方法不是唯一的,必须考虑约束条件下的优化。企业系统集成的出发点不尽相同,通常存在下列几种情况。

① 新建生产线的系统集成。

② 已有的集成系统进行升级或扩展。

③ 已有部分集成,要求通过总体系统集成来实现更高目标。

企业作为最终用户,要考虑企业生产对工业机器人系统的目标要求,把握系统总体和关键环节,审视各种方案,权衡利弊。

2. 系统集成的可实现性

系统集成后的功能和应用操作的实用性是企业关注的重点。例如,进行工业机器人系统集成后的生产线,经调整与变换后,能否在安全、可靠的基础上,应用可能的技术来达到企业要求的功能。如果不能满足,即表示该系统集成不可实现。

3. 集成与变革的协调性

应用工业机器人进行系统集成,是企业提供生产力的有效手段。但时代在发展,技术在变革。如何确保集成与变革的协调性,建立一个能协调两者关系的柔性系统,是从企业角度思考的重要问题。

4. 投资的有效性

在上述基础上评估系统集成投资效果是否理想,不仅要立足于当前,也要兼顾将来一段时间。投资的有效性是企业对投资回报的直接或间接经济效果的衡量。

系统集成所采用的产品、技术、方法、过程以及解决方案具有共性,通过经验、知识的积累和提炼,系统集成商形成并提升了自己的系统集成能力。但是,各行业的工艺要求有其特殊性,不可能以不变应万变。因此,系统集成商要实现特定行业的系统集成,还必须懂得行业工艺的需求和规范。

1.1.3 系统集成应用技术概述

工业机器人系统是集计算机、机械、电气、自动化、通信等众多行业于一体的综合性系统的集成。从事工业机器人系统集成工作的工程师应具备的主要专业技术包括计算机控制技术、网络技术、电气控制技术、现代通信技术、嵌入式技术等。

1. 计算机控制技术

计算机控制技术如图 1-1 所示,它是自动化系统集成的基础。计算机控制技术主要包括计算机直接数字控制(DDC)、计算机监督控制(SCC)、集散控制系统(DCS)和分布式控制系统(FCS)四大类。这些系统具有配置通用性强、系统组态灵活、控制功能完善、数据处理方便、显示操作集中、人机界面友好、系统安装调试及维修简单易行等优点。通过采用标准化、模块化和系列化技术,上述系统技术已成为自动化系统集成的核心技术。

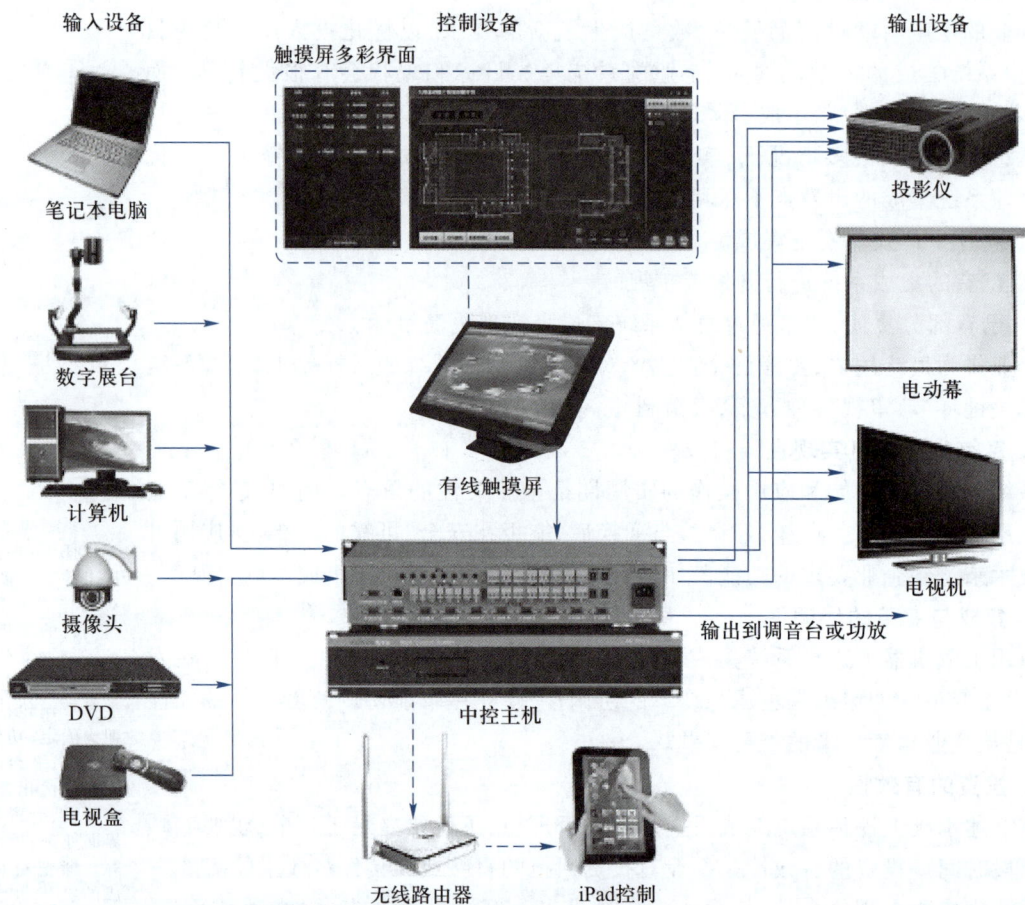

输入设备　　　　　　　　　控制设备　　　　　　　　　输出设备

触摸屏多彩界面

笔记本电脑

数字展台

计算机

摄像头

DVD

电视盒

有线触摸屏

中控主机

输出到调音台或功放

投影仪

电动幕

电视机

无线路由器　　　iPad控制

图 1-1　　计算机控制技术

2. 网络技术

网络技术将分布在不同地理区域的计算机和智能化设备用通信线路互连成一个规模大、功能强的网络系统,从而使众多的计算机可以方便地互相传递信息,共享硬件、软件和数据信息等资源,实现分布式计算和并行处理。

用于企业的计算机网络一般包含处理企业管理与决策信息的信息网络和处理企业现场实时测控信息的控制网络两部分。信息网络一般处于企业中上层,处理大量的、变化的、多样的信息,具有高速、综合的特征。控制网络主要位于企业中下层,处理实时的现场信息,具有协议简单、容错性强、安全可靠等特征。

（1）控制网络的结构

控制网络是一种用于完成自动化任务的特殊类型的计算机网络,如图 1-2 所示,以具有通信能力的传感器、执行器、测控仪表为网络节点,并将其连接成开放式、数字化、多节点通信、完成测量控制任务的网络系统。控制网络可分为面向设备的现场总线控制网络和面向自动化的主干控制网络。

面向设备的现场总线控制网络一般采用现场总线技术。设备层中的设备种类

终端管理

主控制

网络传输

现场控制

现场采集

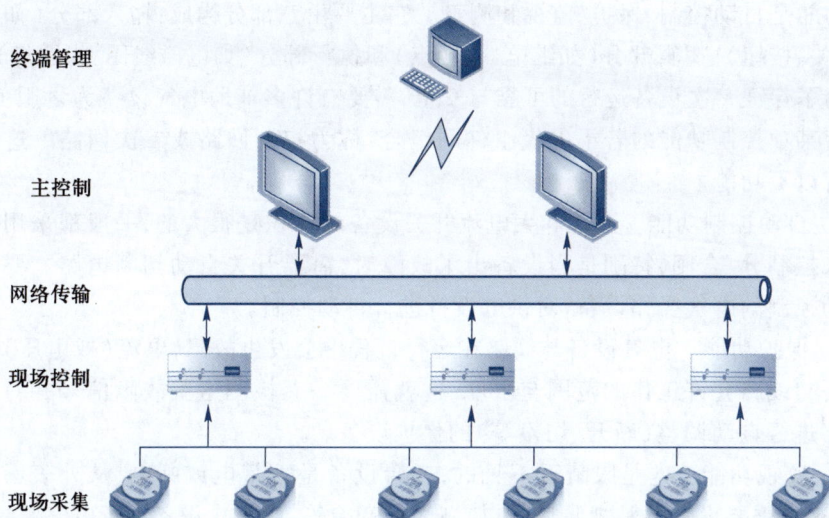

图 1-2　控制网络

繁多,有传感器、启动器、驱动器、I/O 部件、变送器、变换器、阀门等,设备的多样性要求设备层网络满足开放性要求。现场总线本质上是控制系统中底层的通信网络,具有实时性、可靠性、开放性。

面向自动化的主干控制网络负责现场主要控制设备之间、各控制器之间以及控制器和 I/O 部件之间的控制、决策信息的传输。在主干控制网络中,现场总线是主干控制网络的一个接入节点。从发展的角度看,设备层和控制层也可以合二为一,形成一个统一的控制网络层。

控制网络的主要作用是为自动化系统传递数字信息。它所传输的信息内容主要是生产装备运行参数的测量值、控制量、阀门的工作位置、开关状态、报警状态、系统组态等。

（2）控制网络的特点

控制网络技术源于计算机网络技术,与一般的信息网络有许多相同之处,但又有一些差异和独特之处。控制系统特别强调可靠性和实时性,控制网络数据通信以引发物质或能量的运动为最终目的。用于控制的数据通信系统的主要特点如下。

① 实时性高。

② 具有很高的数据完整性。

③ 在电磁干扰和地电位差的环境下能正常工作。

④ 使用专用的通信网等。

控制网络与信息网络的结合,沟通了生产过程现场控制设备之间及其与更高控制管理层之间的联系,使得企业能更好地调度和优化生产过程。

3. 电气控制技术

电气控制系统工艺设计的目的是满足电气控制设备的制造和使用要求,实现对某个或某些对象的控制,从而保证被控设备安全、可靠地运行。电气控制系统的

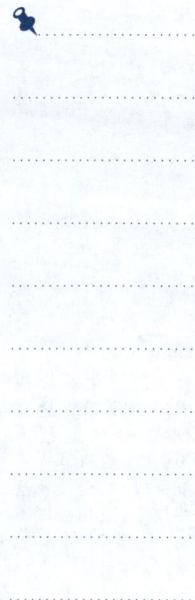

延伸阅读

控制网络与信息网络的区别

提示

控制网络,指应用在自动化领域的工业控制网络,已逐渐与商业网络融合。

主要功能是自动控制、保护、监视和测量。它主要由三部分构成:输入部分(如传感器、开关、按钮)、逻辑部分(如继电器、触点)和执行部分(如电磁线圈、指示灯)。

为了保证一次设备运行的可靠与安全,需要有许多辅助电气设备为之服务,能够实现某项控制功能的若干电气组件的组合,称为控制回路或二次回路。这些设备要有以下功能。

① 自动控制功能。高压和大电流开关设备的体积是很大的,一般都采用操作系统来控制分、合闸,特别是当设备出了故障时,需要开关自动切断电路。要有一套自动控制的电气操作设备,对供电设备进行自动控制。

② 保护功能。电气设备与线路在运行过程中会发生故障,电流(或电压)会超过设备与线路允许工作的范围与限度,这就需要一套检测这些故障信号并对设备和线路进行自动调整(断开、切换等)的保护设备。

③ 监视功能。电是眼睛看不见的,一台设备是否带电或断电,从外表看无法分辨,这就需要设置各种视听信号,如灯光和音响等,对一次设备进行电气监视。

④ 测量功能。灯光和音响信号只能定性地表明设备的工作状态(有电或断电)。如果想定量地知道电气设备的工作情况,还需要有各种仪表测量设备,测量线路的各种参数,如电压、电流、频率和功率的大小。

任务完成报告

姓名		学习日期				
任务名称	系统集成综述					
学习自评	考核内容		完成情况			
	1. 解释工业机器人系统集成的概念		□好	□良好	□一般	□差
	2. 描述系统集成的特点		□好	□良好	□一般	□差
	3. 叙述系统集成中用到的关键技术		□好	□良好	□一般	□差
学习心得						

任务二 典型工业机器人系统集成介绍

1.2.1 工业机器人系统集成必要性

工业机器人是一台具有若干自由度的机电装置,如图1-3所示。孤立的一台工业机器人在生产中没有任何应用价值,只有根据作业内容、工件形式、质量和大小等工艺因素,给工业机器人配以相适应的辅助机械装置、控制系统等外围设备,工业机器人才能成为实用的加工设备。

因此,工业机器人要能够投入工业生产,必然需要对工业机器人进行系统集成。

1.2.2 工业机器人系统结构

工业机器人集成系统主要由工业机器人、电气控制系统、工装系统、人机界面、专用系统等辅助设备以及其他外围设备构成。

① 工业机器人:即用于现场作业的工业机器人,包括工业机器人本体、控制柜、示教器。

② 电气控制系统:包括工业机器人工作站的驱动线路及控制部分,如 PLC 控制系统。

图 1-3 工业机器人本体

③ 工装系统:即工艺装备,包括工业机器人末端执行器,对工件进行固定、操作、加工等作业的工装夹具。

④ 人机界面:用于作业人员方便地操作、使用工业机器人工作站进行生产作业的触摸屏、操作面板等。

⑤ 专用系统:在一些行业,工业机器人的集成应用需要配置专用系统,如焊接系统、喷胶系统、打磨系统,这些专用系统能够完成特定工艺的工作。

⑥ 其他辅助外围设备。

工业机器人工作站系统集成一般包括硬件集成和软件集成两个过程。硬件集成需要根据需求对各个设备接口进行统一定义,以满足通信要求;软件集成则需要对整个系统的信息流进行综合,然后再控制各个设备按流程运转。

1.2.3 工业机器人系统集成特点

1. 技术先进

工业机器人集精密化、柔性化、智能化、软件应用开发等先进制造技术于一体,通过对过程实施检测、控制、优化、调度管理和决策,实现增加产量、提高质量、降低成本、减少资源消耗和环境污染的目的,是工业自动化水平的最高体现。

2. 技术升级

工业机器人与自动化成套装备具有精细制造、精细加工以及柔性生产等技术特点,是继动力机械、计算机之后出现的新一代生产工具,是实现生产数字化、自动化、网络化以及智能化的重要手段。

3. 应用领域广泛

工业机器人与自动化成套设备是生产过程的关键设备,可用于制造、安装、检测、物流等生产环节,并广泛应用于汽车整车及汽车零部件、工程机械、轨道交通、低压电器、电力、IC 装备、军工、金融、医药、冶金、出版印刷等行业,应用领域非常广泛。

4. 技术综合性强

工业机器人与自动化成套技术集中并融合了多项学科,涉及多项技术领域,包

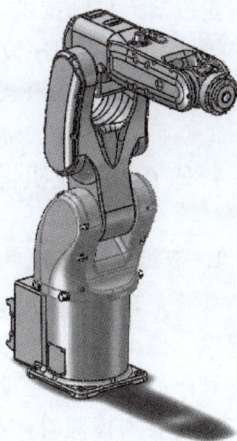

提示
在生产应用中,仅有末端执行器还不足以完成指定的工作,需要配置工装、液压或气压装置、控制器、变位装置、人机界面等辅助设备,才能够满足生产需求。

提示
简单的工业机器人集成系统简称工业机器人工作站。

提示
工业机器人只是整个作业系统的一部分。作业系统包括工装、变位器、辅助设备等外围设备,应该对它们进行系统集成,使之构成一个有机整体,才能完成任务,满足生产需求。

微课
系统集成特点

课件
系统集成特点

括工业机器人控制技术、工业机器人工作仿真、工业机器人构建有限元分析、激光加工技术、模块化程序设计、智能测量、建模加工一体化、工厂自动化以及精细物流等先进制造技术,技术综合性强。

1.2.4　工业机器人系统集成行业特点

1. 不能批量复制

系统集成项目是非标准化的,每个项目都不一样,不能 100% 复制,因此比较难上规模。能上规模的一般都可以复制,比如研发一个产品,定型之后很少修改,每个型号产品都一样,通过生产和销售就能大量复制上规模。而且由于需要垫资,集成商通常要考虑同时实施项目的数量及规模。

2. 要熟悉相关行业工艺

由于工业机器人集成是二次开发产品,需要熟悉下游行业的工艺,要完成重新编程、布放等工作。国内系统集成商,如果聚焦于某个领域,通常可以获得较高的行业壁垒。但是同样由于行业壁垒,很难实现跨行业拓展业务,通过并购也行不通,因此很难做大规模。工业机器人系统集成商规模有限,现阶段国内集成商规模都不大。

3. 需要专业人才

系统集成商的核心竞争力是人才。其中,最关键的是销售人员、项目工程师和现场安装调试人员。销售人员负责获取订单,项目工程师根据订单要求进行方案设计,安装调试人员到客户现场进行安装调试,并最终交付客户使用。几乎每个项目都是非标的,不能简单复制上量。

4. 需要垫付资金

系统集成的付款通常采用"361"或"3331"的方式,即图纸通过审核后拿到 30%,发货后拿到 30%,安装调试完毕拿到 30%,最后剩 10% 的质保金。按照这样一个付款流程,系统集成商通常需要垫资。

1.2.5　典型工业机器人系统

1. 工业机器人搬运工作站

工业机器人在搬运方面有众多的应用,在通信、食品、药品、汽车、金属加工等领域应用广泛,涉及环节包括生产、包装、物流输送、周转、仓储等。采用工业机器人进行搬运工作可以极大地提高劳动生产率,节省人力成本开支,提高定位精度并降低搬运过程中的产品损坏率,保证生产效益的最大化。典型工业机器人搬运工作站如图 1-4 所示。

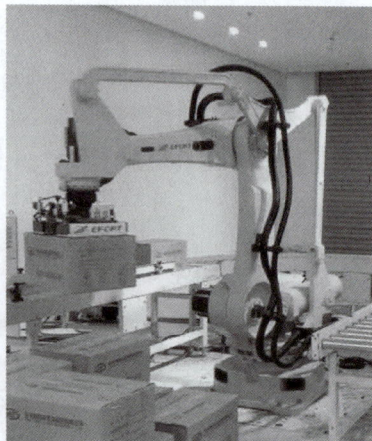

图 1-4　工业机器人搬运工作站

2. 工业机器人焊接工作站

工业机器人焊接的典型应用是汽车行业中使用的点焊和弧焊。许多加工车间都逐步引入焊接工业机器人,用来实现自动化焊接作业。

焊接工业机器人主要包括工业机器人和焊接设备两部分。工业机器人由工业机器人本体和控制柜(硬件及软件)组成。焊接装备,以弧焊及点焊为例,由焊接电源(包括其控制系统)、送丝机(弧焊)、焊枪(钳)等部分组成。对于智能工业机器人,还应有传感系统,如激光或摄像传感器及其控制装置。也可以根据需要配置变位机和行走机构。典型工业机器人焊接工作站如图1-5所示。

图1-5　工业机器人焊接工作站

3. 工业机器人码垛工作站

码垛工业机器人是从事码垛的工业机器人。它将已装入容器的物体,按一定排列码放在托盘、栈板(木质、塑胶)上,进行自动堆码,可堆码多层,然后推出,便于叉车运至仓库储存。码垛工业机器人可以集成在任何生产线中,使生产现场智能化、工业机器人化、网络化,可以实现啤酒、饮料和食品行业多种多样作业的码垛物流,广泛应用于纸箱、塑料箱、瓶类、袋类、桶装、膜包产品及灌装产品等,配套于三合一灌装线等,对各类瓶罐箱包进行码垛。码垛机自动运行分为自动进箱、转箱、分排、成堆、移堆、提堆、进托、下堆、出垛等步骤。典型的工业机器人码垛工作站如图1-6所示。

4. 工业机器人喷涂工作站

喷涂工业机器人又称为喷漆工业机器人(spraypainting robot),是可进行自动喷漆或喷涂其他涂料的工业机器人,1969年由挪威Trallfa公司(后并入ABB集团公司)发明。喷涂工业机器人主要由工业机器人本体、计算机和相应的控制系统组成。液压驱动的喷涂工业机器人还包括液压油源,如油泵、油箱和电机,多采用5或6自由度关节式结构,手臂有较大的运动空间,并可做

图1-6　工业机器人码垛工作站

复杂的轨迹运动。其腕部一般有2~3个自由度,可灵活运动。较先进的喷涂工业机器人腕部采用柔性手腕,既可向各个方向弯曲,又可转动,其动作类似人的手腕,能方便地通过较小的孔伸入工件内部,喷涂其内表面。喷涂工业机器人一般采用

液压驱动,具有动作速度快、防爆性能好等特点,可通过手把手示教或点位示教来实现示教。喷涂工业机器人广泛用于汽车、仪表、电器、搪瓷等工艺生产部门。典型的工业机器人喷涂工作站如图1-7所示。

图1-7 工业机器人喷涂工作站

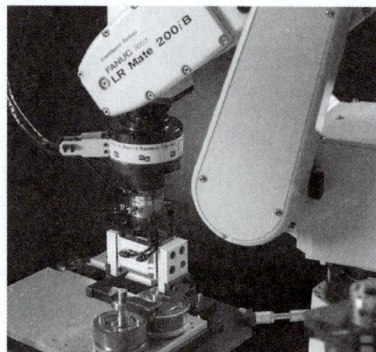

图1-8 工业机器人装配工作站

5. 工业机器人装配工作站

装配工业机器人是柔性自动化装配系统的核心设备,由工业机器人操作机、控制器、末端执行器和传感系统组成。其中操作机的结构类型有水平关节型、直角坐标型、多关节型和圆柱坐标型等;控制器一般采用多 CPU 或多级计算机系统,实现运动控制和运动编程;末端执行器为适应不同的装配对象而设计成各种手爪和手腕等;传感系统用来获取装配工业机器人与环境和装配对象之间相互作用的信息。与一般工业机器人相比,装配工业机器人具有精度高、柔顺性好、工作范围小、能与其他系统配套使用等特点,主要用于各种电器制造行业。典型的工业机器人装配工作站如图1-8所示。

提示

常用的装配工业机器人主要有 PUMA 工业机器人和 SCARA 工业机器人两种类型。

任务完成报告

姓名		学习日期				
任务名称		典型工业机器人系统集成介绍				
学习自评	考核内容		完成情况			
	1. 解释系统集成的必要性		□好	□良好	□一般	□差
	2. 叙述集成系统的结构		□好	□良好	□一般	□差
	3. 叙述工业机器人工作站的特点		□好	□良好	□一般	□差
	4. 叙述系统集成的特点		□好	□良好	□一般	□差
	5. 叙述典型的集成系统的应用		□好	□良好	□一般	□差
学习心得						

任务三 系统集成流程

工业机器人系统集成项目,属于工业自动化领域,遵循自动化项目管理的一般规律,主要分为开发阶段、准备阶段、实施阶段等几个主要阶段,如图 1-9 所示。

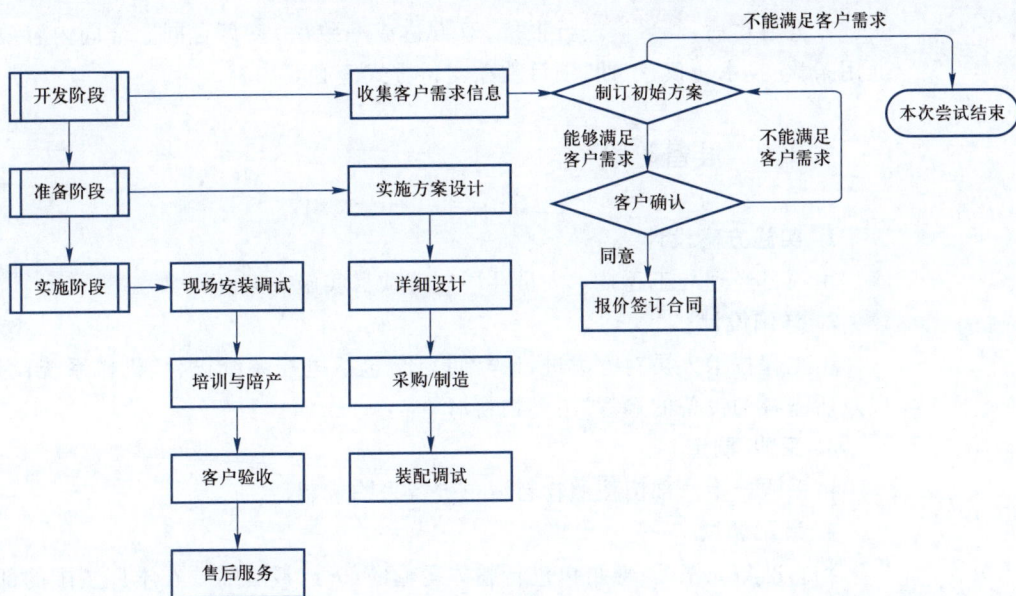

图 1-9　系统集成流程

1.3.1　开发阶段

1. 收集客户需求信息
销售人员与客户联系,取得客户的需求信息。

2. 制订初始方案
得到需求信息后,由工程技术人员进行分析,制订初始方案。这个阶段要确定机械、电控部分的大体框架,进行建模与方案仿真,通过与客户的交流,不断修改完善。

这个环节是整个流程中的关键环节,设计方案能不能满足客户需求决定了集成项目能否继续前进,有很多地方需要注意。

① 客户的需求是否明确、具体。明确具体的要求能够为方案设计人员提供翔实的数据,从而设计的方案才能够最大限度地满足客户需求。

② 客户的需求是发散的还是收敛的。如果客户的需求是发散的,在执行中设计人员、调试人员会面临巨大的困难,会不断地修改设计方案,艰难地修改调试设备,甚至因为客户不断增加的需求达不到而造成项目停滞,或无法验收,无法收取

尾款。

提示
　　初始方案需要由经验丰富的机械、电气等专业人员完成,这个环节决定整个集成项目的成败与项目成本。

③ 客户需求中的现场环境、工艺参数是否采集得足够准确、丰富。在安装调试中,前期大意而忽略的一个参数就可能导致集成项目失败。

3. 客户确认

将初始方案反馈给客户后,由客户确认是否同意进行系统集成。这一步与上一步一般要经过数次方案修改,才能最终确定方案。

4. 报价签订合同

方案通过后,集成商进行报价,双方达成一致后,签订合同。合同内容要包括通用条款、技术协议、工期、项目款项支付方式等必要内容。

1.3.2 准备阶段

1. 实施方案设计

由项目经理与工程技术人员共同制订项目实施方案。

2. 详细设计

由工程技术人员对方案进行详细设计,包括电控系统设计、机械系统设计等,以及所需各种设备的选型,出具物料清单。

3. 采购/制造

由采购或生产部门按照物料清单进行采购或制造。

4. 装配调试

物料准备完毕后,对可以进行整体运输的部分,或者需要在本厂装配的部分进行装配调试。有时要对系统整体进行装配调试,以验证方案的效果。

1.3.3 实施阶段

1. 现场安装调试

本厂调试完毕后,将设备运输到客户现场,进行安装调试。

2. 培训与陪产

系统安装调试完毕,并且能够正常运行后,要对客户使用人员进行培训,传授使用方法。同时为保证集成系统的应用效果,改进一些在应用中发现的问题,工程人员要在客户现场进行陪产,遇到问题随时改进、解决。

3. 客户验收

经陪产验证集成系统满足客户需求后,提请客户进行验收。

4. 售后服务

针对集成系统在应用中可能出现的问题,以及日常运行所需的维护,还要对客户进行售后服务。

本书主要解决系统集成项目中方案设计部分的工作。

任务完成报告

姓名			学习日期		
任务名称			系统集成的流程		
学习自评	考核内容			完成情况	
	1. 描述开发阶段的任务		□好　□良好　□一般　□差		
	2. 描述准备阶段的任务		□好　□良好　□一般　□差		
	3. 描述实施阶段的任务		□好　□良好　□一般　□差		
学习心得					

任务四　工业机器人视觉搬运工作站实训系统介绍

图片
系统平面结构图

本书将以"视觉搬运工作站实训系统"为案例,按照工业机器人系统集成的流程,完成一个工作站集成的项目。

1.4.1　视觉搬运工作站实训系统设计要求

1. 技术要求

（1）项目总体功能概述

将图 1-10 所示的三种物料（等边三角形、正方形、圆形）,通过触摸屏选择物料投放,由输送带输送至指定位置,经视觉系统识别,由工业机器人机械臂搬运到物料相对应的堆放处。操作人员可通过人机界面实现程序的控制、生产状态的监控、生产数据的统计查看等功能。整个生产线布置图如图 1-11 所示。

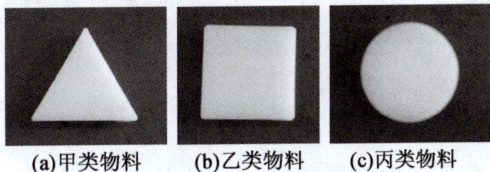

(a)甲类物料　(b)乙类物料　(c)丙类物料

图 1-10　三种物料

技术要求是系统集成商与用户签订合同的标的物,是对系统集成项目要达到目标的详细描述,是项目验收的依据。读者将以视觉搬运工作站的系统集成技术要求为例,学习系统集成的流程与方法。本书要解决的问题就是如何实现技术要求中的各项功能。在项目的执行中,这些工作是由机械工程师、电气工程师、调试工程师负责的。

（2）方案介绍

① 物料分为甲、乙、丙三类,用于实现视觉识别、分拣功能。甲、乙类物料可以用吸盘吸取,丙类物料用夹爪夹取,使用不同类的工具需要用快换装置。三类物料

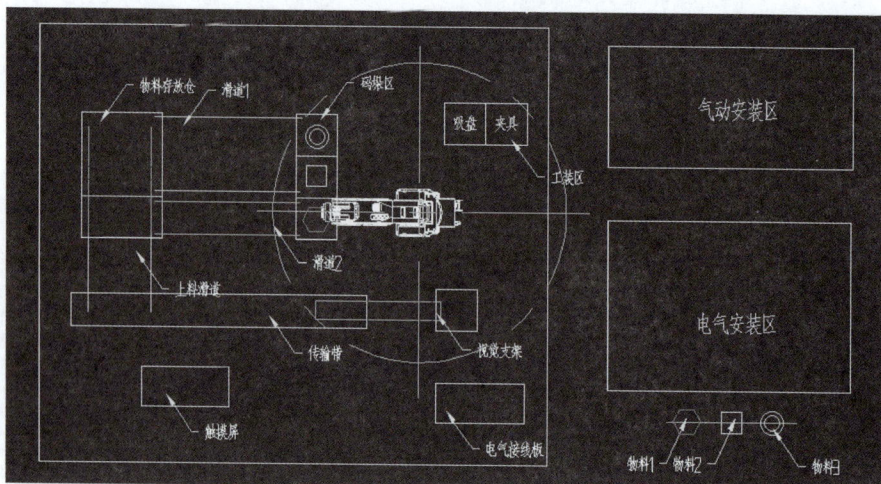

图 1-11   生产线布置图

模拟工厂更换产品而生产线不变。

② 料仓分为三个区,分别对应甲、乙、丙三种物料。因为 6 轴工业机器人的速度受限,每次下料,只下一类物料。

③ 输送带由直流电动机驱动。

④ 快换装置存放吸盘与夹爪两种夹具,用于拾取不同物料。

⑤ 码垛区分为三个区,每个码垛区分别对应相应的料仓。码垛完成后,底部打开,物料滑落回料仓。

⑥ 视觉设备通过支架安装在输送带上方,用于识别物料、引导工业机器人抓取物料。

⑦ 气动系统为吸盘、夹爪、气缸、快换等提供动力。

⑧ 触摸屏是操作人员与工作站的界面,包含各种产品信息,可在上边切换不同产品生产任务。例如,可控制料仓出料、物料统计、工业机器人调速等。

⑨ PLC 是工作站的总控。同时一些接线线路通过面板的形式在工作台上展示,以插拔方式接线。

2. 物料数据(表 1-1)

表 1-1   物 料 数 据

物料	颜色	材质	形状	尺寸/cm	重量/g
甲	白色	塑料	等边三角形	边长 8	25
乙	白色	塑料	正方形	边长 6	25
丙	白色	塑料	圆形	半径 4	30

3. 工作站运行流程

(1)上料方式

物料堆放到料斗中,选中某种料后,打开仓门,依次出料,物料从料斗出来后送到输送带上,向前输送。模拟生产线上不间断地出料。

（2）工艺流程

① 系统启动,传送带运行。

② 从触摸屏上选中甲类物料,打开仓门,将物料送到输送带上。

③ 工业机器人从快换装置上抓取吸盘,进入等待位。

④ 检测到输送带检测区有料信号时,输送带停止,同时发出信号,视觉设备开始工作,拍摄输送带上的照片,识别物料,计算数据,导入工业机器人控制器。

⑤ 工业机器人控制器读取视觉设备发送的数据。

⑥ 工业机器人拾取物料,放置到相应的码垛区。

⑦ 物料码垛完毕,打开底部的门,物料滑落到料仓。

⑧ 循环往复。触摸屏上单击停止,料仓停止供料,工业机器人拾取完毕后,放回吸盘,输送带停止。

⑨ 从触摸屏上选中乙类物料,步骤与甲类物料相同。

（3）节拍时间

根据工业机器人拾取的速度,从触摸屏上调整输送带的速度。

（4）兼容产品

适应甲、乙两类有微小差异的产品,可以换其他物料。

4. 交货内容

交货内容(供货范围)由甲乙双方商定,以文字形式标明甲方应该向乙方提供的设备、文档、服务等明细,在项目完工交付时,逐项交付验收,包括下列内容。

① 工作站布局图。

② 工艺流程图、文档。

③ 电气原理图。

④ PLC、工业机器人等程序的备份。

⑤ 工作站说明书及相关附件说明书。

⑥ 工作站整体,及易损易耗件的适量备件。

⑦ 安装与调试服务。

⑧ 培训服务。

1.4.2 系统集成任务分配

乙方在拿到甲方提供的技术要求后,要任命该项目的项目经理,负责完成统筹协调资源、分配任务、与甲方对接、设备现场安装调试验收交付等本项目的大部分工作。

在工业机器人系统集成项目设计中,各专业部门的主要职责如下。

① 工艺设计部门:负责制订系统的工艺流程方案,如系统的生产加工流程、加工元件的工艺要求等。

② 电气设计部门:主要负责电气线路设计、控制系统设计,如系统设备主电路配电设计、系统控制柜及控制图纸设计、系统自动化运行程序及人机界面设计。

③ 机械部门:负责系统中工装设备的选型或定制化设计,如上下料结构、输送

料机构、末端执行器、工作台等设备的选型和设计。

④ 软件信息化部门：负责系统的智能化、信息化软件网络设计，如 ERP（企业资源计划）管理系统、PLM（产品全生命周期管理）系统、MES（制造执行系统）的开发设计。

⑤ 项目经理召集各专业人员商讨，制订各协同部门的工作任务，以任务书的形式下发，见表 1-2。各协同部门指派负责人员，在规定的时限内，完成任务书的工作内容。

表 1-2　机械设计任务书

项目名称	视觉搬运工作站系统集成	项目编号	TZ001
项目说明	见相应技术要求	协同部门	电气设计
任务要求	1. 与协同部门配合，进行整体方案设计，出具 PPT 文档； 2. 进行整体布局设计，出具布局图； 3. 进行工装及辅助机械部件设计，出具生产图纸； 4. 出具机械、气动等物料清单	成果文档明细	1. 整体设计方案（总）； 2. 布局图； 3. 工装设计图； 4. 工艺装配图； 5. 工艺流程图（总）； 6. 物料清单
负责人		截止日期	年　　月　　日

提示
在实际工作的各专业任务之间存在大量的交叉，需要在工作中逐渐融合，形成快捷、高效、明确的工作流程与分工。

机械设计任务由机械方面的人员设计完成。在任务过程中，需要与协同部门配合，如总体方案设计，需要机械、电气等所有专业人员配合，以避免在设计中出现其他专业无法完成或相互干涉的问题，也有利于各专业人员明确各自任务的输入条件与输出结果。如工装设计中的末端执行器部分，其动力方式有气动、液压、电动等方式，确定其动力方式后，电气或气动、液压专业人员才能进行接续工作。也可能出现机械设计选用的动力方式以当前技术条件无法满足的情况，需要由相关专业人员给予确认。机械设计任务书见表 1-3。

电气专业设计需要确定该工作站的系统构成、控制方式、运行方式、电气原理图、接线图等，电气设计任务书见表 1-3，通常也兼任编程调试的任务，编程调试任务书见表 1-4。

表 1-3　电气设计任务书

项目名称	视觉搬运工作站系统集成	项目编号	TZ001
项目说明	见相应技术要求	协同部门	机械设计
任务要求	1. 与协同部门配合，进行整体方案设计，出具 PPT 文档； 2. 进行系统设计、电气设计，出具电气设计原理图； 3. 出具电气物料清单	成果文档明细	1. 整体方案设计（电气）； 2. 系统原理图； 3. 电气原理图； 4. 电气装配图； 5. 物料清单
负责人		截止日期	年　　月　　日

表 1-4　编程调试任务书

项目名称	视觉搬运工作站系统集成	项目编号	TZ001
项目说明	见相应技术要求	协同部门	机械设计
任务要求	1. 与协同部门配合,规划工作站工艺流程; 2. 预装配完成后,进行 PLC 程序编制、人机界面编制; 3. 调试 PLC 程序、工业机器人程序、触摸屏界面,使满足技术要求	成果文档明细	1. 工艺流程图; 2. 电气接口图; 3. PLC、工业机器人、触摸屏程序备份; 4. 应用手册
负责人		截止日期	年　月　日

1.4.3　项目集成步骤和本书内容安排

前面已经说明了本集成项目的技术要求与任务划分。在此简述本书后续各个分项目的工作内容及其在整个项目中的位置与作用,见表 1-5。

表 1-5　项目分步与主要内容

项目	项目名称	主要内容	主要技术方向
项目 2	系统整体设计	对本项目进行方案整体设计,在进行工艺流程与机械布局设计的同时,讲解方案整体设计的原则与方法	机械、电气自动化
项目 3	系统外设选型及设计	为本项目中用到的外部设备进行选型设计;在选型过程中会讲解选型原则与步骤、方法	机械、电气
项目 4	电气控制系统设计	为本项目选定控制方式;电气系统设计在工作中是统领电气全局的工作,将从该项目电气系统设计入手,讲解设计过程	电气自动化
项目 5	视觉及传感系统设计	为本项目选定视觉设备并实现;将详细讲解典型视觉设备进行识别、引导工作的流程、方法	电气自动化
项目 6	系统程序设计	为本项目设计 PLC 程序与人机界面,包括接口数据的设置与典型工控设备的应用方法等	电气自动化或软件
项目 7	系统装调	设计工作完成后,对系统进行安装调试;将讲解安装、调试的方法与步骤	机械、电气自动化
项目 8	项目管理	本项目设计项目管理的内容,此部分以本项目为例,概述项目管理的内容、方法	

提示

稍小一些的集成项目,会在乙方工厂内进行装配、调试,完成后再拆解或整体运往乙方现场安装调试。稍大的集成项目若无条件在甲方装配,则在乙方现场进行安装调试。本书只关注于设计与调试方面,其中调试任务大部分由电气自动化专业人员承担。

任务完成报告

姓名		学习日期	
任务名称		工业机器人视觉搬运工作战实训系统介绍	

学习自评	考核内容	完成情况
	1. 叙述实训系统的功能要求	□好　□良好　□一般　□差
	2. 叙述各部分任务的内容	□好　□良好　□一般　□差
	3. 叙述项目分步与计划	□好　□良好　□一般　□差
学习心得		

项目自评

序号	学习目标	知识技能点	自我评估结果
1	了解工业机器人系统集成的特点	• 工业机器人系统集成的特点 • 集成中用到的典型技术	□掌握　□初步掌握　□未掌握
2	熟悉典型的工业机器人应用系统	• 集成系统的结构 • 典型的集成系统	□掌握　□初步掌握　□未掌握
3	掌握工业机器人系统集成的流程	• 系统集成的流程 • 各阶段的工作任务	□掌握　□初步掌握　□未掌握
4	熟悉工业机器人实训系统的实现路径	• 实训系统的技术要求 • 任务分配与实现路径	□掌握　□初步掌握　□未掌握

学习体会

练习题

1. 工业机器人集成系统主要由_____、_____、_____、_____、_____等辅助设备以及其他外围设备构成。

2. 典型的工业机器人集成系统主要有_____等。

3. 系统集成的流程通常包括_____。

4. 进行工业机器人系统集成，首先要充分理解_____，并将其转换为具体的控制系统结构、控制策略、量化的任务要求和性能指标。

5. 工业自动化系统可归纳为三层结构和一个计算机支撑系统。其中，三层结构是指企业资源计划（ERP）层、制造执行系统（MES）层和过程控制系统（PCS）层。工业机器人集成位于(　　)。

　　A. 计算机支撑系统　　　　　　　　B. 企业资源计划（ERP）层

　　C. 制造执行系统（MES）层　　　　D. 过程控制系统（PCS）层

6. 工业机器人集成系统通常包括(　　)部分。

　　A. 工业机器人　　　　B. 电气系统　　　　C. 工装系统　　　　D. 专用系统

7. 工业机器人系统集成涉及哪些技术行业？

8. 简述工业机器人工作站的特点。

9. 简述工业机器人系统集成的行业特点。

10. 列表说明系统集成的流程与各流程的大致工作内容。

11. 系统集成项目应如何进行任务分工？

参考答案

项目 1 练习题

系统整体设计

在得到用户的需求后,要按照一定的方法进行分析,分析的结果作为整体设计的依据。需求分析是系统集成项目的前提,包括整体方案是否有效,能否获得合理利润受其直接影响。需求分析完毕后,即进行整体设计,首先要选定核心设备,出具整体设计方案。

用户的需求不同,所采取的系统设计方案和具体的技术指标就会有差异。但是系统设计的基本原则是一致的,即可靠性高,操作性好,实时性强,同时经济效益好。

学习目标

知识目标
- 熟悉用户需求分析的作用、步骤。
- 掌握工业机器人选型的方法。
- 掌握系统方案设计的流程。

能力目标
- 能够根据用户需求,找出系统集成中的关键技术指标。
- 能够根据需求选型工业机器人。
- 能够进行集成系统的整体方案设计。
- 能够撰写系统设计方案说明书。

学习内容

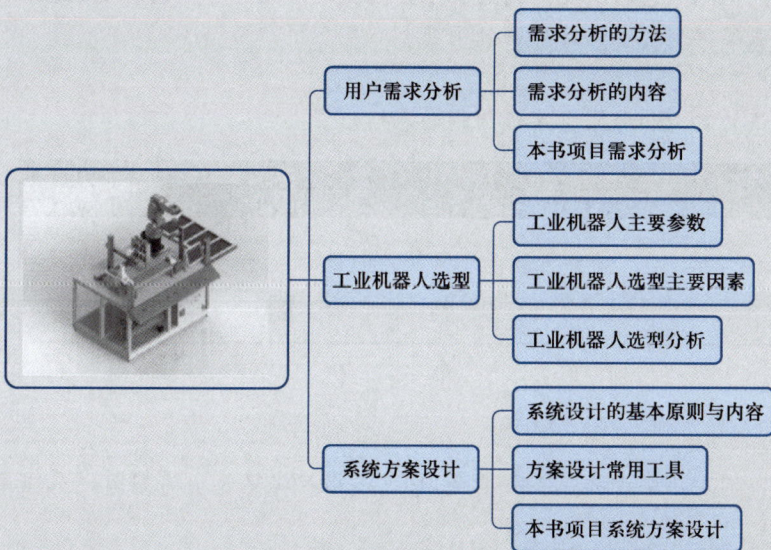

- 用户需求分析
  - 需求分析的方法
  - 需求分析的内容
  - 本书项目需求分析
- 工业机器人选型
  - 工业机器人主要参数
  - 工业机器人选型主要因素
  - 工业机器人选型分析
- 系统方案设计
  - 系统设计的基本原则与内容
  - 方案设计常用工具
  - 本书项目系统方案设计

任务一　用户需求分析

在工业机器人系统整体设计前,设计人员要对用户需求分析具有足够的认识。"良好的开端是成功的一半",即表明需求分析具有决策性、方向性、策略性的作用。需求分析不充分、用户需求描述不完整或不准确,轻则影响集成项目的进度,重则影响系统集成的质量,甚至决定其成败。需求分析的任务就是要回答所开发集成的系统需要完成什么任务,需要具备哪些功能,对于系统性能的要求如何分清主次等,所以《用户需求说明书》的制订是工业机器人系统集成的前提。

2.1.1　用户需求分析方法

工业机器人系统集成项目要满足特定的工艺流程需求。系统集成方要采用合适的方法低成本高效率地获取用户的需求,形成《用户需求说明书》。其样例如下。

---

1. 引言

1.1　项目背景

项目相关业务背景、现状及集成项目的概述等。

1.2　编写目的

说明编写这份需求规格说明书的目的。

1.3　参考资料

列出本需求规格说明书需要的参考资料,如:

(1)本项目的经核准的计划任务书或合同、上级机关的批文;

(2)属于本项目的其他已发表的文件;

(3)本文件中各处引用的文件、资料,包括所要用到的标准。列出这些文件资料的标题、文件编号、发表日期和出版单位,说明能够得到这些文件资料的来源。

1.4　术语定义

列出本文件中用到的专门术语的定义和外文首字母组词的原词组。

序　号	缩写、术语	解　释

2. 需求概述

2.1　用户特点

用户的特点,如操作、维护人员的知识水平和技术专长等,也包括用户组织关系结构图以及组织、部门、岗位的隶属关系与职能。

2.2　适用范围

描述本系统"适用的范围"和"不适用的范围",本系统"应当包含的内容"和"不包含的内容",以便于清晰描述应用需求。

2.3　假定约束

列出影响需求陈述的假设因素。

3.　系统设计

3.1　系统功能

对系统功能与功能流程进行清晰的表达描述。

3.2　系统硬件

描述硬件系统的作用及搭建方案。

3.3　系统软件

描述系统软件的作用及方案。

3.4　其他功能

4.　系统验收标准

明确描述系统的验收标准和依据。

5.　客户确认

系统集成商意见:	客户评审意见:
项目经理签字:	客户签字:

在实际的系统集成项目运作初期,系统集成方和用户方对项目目标并不完全清楚或一致,可分为以下几种类型。

① 系统集成方和用户方都清楚项目需求。

② 系统集成方不清楚项目需求但用户方清楚。

③ 系统集成方和用户方都不完全清楚项目需求等。

针对不同的类型,应采取相应的需求调研和获取方法,一般采用问卷调查法、会议讨论法、现场考察法等。

1. 问卷调查法

问卷调查法适用于系统集成方和用户方都清楚项目需求的情况,可在系统集成方需要进一步明确用户需求中的一些个性化问题时采用。系统集成方通过向用户方发问卷调查表的方式,达到彻底清楚项目需求的目的。因为双方都清楚项目的需求,需要双方进一步沟通的问题就比较少,采用简单的问卷调查法即可得到比较满意的结果。这种方法比较简单,重点明确,能大大缩短需求获取的时间,减少需求获取的成本,提高工作效率。

《问卷调查表》的样例如下。

提示

用户需求说明书不拘泥于此种格式,但是内容至少要包含样例中的内容,可拓展。

微课
用户需求分析方法

课件
用户需求分析方法

延伸阅读
问卷调查法

需求调研记录

编码：

部门名称：　　　　　　　　　　　　调研日期：

需求标题	
调研对象	
调研人员	
调研方式	
调研地点	调研时间

需求信息记录

序号	内　　容
1	
2	
3	
4	
5	
6	
7	
8	
9	
10	

原始资料汇编

序号	资料名称
1	
2	
3	
4	
5	
6	
7	
8	
9	
10	

系统集成商意见： 　　　　签字：	客户负责人意见： 　　　　签字：

（本表格由调研人员整理完毕后双方签字确认）

2. 会议讨论法

会议讨论法适用于系统集成方不太清楚项目需求,但用户方清楚项目需求的情况。这种方法是指系统集成方和用户方召开若干次需求讨论会议,彻底弄清楚项目需求的一种需求获取方法。因为用户清楚项目的需求,用户能准确地表达出他们的需求,而系统集成方有专业的系统集成研发经验,对用户提供的需求一般都能进行准确的描述。

这种方法的基本操作步骤如下。

① 系统集成方根据双方制定的《需求调研提纲》召开相关需求讨论会。

② 会后系统集成方整理出《需求调研记录》提交给用户方确认。

③ 如果还有未明确的问题或需求,则需要再次讨论,直到所有需求都沟通清楚为止。

④ 系统集成方根据调研的全部记录,整理出《用户需求说明书》,提交给用户方确认签字。

3. 现场考察法

现场考察法比较适用于开发方和用户方都不清楚项目需求的情况。这种方法是指系统集成方深入项目现场,查阅相关的数据档案资料,全面了解被控生产过程及设备情况、受控对象的特性,考察用户所使用的各种报表、文件、单据、台账等。显然,这是一种直接对集成项目研究的对象进行详细观察记录、取得第一手资料的调查方法。这种方法可以提高信息的可靠性或准确性。

现场考察法的基本操作步骤如下。

① 系统集成方深入现场对所研究的对象进行深入细致的调研与分析,全面了解其特性、控制功能等需求。

② 根据其行业标准和规定,整理出《需求考察记录》,提交给用户方并与用户方沟通并达成一致,或挖掘出新需求。

③ 系统集成方就不断获取的需求进行整理,根据新的需求充实《需求考察记录》,并提交用户方确认。

④ 系统集成方根据需求调研的全部记录,整理出《用户需求说明书》,提交给用户方确认签字。

需要说明的是,以上介绍的需求调研与分析方法,可以根据项目的实际特点独立应用,也可组合应用。最终成果为《用户需求说明书》,由系统集成方出具,用户方确认,作为系统整体设计的依据。后期可转换成为《技术协议》,作为合同的附件,对集成项目的标的进行具体描述。

2.1.2 用户需求分析内容

当系统集成技术人员在调研及分析用户需求的具体内容时,实际上就是要回答以下问题。

1. 为什么用户要进行系统集成?

首先,系统集成方必须清楚企业为什么要进行系统集成,这个系统的使用对用户有什么帮助,是能够提高工作效率,还是能够提升产品品质,等等。回答这个问题,需要调研该企业所在行业的需求及对该企业的要求,该企业的生产现状及所存

提示

用户需求调研的三种方法不是独立的,可以交叉融合;在一个项目调研过程中,根据调研情况,三种方法可以都使用。

课件

用户需求分析内容

微课

用户需求分析内容

在的问题等。只有清楚为什么,才能理清用户的最终需求,这样集成项目就有了明确的目标。

2. 该集成项目需要为企业做些什么?

这个问题是在一个总体目标的前提下,回答这个集成系统要做什么和实现什么。回答这个问题,需要调研与分析该企业的生产过程及工艺流程,并了解工艺技术的特点,找到生产过程中的控制重点及难点,确切掌握该系统需要解决的问题。在此基础上,就可将集成系统划分成各功能子系统或功能模块,并进一步清楚每一个功能子系统或功能模块必须解决的问题和实现的具体功能。显然,通过这些可以了解到用户对该基础系统的基本需求。

3. 企业的哪些人员使用该系统?

系统集成方的开发技术人员还需要准确掌握使用系统的人员结构、知识层次、操作及管理水平,掌握各类人员应该具有的系统控制权限等。这对于如何设计该系统人机界面、限定访问权限和操作范围是十分必要的。在需求调研中应该与各类人员有计划地接触和交流。

4. 在什么时候(或工况)和情况下该系统应该具备哪些特殊功能?

在企业的生产过程中,会经历各种不同的工况,碰到各种各样的情况。那么在不同场合下,该系统应该具备什么样的特殊功能,如在现场设备发生故障,将对生产过程的正常运行造成影响时,系统应该采取哪些措施(如连锁及保护)避免影响或尽量减少影响。对这样一些特殊功能的需求,系统集成技术人员必须进行充分的调研与分析。

5. 在什么地方该系统应该注意哪些特殊问题?

在生产流程的不同位置和区域,对集成系统的设备选型、动力管路及电缆安装都有一些限制和要求,如防爆、防腐。同时,需要用户在特定位置及场所提供哪些配合也需要一起调研,并得到用户的确认。

6. 怎样实现集成系统的功能?

接下来,就需要调研与分析怎样实现用户需求的自动化系统功能。在前面的5 W 问题调研基础上,还需要调研与分析用户希望如何实现这些功能、希望达到的自动化水平、要求的可靠性和安全性指标等。当然,对于系统自动化水平的考虑,应当保证生产过程在最佳状态下运行,且获得最大经济效益。

在需求调研与分析阶段,采用以上问题的回答方式,在一定程度上保证了系统集成方了解用户对系统需求的准确性,也使得系统集成方项目经理或需求分析人员可以非常有条理地开展需求挖掘和调研活动,同样用户方也容易与系统集成方在需求调研过程中密切配合。

需要指出,需求调研应在项目进行之前做,且做充分。同时在系统集成项目的开发、设计、安装施工、测试和实际投运全过程中,都需要与用户不断地进行沟通,并得到用户的密切配合。这不是一个可有可无的问题,而是一个值得重视的、很重要的事情,是关系到项目能否成功的大事。

2.1.3 本项目需求分析

本书的系统集成项目的用户需求已在项目1任务四中进行了说明。

本书的系统集成项目,是教学中应用的工业机器人实训工作站,有可借鉴的设

延伸阅读
用户需求分析需要考虑的其他因素

备。系统集成方和用户方都清楚项目需求,因此采用问卷调查法即可。

1.《用户需求说明书》

(1)《用户需求说明书》的目的

系统集成方将其对用户需求的理解以文字的形式表述清楚,制成文件,供客户确认后签字成为合同的一部分。

提示

由客户提出的需求说明书通常称为《技术要求》。

《用户需求说明书》有以下作用。

① 由系统集成方编写,用户方确认,能够使双方更加明确系统集成项目的需求。

② 由用户签字确认,能够明确技术人员的设计目标,减少项目执行中客户需求变动带来的风险。

③ 用户需求说明书是详细设计的依据。

(2)《用户需求说明书》编写规范

《用户需求说明书》通常包含以下主要部分。

① 引言:包括本需求说明书的编写目的、集成项目概述、集成方的组织结构。

② 系统部门设置与人员职责:可理解为集成系统面向的用户群体。列明用户组或机构名称,详细描述其职责。

③ 系统总体规范:列出系统的关键设备、系统的性能要求,验收依据等。

④ 流程及功能描述:流程描述、功能描述等。

⑤ 其他要求:说明系统其他要求。

(3)《用户需求说明书》参考模板

见 2.3.3 中模板,用户需求说明书包括但不限于模板内容。

2. 其他辅助表格

其他辅助表格有《问卷调查表》《需求调研提纲》《需求调研记录》《需求考察记录》等。

(1) 辅助表格的目的

不同的需求调查法,最终都要形成《用户需求说明书》。各种辅助表格对应不同的需求调查方法,针对不同的问题进行记录、总结、分析,为《用户需求说明书》服务。

(2) 表格的编写规范

按需要说明问题即可。

任务完成报告

姓名		学习日期		
任务名称	用户需求分析			
学习自评	考核内容	完成情况		
	1. 描述需求分析的方法与内容	□好　□良好　□一般　□差		
	2. 编写调查问卷	□好　□良好　□一般　□差		
	3. 编写用户需求说明书	□好　□良好　□一般　□差		
学习心得				

工业机器人是工作站集成系统中的核心设备。在做《用户需求说明书》时，就要初步选定工业机器人的型号，为方案整体设计提供依据。在详细设计时，要核验工业机器人的各项参数，以确保其能够完成预定工作。工业机器人选型具有诸多要素。

2.2.1 工业机器人类型和主要参数

工业机器人有多种分类方法。在应用中，通常按机械结构不同进行分类，常见类型有直角坐标工业机器人、圆柱坐标工业机器人、并联工业机器人、多关节工业机器人。不同结构的工业机器人的特点与应用各有区别。

1. 各类型工业机器人主要技术参数

（1）直角坐标工业机器人

直角坐标工业机器人是以 X、Y、Z 直角坐标系统为基本数学模型，以伺服电动机、步进电动机为驱动的单轴机械臂为基本工作单元，以滚珠丝杆、同步皮带、齿轮齿条为常用传动方式所架构起来的工业机器人系统，可以到达 X、Y、Z 三维坐标系中的任意一点，并遵循可控的运动轨迹，如图 2-1 所示。

图 2-1　直角坐标工业机器人

直角坐标工业机器人采用运动控制系统实现对它的驱动及编程控制，直线、曲线等运动轨迹的生成为多点插补方式，操作及编程方式为引导示教编程方式或坐标定位方式。

特点：结构简单、定位精度高，速度快，控制简单，易于模块化，但动作灵活性较差，动作范围较小。实现相同的动作时，机体本身的体积较大。某型号直角坐标工业机器人典型技术参数见表 2-1。

应用领域：3C 行业、食品、医药、注塑、机械领域，主要用于完成搬运、上下料、码垛等工作任务。

延伸阅读
直角坐标型相比于关节型的优势

表 2-1　某型号直角坐标工业机器人典型技术参数

参数	说明
型号	×××
机械手行程/mm	X:700;Y:700;Z:100
移动速度/(mm/s)	X:500;Y:400;Z:300
Z 轴负载能力/kg	5
重复精度/mm	0.05
驱动方式	三相变频/步进电动机
耗电量	AC 380 V/3 kW

（2）圆柱坐标工业机器人

圆柱坐标工业机器人如图 2-2 所示,主要指 SCARA 工业机器人。SCARA 是 Selective Compliance Assembly Robot Arm 的缩写,指一种应用于装配作业的工业机器人手臂,它有 3 个旋转关节,最适合于平面定位。

SCARA 系统在 X、Y 轴方向具有顺从性,而在 Z 轴方向具有良好的刚度,此特性特别适用于装配工作,例如将一个圆头针插入一个圆孔。因此,SCARA 系统首先大量用于装配印制电路板和电子零部件。SCARA 的另一个特点是其串接的两杆结构类似人的手臂,可以伸进有限空间中作业然后收回,适用于搬动和取放物件,如集成电路板等。

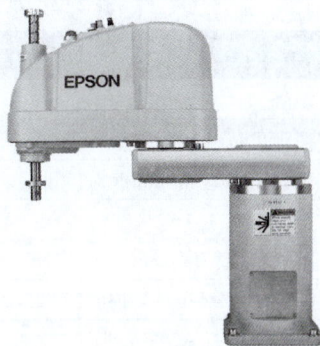

图 2-2　圆柱坐标工业机器人

特点:精度高,有较大动作范围,坐标计算简单,结构轻便,响应速度快,但是负载较小。某型号 SCARA 工业机器人典型技术参数见表 2-2。

表 2-2　某型号 SCARA 工业机器人典型技术参数

参数	说明
臂长/mm	450J1+J2(200+250)
重复定位精度	J1+J2:±0.015 mm J3:±0.010 mm J4:±0.005°
负载/kg	最大:6 额定:3
标准循环时间/s(W/kg 有效负载)	0.33
最大运动速度/(mm/s)	6400
电动机功率/W	J1:400 J2:400 J3:200 J4:100
其他	插入力:150 N 惯性力矩(最大/额定):0.12/0.01 kg·m²

应用领域:3C 行业,食品领域,用于完成装配、分拣等工作任务。

（3）并联工业机器人

并联工业机器人(parallel mechanism,PM)可以定义为动平台和定平台通过至少两个独立的运动链相连接,机构具有两个或两个以上自由度,且以并联方式驱动的一种闭环机构。并联工业机器人形式多样,常见的并联工业机器人多为 Delta 并联机构形式,如图 2-3 所示。

图 2-3　并联工业机器人

特点:并联工业机器人具有高刚度、高负载(惯性比)等优点,但工作空间相对较小、结构较为复杂。这正好同串联工业机器人形成互补,从而扩大了工业机器人的选择及应用范围。某型号并联工业机器人典型技术参数见表 2-3。

表 2-3　某型号并联工业机器人典型技术参数

参数	说明
型号	×××
额定负载/kg	1
工作空间直径/mm	360
轴数	3/4
重复定位精度/mm	±0.1
0.1 kg 负载下的节拍时间(25/200/25mm)/s	0.3
最高速度/($m \cdot s^{-1}$)	4
最大加速度/($m \cdot s^{-2}$)	100 m/s^2
辐射	EMC 屏蔽

应用:并联工业机器人广泛应用于装配、搬运、上下料、分拣、打磨、雕刻等需要高刚度、高精度或者大载荷,而不需要很大工作空间的场合。

（4）多关节工业机器人

多关节工业机器人也称为关节手臂工业机器人或关节机械手臂,是当今工业领域中最常见的工业机器人的形态之一,由多个旋转和摆动关节组合而成,如图 2-4 所示。这类工业机器人结构紧凑、工作空间大、动作最接近人的动作,对涂装、装配、焊接等多种作业都有良好的适应性,应用范围越来越广。其中 6 轴工业机器人具有 6 个自由度,是当前工业机器人的主流结构。本集成项目重点讲解该型工业机器人的选型。

特点:

自由度高,精度高,速度快,动作范围大,灵活性强。多关节工业机器人 K500 R2830 MT 的典型技术参数见表 2-4。

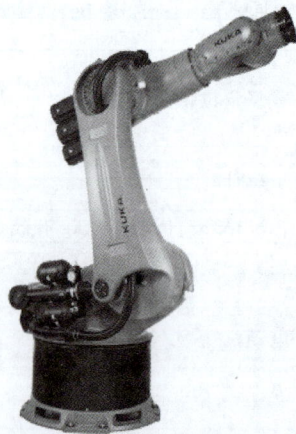

图 2-4　多关节工业机器人

应用：广泛应用。

表 2-4　多关节工业机器人 K500 R2830 MT 典型技术参数

参数	说明
最大运动范围/mm	2826
额定负荷/kg	500
旋转机构/大臂/小臂的额定附加负载/kg	0/0/50
额定总负载/kg	550
位姿重复精度（ISO 9283）/mm	±0.08
轴数	6
安装位置	地面
占地面积/mm	1050×1050
重量/kg	约 2440
运动范围/(°)	A1±185 A2−130/20 A3−100/144 A4±350 A5±120 A6±350
额定负载时的速度/($°\cdot s^{-1}$)	A1 45 A2 45 A3 45 A4 90 A5 83 A6 130
运行时的环境温度/℃	10~55
防护等级	IP65
工业机器人腕部防护等级	IP65

2. 工业机器人典型参数

以上内容对各类型的工业机器人进行了介绍，并列出了主要技术参数。在所有类型的工业机器人中，其通用参数的含义是一致的，另有特殊参数，下面逐一讲解。

（1）通用参数

① 工业机器人工作空间：参考国标工业机器人词汇（GB/T 12643），定义工作空间为工业机器人运动时手腕参考点（J4 轴线与 J5 轴线的交点）所能达到的所有点的集合。

② 工业机器人负载设定：参考国标工业机器人词汇（GB/T 12643），定义末端最大负载为工业机器人在工作范围内的任何位姿上所能承受的最大质量。

③ 工业机器人运动速度：参考国标工业机器人性能测试方法（GB/T 12645），定义关节最大运动速度为工业机器人单关节运动时的最大速度。

微课
工业机器人典型参数

课件
工业机器人典型参数

④ 工业机器人最大动作范围:参考国标工业机器人验收规则(JB/T 8896),定义最大工作范围为工业机器人运动时各关节所能达到的最大角度。工业机器人的每个轴都有软、硬限位,工业机器人的运动无法超出软限位,如果超出,称为超行程,由硬限位完成对该轴的机械约束。

⑤ 重复定位精度:参考国标工业机器人性能测试方法(GB/T 12642),定义重复定位精度是指工业机器人对同一指令位姿,从同一方向重复响应 N 次后,实到位置和姿态散布的不一致程度。

(2)专有参数

① 功率:即工业机器人所有用电元器件所消耗的总功率,包括电机、电气线路板等。在集成时需要计算所有用电设备的总功率以确定电源容量,也需要根据功率、电流参数选定各级保护开关。

② 驱动方式:在直角坐标工业机器人中,有驱动方式参数。直角坐标工业机器人常用的驱动系统有:交流/直流伺服电机驱动系统、步进电机驱动系统、直线伺服电机/直线步进电机驱动系统。每一个驱动系统都由电动机(简称电机)和驱动器两部分组成。驱动器的作用是将弱电信号放大,将其加载在驱动电机的强电上,驱动电机。电机则是将电信号转化成精确的速度及角位移。

在要求高动态、高速运行状态、大功率驱动等场合多用交流/直流伺服电机系统作为驱动;在要求低动态,低速运行状态、小功率驱动等场合可用步进电机系统作为驱动;而在要求极高动态、高速运行状态、高定位精度等场合才会用到直线伺服系统驱动。

③ 标准循环时间:在圆柱坐标工业机器人中有"标准循环时间"参数,在并联工业机器人中有"节拍时间"参数,二者的含义是一样的。如并联工业机器人,0.1 kg 负载下的节拍时间(25/200/25 mm)为 0.3 s,其含义为,把 0.1 kg 的负载,从 A 点垂直提升 25 mm,运动 200 mm 后垂直下降 25 mm 到 B 点,再原路返回 A 点,所耗时间为 0.3 s。在进行方案设计的时候,往往生产工艺中有节拍的要求,通过这个参数核验工业机器人性能及所设计的方案能否满足工艺节拍要求。圆柱坐标工业机器人与并联工业机器人,其运动轨迹通常如举例所示的路径,因此这个参数有实际意义。在其他类型工业机器人中,运动轨迹可能要考虑规避点、接近点等,路径复杂,因此没有给出这个参数。其节拍时间要通过仿真或实际运行测算。

④ 插入力:SCARA 工业机器人在精密装配行业应用广泛,插入力参数表明了其将元器件插入待插位能提供多大的力。

⑤ 惯性力矩:负载在运动时会产生惯性力矩,为 SCARA 工业机器人 3/4 轴的数值,在进行方案设计的机械设计时,需要进行核验。

⑥ 工作空间直径:相当于其他工业机器人的工作范围,因并联工业机器人的末端工作空间是一个平面圆,故用此名称。

⑦ 节拍时间:并联工业机器人中常用此名称描述标准循环时间,含义相同。

⑧ 安装位置、占地面积、重量、环境温度、防护等级等:这类参数标明工业机器人安装、运行时需要注意的问题,在进行设计时,与工厂条件、工艺条件等进行结合。

在实际应用中,任何一个参数不合适都会对项目造成阻碍甚至导致项目失败,设计时要逐个核验。

2.2.2 工业机器人选型主要因素

1. 功能要求

功能要求,即本工作站能完成什么工作任务。为了满足功能要求,要综合考虑应用场合、有效载荷、工作空间、重复精度、工作速度等因素。

（1）应用场合

任务一已经介绍各种工业机器人的特点、应用领域及参数含义。在工业机器人选型中,首先根据功能要求,确定选用哪种类型的工业机器人。

如果是固定工位的搬运、上下料等工作,产品规格单一,对灵活性的要求不高,可以选用直角坐标工业机器人。直角坐标工业机器人控制简单,易于模块化,动作灵活性较差,价格低廉。

如果需要进行负载较小的精密装配（如 3C 行业焊接电路板装配）作业,或紧凑型的取放料作业,那就选用圆柱坐标工业机器人。圆柱坐标工业机器人精度高,动作范围较大,结构轻便,负载较小。

如果针对小型物件,进行快速取放,则选择并联工业机器人。并联工业机器人精度较高,速度快,负载较小。

目前,工业机器人在许多生产领域里得到了广泛应用,如装配、焊接、喷涂和搬运码垛等。各种应用领域必然会有各自不同的环境条件。为此,工业机器人制造商根据不同的应用环境和作业特点,不断地研究、开发和生产出了各种类型的工业机器人供用户选用。各制造商都对自己的产品给出了最合适的应用领域,不仅考虑了功能要求,还考虑了其他应用中的问题,如强度刚度、轨迹精度、粉尘、温湿度等特殊要求。

（2）有效负载

有效负载是工业机器人在其工作空间可以携带的最大负荷。从例如 3 kg 到 1300 kg 不等。如果希望工业机器人将目标工件从一个工位搬运到另一个工位,需要注意将工件的重量以及工业机器人手爪的重量加到其工作负荷。

（3）自由度（轴数）

工业机器人配置的轴数直接关联其自由度。如果是针对一个简单的直来直去的场合,比如从一条皮带线取放到另一条,简单的 4 轴工业机器人就足以应对。

但是,如果应用场景在一个狭小的工作空间,且工业机器人手臂需要很多的扭曲和转动,6 轴或 7 轴工业机器人将是最好的选择。

轴数一般取决于该应用场合。应当注意,在成本允许的前提下,选型多一点的轴数在灵活性方面不是问题。这样方便后续重复利用改造工业机器人到另一个应用工艺,能适应更多的工作任务,而不是发现轴数不够。

（4）工作空间

当评估目标应用场合的时候,应该了解工业机器人需要到达的最大距离。选

微课
工业机器人选型因素

提示
多关节工业机器人可以适应非常大的应用范围,包括从取、放料,到码垛,以及喷涂、去毛刺、焊接等专门作业。现在,工业机器人制造商基本上针对每一种应用工艺都有相应的工业机器人方案,只需要明确希望工业机器人做的工作,然后从相应的种类当中,选择最适合的。

提示
在消费电子领域,面对小零件组装的人机协作,可以选择协作工业机器人。

提示
工业机器人的负载曲线。在空间范围的不同距离位置,实际负载能力会有差异。

择一个工业机器人不是仅仅凭它的有效载荷,也需要综合考量它到达的确切距离。每家公司都会给出相应工业机器人的动作范围图,如图 2-5 所示,由此可以判断该工业机器人是否适用于某特定的应用。

看工业机器人的水平运动范围,应注意工业机器人在近身及后方的一片非工作区域,如图 2-6 所示。

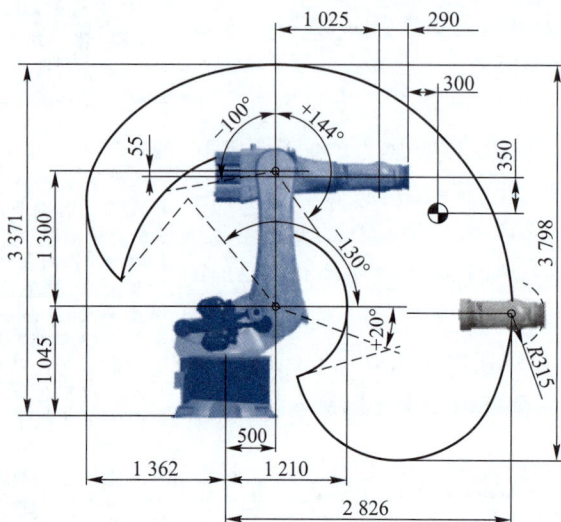

图 2-5 某型号工业机器人工作范围

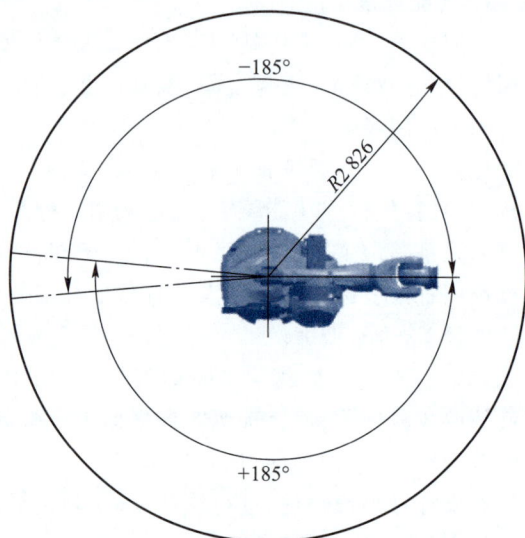

图 2-6 某型号工业机器人工作半径

工业机器人的最大垂直高度是从工业机器人手腕能到达的最低点(常在工业机器人底座以下)到最高点的距离(Y)。最大水平作动距离是从工业机器人底座中心到手腕可以水平到达的最远点的中心的距离(X)。

(5)精度

工业机器人精度是指定位精度和重复定位精度。定位精度是指工业机器人手部实际到达位置与目标位置之间的差异;重复定位精度是指工业机器人重复定位同一目标位置的能力。

同样,重复定位精度这个因素也取决于应用场合,一般为 $\pm(0.02 \sim 0.05)$ mm,甚至更精密。例如,如果需要工业机器人组装一个电子线路板,可能需要一个超级精密重复精度的工业机器人。如果应用工序比较粗糙,比如打包,码垛等,工业机器人也就不需要那么精密。

另外一方面,组装工程的工业机器人精度的选型要求,也关联组装工程各环节尺寸和公差的传递和计算,例如来料物料的定位精度,工件本身在治具中的重复定位精度等。

这项指标在平面以"±"表示。事实上,由于工业机器人的运动重复点不是线性的而是在空间作三维运动,该参数的实际情况可以是在公差半径内的球形空间内任何位置。

当然,配合现在的机器视觉技术的运动补偿,将减低工业机器人对于来料精度的要求和依赖,提升整体的组装精度。

（6）工作速度

这个参数与每一个用户息息相关。事实上，它取决于该作业需要完成的周期时间。规格表列明了该型号工业机器人最大速度，但应该知道，考量从一个点到另一个点的加减速，实际运行的速度将在零和最大速度之间。这项参数单位通常以度/秒计。有的工业机器人制造商也会标注工业机器人的最大加速度。

（7）刹车和转动惯量

基本上每个工业机器人制造商提供他们的工业机器人制动系统的信息。有些工业机器人对所有的轴配备刹车，其他的工业机器人型号不是所有的轴都配置刹车。要在工作区中确保精确和可重复的位置，需要有足够数量的刹车。

另外一种特殊情况是，发生意外断电的时候，不带刹车的负重工业机器人轴不会锁死，有造成意外的风险。

同时，某些工业机器人制造商也提供工业机器人的转动惯量。其实，对于设计的安全性来说，这将是一个额外的保障。不同轴上有适用的扭矩。例如，如果动作需要一定量的扭矩以正确完成工作，需要检查某轴上适用的最大扭矩是否正确。如果选型不正确，工业机器人则可能由于过载而停机。

（8）分辨率

工业机器人的分辨率由系统设计参数决定，并受到位置反馈检测单元性能的影响。分辨率分为编程分辨率和控制分辨率，统称为系统分辨率。

编程分辨率是指程序中可以设定的最小距离单位，又称为基准分辨率。

控制分辨率是指位置反馈回路能够检测到的最小位移量。

当编程分辨率和控制分辨率相等时，系统性能达到最高。

2. 环境要求

（1）本体重量

工业机器人本体重量是设计工业机器人单元时的一个重要因素。如果工业机器人必须安装在一个定制的机台，甚至在导轨上，可能需要知道它的重量来设计相应的支撑。

（2）防护等级

根据工业机器人的使用环境，选择达到一定的防护等级（IP 等级）的标准。一些制造商提供相同工业机器人针对不同的场合、不同的 IP 防护等级的产品系列。

如果工业机器人在食品生产相关环境，医药、医疗器具、易燃易爆环境中工作，IP 等级会有所不同。例如，标准 IP40，油雾 IP67，清洁 ISO 等级 3。

（3）安装位置与占地面积

工业机器人具有多种安装方式，如地面、墙壁安装、天花板安装或以任意角度安装，在不同的工艺流程中，工业机器人的安装方式、所占用的空间往往受限制。在做方案的时候要结合生产现场的状况选择合适的安装方式，核算占地面积。

3. 市场因素

（1）市场因素

工业机器人的选用也常受工业机器人市场供求关系的影响。所以，还需考虑市场价格，只有那些可用而且价格低廉、性能可靠，且有较好售后服务的型号，才是最应该优先选用的。

课件
转动惯量

同时，因各工业机器人制造商的生产能力是有限的，如果某款型号的工业机器人需求特别大，就会导致市场上产品供应不足。这时可能需要结合价格与工期因素，选用其他型号。

（2）其他因素

如通信、扩展等具体应用中需要考虑的因素。

2.2.3　本项目工业机器人选型

根据前面讲述的工业机器人选型参考因素，在本系统集成项目需求中，需要着重分析以下因素：

① 应用场合：是普通的搬运场合。

② 有效负载：有效负载 2 kg 左右。

③ 自由度：6 自由度（轴）工业机器人。

④ 工作空间：700 mm 左右。

⑤ 本体重量：不要超出 50 kg，减少学生进行安装调试练习时的搬运障碍。

⑥ 市场因素：功能齐全，价格尽量低。

⑦ 其他：因为要与 PLC、视觉设备进行通信，需要选用易于通信的总线方式。

⑧ 控制要求：通常工业机器人控制器自带 PLC 及 I/O 模块，与工业机器人联系紧密的设备通常在控制时归工业机器人控制，如末端执行器、相机、力觉设备等，需要计算其 I/O 点数，配置必要模块。

延伸阅读

ABB 六轴工业机器人 IRB120 技术参数

综合以上因素，选用埃夫特 ER7-C10 工业机器人。另外，选取相应 ABB 型号的工业机器人进行比较，根据以上因素，合适的型号为 IRB120，参数见表 2-5。根据参数表可以看出，两种型号的大部分基本参数相差不大，但从市场方面考虑，一是 ABB 的价格至少是埃夫特的 3 倍以上；二是与埃夫特的合作关系便于工业机器人的二次开发等。根据本集成项目的功能要求和应用场景综合考虑埃夫特 ER7-C10 工业机器人，更适合本集成项目的应用。

表 2-5　ER7-C10 与 IRB120 参数对比

参数	ER7-C10	IRB120
本体重量/kg	36	25
工作范围/mm	716	580
有效负载/kg	7	3
重复定位精度/mm	0.02	0.01
通信	支持多种协议与第三方通信	支持多种协议与第三方通信

查询埃夫特 ER7-C10 参数，详细分析应用选型要求如下。

① 应用场合：ER7-C10 可以用于普通搬运场合。

② 有效负载：工业机器人最大负载是 7 kg，所需要的负载是 2 kg。这么选择的原因有：

- 根据负载曲线，可以为设计末端执行器留出足够的空间；
- 在价格方面，7 kg 负载工业机器人与 3 kg 负载工业机器人差别不大；

• 埃夫特的这款工业机器人是 KEBA 系统,总线通信方式,利于与其他设备通信、扩展;

• 该厂家与埃夫特的合作关系良好,使用了该公司大量的工业机器人,可以获得优惠。

③ 自由度:是 6 自由度(轴)工业机器人。

④ 工作空间:最大活动半径 716 mm,符合要求。

⑤ 本体重量:36 kg,符合要求。

⑥ 市场因素:在"有效负载"部分已经讲解。

⑦ 其他:在"有效负载"部分已经讲解。

⑧ 本型号工业机器人自带 I/O 数量为 21/13,所需要控制的信号为输出信号 2 个,满足需要。

在本工业机器人的选型中,有些因素没有做到最优,而是综合了几个因素,做出了相对最优的选型。在实际的工业机器人选型中,如果没有起决定性作用的因素(例如精度要求非常严格),那么就可以各因素进行比对、综合,确定合理的选型。

任务完成报告

姓名		学习日期	
任务名称	工业机器人选型分析		
	考核内容		**完成情况**	
学习自评	1. 列举工业机器人的主要参数		□好 □良好 □一般 □差
	2. 叙述工业机器人选型主要因素		□好 □良好 □一般 □差
学习心得			

任务三 系统方案设计

在明确用户需求后,要依此进行系统整体方案设计。系统设计是综合运用各种知识的过程,不仅需要了解生产流程及工艺方面的知识,还要掌握机械、自动化技术、计算机控制技术、网络通信等多方面的知识,同时对于各种控制设备及生产公司也应有比较全面的了解。所设计的控制系统最终要达到结构合理、经济实用、安全可靠、满足生产工艺的要求,以提高生产效率和产品质量。

课件
系统方案设计原则

2.3.1 系统设计基本原则和内容

1. 系统设计基本原则

在系统设计中,虽然所面对的生产过程多种多样,系统的设计方案和所要实现的性能指标千变万化,但控制系统的设计原则基本相同。

微课
系统方案设计原则

① 安全可靠。

② 满足工艺要求。

③ 操作维护方便。

④ 实时性强。

⑤ 经济及可扩展性好。

2. 系统设计的基本内容

集成系统通常根据用户的需求、控制方式和系统规模的不同有所差异,但系统设计的基本内容和主要步骤大致相同。即包括生产过程系统任务的确定、控制系统结构设计、设备的选型、动力系统及安全性设计、控制系统组态、人机界面设计等内容。

(1) 系统控制任务的确定

集成系统的设计是为工艺生产服务的,因此它与生产工艺流程设计、工艺设备设计以及设备选型等有密切关系。现代工业生产过程的类型很多,生产设备日趋复杂化、大型化,这就需要更安全、更可靠的控制装置及系统来保证生产过程的正常运行。所以,在完成用户需求分析的基础上,系统设计人员需要对生产工艺流程、设备性能、产品质量指标等进行深入了解,对被控对象的动态及静态特性进行研究或必要的试验,并与现场生产技术人员一起研究各操作单元的特点以及整个生产装置工艺流程特性,明确保证产品质量和生产安全的关键过程参数,这样才能确定系统的控制目标和具体控制任务,合理选择被控变量和控制变量。

(2) 控制系统方案设计

控制系统方案设计主要解决工业机器人集成系统的控制方式,控制方式的选择要以满足方案需求为核心,本着控制逻辑合理、系统简单、易组态的原则进行设计。

根据系统的复杂程度以及工艺过程、工作任务的不同,可以采用不同的控制方式。如简单的工业机器人工作站,可以由工业机器人自带的 PLC 作为控制核心;稍微复杂一些的工作站,通常由外部 PLC 作为控制核心;更加复杂的集成系统,需要与工厂的控制系统对接,工业机器人工作站作为一个单元接受上级控制。另外需要确定各工控设备的通信方式及控制策略。

(3) 测量控制设备的选择

检测设备主要指传感器、控制器和执行机构,这些设备的选择直接影响着控制系统的控制效果。如果设计的系统是全新的,测量控制设备需要根据被控对象的特点,综合考虑运行环境、工作性能和设备价格等因素,择优而用。如果设计的控制系统是在原系统上进行改造和优化的,那么设计的系统所需要的测量控制设备可能已经在被控过程中全部或部分安装就位。这时需要设计人员了解这些设备的运行情况,测试其工作性能是否满足要求,尽量利用现场已有的测控设备,随后再决定需要更换或增加的测量控制设备的数量。如何选择这些设备还需要与用户协商。

(4) 动力系统及安全性设计

集成系统中所用到的各种测量及控制设备,需要可靠的动力系统保证其正常工作。为集成系统提供动力的能源通常为电源、气源或液压源,能源的质量也直接影响集成系统的质量。在大多数情况下,控制系统用电有特殊要求,供电中断会打乱生产过程,造成设备损坏和人身伤害事故,并造成经济损失,需要留意电源等级,保证稳定。对于操作条件复杂、要求比较严格的场合,往往需要选用气动执行机构。因此,正确地设计仪表供气系统,保证压缩空气质量,是一项非常重要的工作。

（5）控制系统组态

当控制系统结构及控制策略设计完成后,需要根据控制设备选择合适的组态软件,对所设计的系统进行全面组态及软件设计。系统组态包括基本配置组态和软件组态。

基本配置组态是在显示器上给定系统的一系列配置信息,包括系统各种站的个数、地址分配、每个控制站的最大点数、最短执行周期、最大内存配置、操作站的内存分配信息、磁盘空间容量信息等。

软件组态采用所选取的控制设备配套软件中提供的各种功能模块或算法,构建各种控制系统的应用软件,用来实现所设计的控制系统结构和功能。

（6）人机界面设计

集成系统的人机界面基本是依据生产工艺流程、系统性能指标、系统特性参数、运行状态及趋势、报警信息及实时干预等管理更能,基于对象画面直观地展现在操作管理决策者面前。人机画面设计在系统集成中占有重要地位,原因是控制系统人机界面包含的信息比通常形式（如文字、符号、声音等）的信息量大得多,所以是目前集成系统中人机交互的重要及有效手段。尤其随着各种组态软件功能的不断增强,为人机界面的制作与各类信息的连接提供了强有力工具,极大地方便了自动化系统的监视、控制与管理等功能的实现。通常,现场操作及设备维护技术人员对人机界面上能反映的实时数据量及类型、设备运行状态信息十分关心,希望能够简单、快捷、及时、准确、方便地获取所需信息,要求在突发故障事件时,通过人机界面能够迅速切换设备并进行紧急操作。

2.3.2 方案设计工具

要进行系统集成方案设计,必须使用工程类的软件,根据工作任务不同,通常分为机械设计软件、电气设计软件、自动化调试软件与工业机器人编程仿真软件。

1. 常用机械设计软件（表 2-6）

表 2-6　常用机械设计软件

名称	特点	常用领域
AutoCAD	二维功能强,操作便利,通用性强	应用广泛,常用于工程图绘制、编辑、标注、出图、打印等
SolidWorks	三维建模方便,适合机械零件设计,适合做运动仿真	机械装备、非标设备等行业,轻工设计领域
UG	功能完善、强大	模具设计应用广泛,特别是注塑模具、压铸模具设计
CATIA	曲面功能强	航空、汽车
Creo（ProlE）	擅长整机产品结构设计,参数化建模功能强,父子关系多	家电、通信电子、消费电子、日用品、快消品等行业

2. 常用电气设计软件(表 2-7)

表 2-7　常用电气设计软件

名称	特点	常用领域
Eplan	功能完善,性能强大	自动化领域,电气屏柜
ElecWorks	功能完善,易用,易于机械、电气协同	电气自动化,中小程度设计
AutoCAD electrical	通用性强	电气设计、电力系统设计
Creo(ProlE)	擅长整机产品结构设计,参数化建模功能强,父子关系多	机电复杂程度高的产品,电子科技、工程机械行业

3. 常用自动化调试软件

自动化调试软件通常由自动化设备供应商为其设备开发,因此此类调试软件与设备相关。目前主流的自动化控制设备供应商分为欧系、美系、日系,见表 2-8。

表 2-8　常用自动化调试软件

软件名称	供应商	特点
TIA(博图)	西门子	功能完善,性能强,集成度高
RS Logix 5000	罗克韦尔	功能完善,性能强
GX Developer	三菱	功能完善,性能强
CX Programmer	欧姆龙	功能完善,性能强

各供应商产品不断更新,软件会有升级或整合,按选型的产品选择相应软件即可。

4. 工业机器人编程仿真软件(表 2-9)

表 2-9　工业机器人编程仿真软件

软件名称	支持品牌	特点
Robot Master	支持市场上绝大多数工业机器人品牌(KUKA、ABB、Fanuc、Motoman、史陶比尔、珂玛、三菱、DENSO、松下等)	可以按照产品数模,生成程序,适用于切割、铣削、焊接、喷涂等等。独家的优化功能,运动学规划和碰撞检测非常精确,支持外部轴(直线导轨系统、旋转系统),并支持复合外部轴组合系统
RobotArt	支持多种品牌工业机器人离线编程操作,如 ABB、KUKA、Fanuc、Yaskawa、Staubli、KEBA 系列、新时达、广数等	自动识别与搜索 CAD 模型的点、线、面信息生成轨迹;轨迹与 CAD 模型特征关联,模型移动或变形,轨迹自动变化;支持多种工艺包,如切割、焊接、喷涂、去毛刺、数控加工
RobotStudio	只支持 ABB 品牌工业机器人	RobotStudio 支持工业机器人的整个生命周期,使用图形化编程、编辑和调试工业机器人系统来创建工业机器人的运行,并模拟优化现有的工业机器人程序

2.3.3 本项目系统设计

根据项目1中对视觉搬运工作站实训系统的要求,按照本项目的需求分析方法进行分析,之后对工业机器人进行选型,结合系统设计的原则,进行本项目的系统设计。形成方案文件由用户方确认。

1. 方案书的意义

方案书具有多方面的作用。

对系统集成方:

① 能够为决策提供必要的依据;

② 能够为产品开发制作流程、节点和关键问题的解决提供必要的思路;

③ 能够有效地控制产品的成本的必要依据。

对用户方:

① 为用户提供了直观的书面解决方案,确保方案的有效性;

② 有利于估算报价;

③ 对项目的进度及质量控制提供了保障。

一份合格的方案书在制作的过程当中,应当注意以下几个方面:

① 事先需要做足充分的准备,做好事前的规划;

② 方案内容要突出重点,简明扼要;

③ 产品开发中关键问题阐述清晰;

④ 需要有产品开发制作效果的清晰表述,最好提供仿真数据;

⑤ 现场需求条件描述清晰;

⑥ 产品交付物、货期、验收条款、保修期等相关内容和条款清晰明了。

通常经用户方审查通过的方案书会转化为技术协议,对双方具有同等的法律效力,因此需要认真对待,在实际中可能需要通过数轮讨论才能形成最终方案。

2. 方案书的构成

经过前面的分析,方案书所包含的主要内容和注意事项已经明了,接下来将展开描述本产品开发的方案书,以案例的形式讲解方案书的制作。

方案书文本如下。

××××院校技术方案书

项目名称:工业机器人视觉搬运工作站实训系统

甲方:_____ 乙方:_____

地址: 地址:

电话: 电话:

传真: 传真:

邮编: 邮编:

1. 客户需求

(1) 客户信息(表2-10)

提示

《用户需求说明书》与方案书的异同:《用户需求说明书》与方案书的作用是一样的,都是将用户方的需求明确下来。区别为,在小型的集成系统中,如工作站,可以将用户需求以方案书中设计文件的形式描述,更加直观。对于大型、复杂的系统,无法用形象化的设计文件形式进行描述,所以用《用户需求说明书》。

表 2-10　客户信息

序号	项目	内容
1	项目名称	××××工业机器人视觉搬运工作站实训系统
2	系统属性	工业机器人系统集成教学装备
3	项目地点	××××院校实训室
4	供货范围	工业机器人教学实训台、课程资源、培训服务、售后等

（2）产品信息（表 2-11）

表 2-11　产品信息

序号	项目	信息
1	技术要求	以工业机器人为核心的系统集成搬运工作站，用于集成方向的课程教学，并提供配套的教学服务资料
2	工艺要求	外观美观大方，结构合理，实训项目合理，功能完善

2. 系统结构

（1）系统结构平面布局

依据院校的基本需求描述，工业机器人系统集成教学装备平面布局如图 2-7 所示。

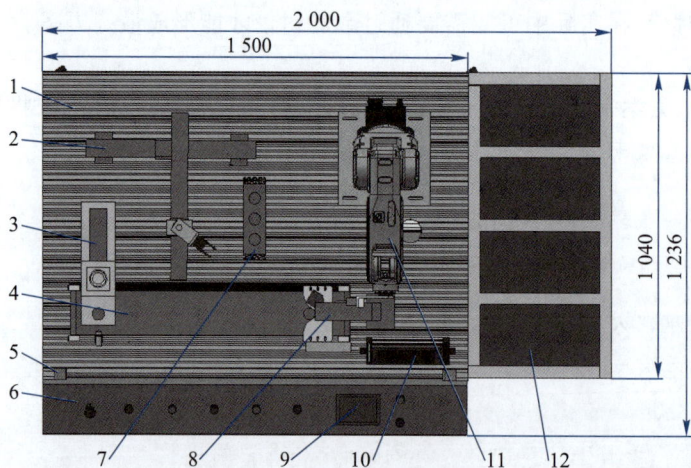

1—实验台；2—行走机构模块；3—上料模块；4—输送模块；5—安全模块；

6—操作台；7—堆料模块；8—视觉镜头；9—视觉屏幕；10—人机界面；

11—埃夫特 ER3A-C60 工业机器人；12—控制模块

图 2-7　系统结构平面布局（单位：mm）

（2）系统工作流程

① 从上料模块 3#开始，以气缸为动力推出料仓中的物料，落到输送模块 4#当中。

② 输送模块将物料传输到末端的固定卡扣位置，通过传感器检测物料到位。

③ 通过视觉系统 8#进行物料类型检测分析，将信号输送个工业机器人系统 11#。

④ 工业机器人控制系统分析数据后，将物料搬运到堆料模块 7#上面，根据程序设定，相同的物料搬运到相同的平层上面。

⑤ 当堆料模块上物料堆满，或者上料模块 3#上面没有物料的时候，由工业机器人将 7#上面的物料搬运到上料模块 3#的料仓中，料仓中有对射传感检测装置，能够检测是否有物料。

如此设计，整个系统能够进行循环工作。当上料模块 3#和堆料模块 7#上面都没有物料的时候，系统不会启动或会自动停止；当上料模块 3#和堆料模块 7#上面物料已经堆积满了物料，系统也会自动停止运行。

3. 主要设备清单（表 2-12）

表 2-12　主要设备清单

序号	模块	型号	产品规格说明	数量	单位
1	工业机器人	ER7-C10 埃夫特工业机器人	控制轴:6 轴;负载:7 kg; 最大活动半径:718 mm; 本体重量:36 kg;能耗:0.5 kW	1	套
2	堆料模块	SYJC1-01	仓库主体由铝型材搭建,库位为亚克力板打磨构成;库位容量 9 个,每个仓库配一个光电开关,相关信号接入 PLC,实时监控仓位状态	1	套
3	物料输送模块	SYJC1-02	24 V 直流减速电机驱动,传送带首尾两侧均配有光电传感器,输送长度 1000 mm,宽度 150 mm	1	套
4	上料模块	SYJC1-03	双杆气缸,行程 150 mm;物料直径 40 mm,高度 40 mm;物料筒上端距低端的垂直高度 205 mm,可以装载 5 个物料模块;物料检测采用一组对射传感器作为存料状态的检测装置	1	套
5	堆料模块	SYJC1-04	堆料模块的尺寸 280 mm×80 mm×450 mm; 铝合金和铝板相互结合的结构框架; 接近传感装置检测距离大于等于 10 mm	1	套
6	视觉传感器模块	康耐视 is7200C	24 V,模块高度 500 mm 上下可调节,2D 视觉识别	1	套
7	控制模块	明维电源	220 V 输入,24 V 输出	1	套
		西门子 TP900 触摸屏	9 英寸,西门子品牌		
		施耐德空气开关	带漏电保护,C20,2P		
		施耐德中间继电器	24 V 控制,4 对动合触点		
		西门子 PLC S7-1200	西门子 PLC,220 V 供电		

序号	模块	型号	产品规格说明	数量	单位
8	安全模块	安全光栅	200 mm 高度检测范围,24 V 供电	1	套
9	空气压缩机	风豹	空气压缩机功率小于等于 750 W,30 L	1	套
10	实验台台体	SYJC1-06	实训台台体尺寸 2000 mm × 1200 mm × 850 mm;底部型材采用 4080 型号铝合金型材,标准型;支撑型材采用 4040 型号铝合金型材,标准型;实训台台面铝合金型材采用 2080 铝合金型材,标准型;地面冷轧钢板采用 1.5 mm 厚度的钢板,喷塑为灰色;台体的行走支撑脚轮采用水平调节支撑脚轮的结构	1	套
11	培训资料		产品说明书,实训指导手册,视频资料等	1	套
12	服务模块		运输、装调、现场培训、售后服务等		

4. 主要设备描述

方案中用到的主要设备如下。

(1)工业机器人

基于项目需求和各因素综合,选择埃夫特 7 kg 级的工业机器人,型号是 ER7-C10,如图 2-8 所示。该款工业机器人的最大臂展是 716 mm,采用 KEBA 运动控制系统。

(2)视觉模块

采用康耐视视觉传感器,型号为 is7200C,如图 2-9 所示,24 V 供电,800×600 像素,支持各种主流通信方式。

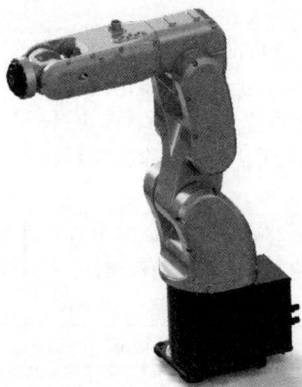

图 2-8 埃夫特 ER7-C10 工业机器人

图 2-9 视觉镜头

(3)物料输送模块(图 2-10)

① 动力方式为 24 V 直流减速电机,转速 20 r/min。

② 传送带宽度 150 mm。

③ 传送带的输送范围 1000 mm。

④ 传送带进料位的传感器采用接近传感器,检测距离大于等于 10 mm,可调节。

⑤ 传送带末端的定位端安装光电检测传感器,用来进行物料到位检测。

(4) 堆料模块(图 2-11)

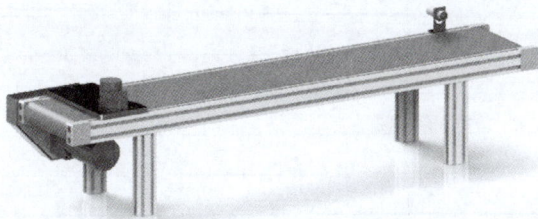

图 2-10　物料输送模块

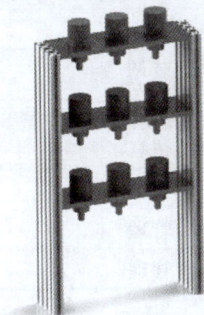

图 2-11　堆料模块

① 堆料模块的尺寸 280 mm×80 mm×450 mm。

② 铝合金和铝板相互结合的结构框架。

③ 接近传感装置检测距离大于或等于 10 mm。

(5) 上料模块(图 2-12)

① 双杆气缸,行程 150 mm。

② 物料的直径 40 mm,高度 40 mm。

③ 物料筒垂直高度 205 mm,可以装载 5 个物料模块。

④ 物料检测采用一组对射传感器作为存料状态的检测装置。

图 2-12　上料模块

5. 项目计划与人员安排

(1) 产品交货周期安排

项目开发周期为 3 个月,在客户现场进行现场培训和验收等相关事项,见表 2-13。

表 2-13　产品制造周期

时间	第 1 个月	第 2 个月		第 3 个月		第 4 个月	
研究内容	下半月	上半月	下半月	上半月	下半月	上半月	下半月
方案通过,合同签订	√						
详细设计,物料采购		√	√				
零件加工制造			√	√	√		
安装、调试、检测				√	√	√	
硬件配套材料的准备、整理和编制			√	√	√		
产品供货,现场培训,功能实现与验收							√

(2) 产品开发管理团队(表 2-14)

表 2-14 研发管理人员

序号	分工	姓名	职责描述	业务经验
1	研发经理			
2	方案设计			
3	电气设计			
4	系统装调			
5	机械设计			
6	系统仿真			
7	系统调试			
8	采购管理			
9	生产管理			

6. 现场要求及安全

（1）现场要求（表 2-15）

表 2-15 现 场 要 求

序号	事项	要求
1	电源	三相五线制 380 V,50 Hz
2	负荷	功率 1.5 kW
3	压缩空气	压力为 0.5~0.7 MPa,流量大于 30 L/min
4	安装环境	工作环境温度 5~45℃
		周围湿度:一般不高与 75%RH,无结霜;短时间(不超过一个月)不超过 95%RH,无结霜
		其他:没有强磁场干扰

（2）安全要求

① 工业机器人工作范围内,禁止操作者进入。禁止操作者和工业机器人在共同作业区域内同时工作。

② 进入封闭式安全围栏内作业的人员必须通过安全培训,安全门上的安全装置应正确使用。

③ 系统各可操作的控制器设置在安全围栏以外。

④ 工业机器人自动启动、再启动和手动操作时,必须确认必要的操作条件。

⑤ 在设备终验收前,设备可能存在安全隐患,甲方不可随意使用设备。

7. 项目管理

乙方在合同签订后会立即指定一位项目经理,负责从产品的设计开始到安装调试的全部工作,项目经理将统管项目的进度,保证与甲方指定的工程师共同合作以保证项目进度。

8. 产品资料与培训

（1）实训装备配套实训手册 2 份。

（2）产品使用说明和维护手册 2 份。

（3）产品电气资料2份。

（4）产品总装图纸2份。

（5）乙方派1人在甲方所在地提供为期1周的培训，主要内容包含设备的使用、维护、保养方法等。

9. 产品验收与保修

（1）产品所提供的硬件数量与方案书中的一致。

（2）服务商提供了相应时间维护保养方法的现场培训。

（3）设备功能正常，满足客户的需求。

（4）保修期限为甲方签署验收单后的1年内，产品出现硬件质量问题时，乙方提供免费维修。

（5）产品验收合格后签署验收合格文件。

10. 其他需说明的问题

（1）这份文件所包含的信息是乙方的机密财产，当收到这份文件之时，甲方即允诺独自使用此文件来评估现在和将来与乙方的商业关系。同时，甲方允诺不公开本文件内的信息给没有得到乙方明确书面同意的任意第三方。

（2）产品具有现场编程设计的随机性，因此乙方提供的程序是供甲方识别产品各方面功能需求的编程，不作为交付物中的内容。甲方可根据自身的实际需求进行现场程序的设计和编程。

（3）本方案书作为合同的一个附件，与合同具有同等效力。

（4）资料一式四份，甲乙双方各持两份。

甲方：＿＿＿＿＿＿＿＿＿＿　　乙方：＿＿＿＿＿＿＿＿＿＿

代表：＿＿＿＿＿＿＿＿＿＿　　代表：＿＿＿＿＿＿＿＿＿＿

日期：＿＿＿＿＿＿＿＿＿＿　　日期：＿＿＿＿＿＿＿＿＿＿

方案确定双方签字后，需要签订合同。合同是客户确立服务商开始工作的最后一道程序，对双方具有约束和保护作用。只有双方达成了全面的一致，才会签订合同。

任务完成报告

姓名		学习日期		
任务名称	系统方案设计			
学习自评	考核内容	完成情况		
	1. 说出系统设计的基本原则	□好　□良好　□一般　□差		
	2. 描述系统设计的内容	□好　□良好　□一般　□差		
	3. 描述常用的设计工具	□好　□良好　□一般　□差		
	4. 编写方案书	□好　□良好　□一般　□差		
	5. 叙述本书项目系统设计	□好　□良好　□一般　□差		
学习心得				

项目自评

序号	学习目标	知识技能点	自我评估结果		
1	熟悉用户需求分析的作用、步骤	• 需求分析的方法 • 需求分析的内容	□掌握	□初步掌握	□未掌握
2	掌握工业机器人选型的方法	• 工业机器人主要参数 • 工业机器人选型主要因素	□掌握	□初步掌握	□未掌握
3	掌握系统方案设计的流程	• 系统方案设计的原则 • 系统方案设计的流程	□掌握	□初步掌握	□未掌握

学习体会

_____

_____

_____

_____

_____

练习题

1. 工业机器人集成项目中,用户需求分析的调研和获取方法主要有_____、_____、_____等。

2. 工业机器人集成项目中,各种用户需求分析方法和调研方法的最终目的是要形成_____,作为系统设计的总体依据。

3. 常用类型的工业机器人主要有_____等。

4. 系统方案设计的基本原则包括_____等。

5. 问卷调查法适用于(   )情况。

    A. 系统集成方和用户方都清楚项目需求

    B. 系统集成方不清楚项目需求但用户方清楚

    C. 系统集成方和用户方都不完全清楚项目需求

    D. 以上不都是

6. 会议讨论法适用于(   )情况。

    A. 系统集成方和用户方都清楚项目需求

    B. 系统集成方不清楚项目需求但用户方清楚

    C. 系统集成方和用户方都不完全清楚项目需求

    D. 以上不都是

7. 现场考察法适用于( )情况。

    A. 系统集成方和用户方都清楚项目需求

    B. 系统集成方不清楚项目需求但用户方清楚

    C. 系统集成方和用户方都不完全清楚项目需求

    D. 以上不都是

8. 简述工业机器人选型主要考虑的因素。

9. 简述项目方案书主要包含哪些内容。

10. 有一食品加工厂,要进行自动化改造,将采摘的苹果进行大小分类并装箱,试进行需求分析。

11. 针对第 10 题,进行工业机器人选型,简要说明选型要素。

12. 针对第 10 题,简述控制系统方案。

参考答案

项目 2 练习题

系统外设选型和设计

在工业机器人系统集成中,工业机器人作为某个环节的执行机构,需要各种外设以便与生产线融为一体,满足工艺要求。

系统外设通常分为三类:第一类是通用末端执行器,俗称手爪;第二类是典型工业机器人工作站的系统外设;第三类是为满足工艺要求所需的工装。

学习目标

知识目标
- 熟悉手爪的类型,掌握其选型方法。
- 掌握执行装置的选型和设计方法。
- 掌握外围系统的选型和设计方法。

能力目标
- 能够识别不同的手爪类型,并根据需求合理选型。
- 能够选型和设计执行装置。
- 能够选型和设计外围系统。

学习内容

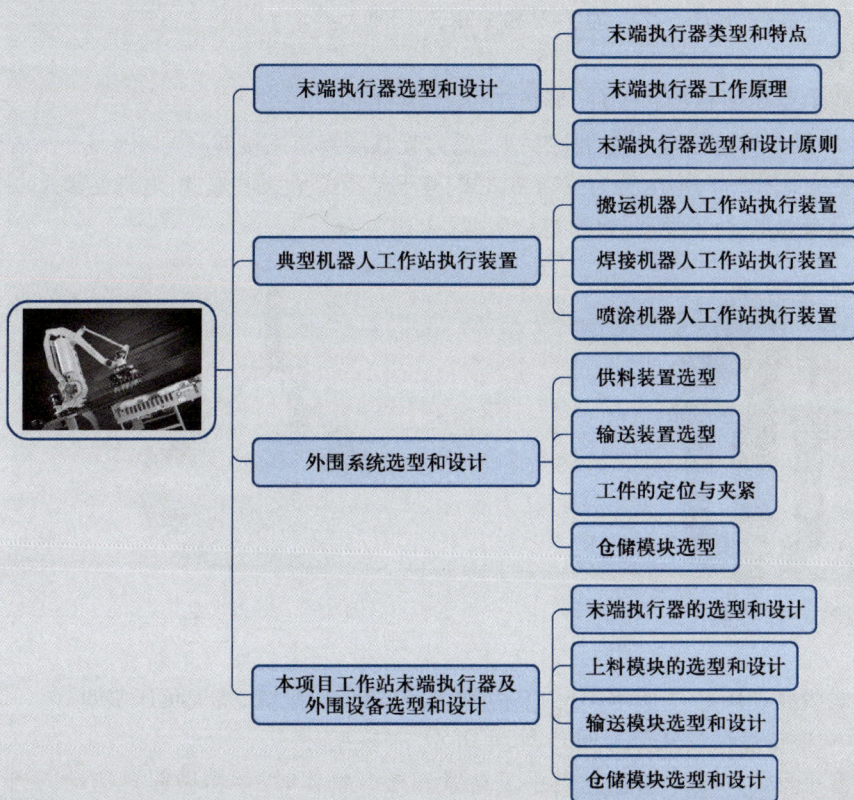

- 末端执行器选型和设计
  - 末端执行器类型和特点
  - 末端执行器工作原理
  - 末端执行器选型和设计原则
- 典型机器人工作站执行装置
  - 搬运机器人工作站执行装置
  - 焊接机器人工作站执行装置
  - 喷涂机器人工作站执行装置
- 外围系统选型和设计
  - 供料装置选型
  - 输送装置选型
  - 工件的定位与夹紧
  - 仓储模块选型
- 本项目工作站末端执行器及外围设备选型和设计
  - 末端执行器的选型和设计
  - 上料模块的选型和设计
  - 输送模块选型和设计
  - 仓储模块选型和设计

任务一 末端执行器选型和设计

工业机器人的末端执行器指的是任意一个连接在工业机器人边缘（关节），具有一定功能的工具。工业机器人作为标准化的工业产品，在面对不同的工作任务时，末端执行器是其必需的部分。末端执行器的设计或选用，完全从工艺应用中来，在学习过末端执行器的大类之后，通过实践经验的不断增多、加深，就能够设计出更加优秀的末端执行器。

在面对一些应用场景或某种产品时，能否设计出一款满足需求的末端执行器，决定着一套集成方案的成败。

3.1.1 末端执行器类型和特点

工业机器人末端执行器可能包含工业机器人手爪（又称夹爪）、工业机器人工具快换装置、工业机器人碰撞传感器、工业机器人旋转连接器、工业机器人压力工具、顺从装置、工业机器人喷涂枪、工业机器人毛刺清理工具、工业机器人弧焊焊枪、工业机器人电焊焊枪等。

1. 末端执行器的种类

末端执行器按大类主要分为手爪和专用工具两大类。

（1）手爪

手爪的主要功能是抓住工件、握持工件、释放工件。

① 手爪根据夹持原理分为机械手爪、磁力吸盘和真空式吸盘。

机械手爪如图 3-1 所示，分为气动夹紧式、液压夹紧式、电动夹紧式、电磁夹紧式。

磁力吸盘如图 3-2 所示，分为电磁吸盘、永磁吸盘。

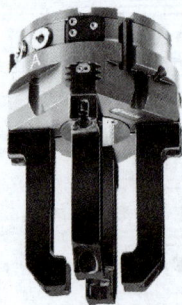

图 3-1 机械手爪

图 3-2 磁力吸盘

真空式吸盘如图 3-3 所示，分为真空吸盘、气流负压吸盘、挤气负压吸盘。

② 手爪根据运动形式分为回转型、平动型、平移型。

回转型手爪如图 3-4 所示。当手爪夹紧和松开物体时，手指做回转运动。当被抓物体的直径大小变化时，需要调整手爪的位置才能保持物体的中心位置不变。

左侧边栏：

课件
　末端执行器的分类与特点

微课
　末端执行器的分类与特点

图 3-3　真空吸盘

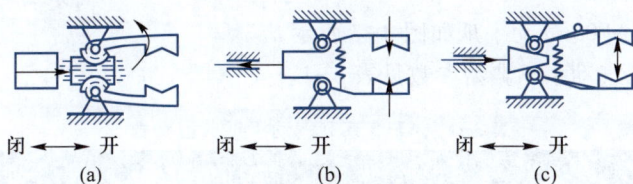

闭 ←→ 开　　　闭 ←→ 开　　　闭 ←→ 开
(a)　　　　　　(b)　　　　　　(c)

图 3-4　回转型手爪

　　平动型手爪如图 3-5 所示。手指由平行四杆机构传动,当手爪夹紧和松开物体时,手指姿态不变,做平动。

　　平移型手爪如图 3-6 所示。当手爪夹紧和松开工件时,手指做平移运动,并保持夹持中心固定不变,不受工件直径变化的影响。

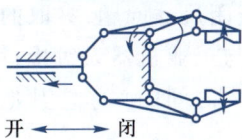

开 ←→ 闭

图 3-5　平动型手爪

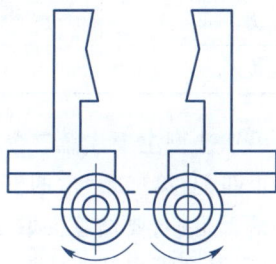

图 3-6　平移型手爪

　　③ 手爪根据夹持方式分为外夹式、内撑式和内外夹式。

（2）专用工具

专用工具主要进行某种特定作业,如喷涂工具、焊接工具。

2. 末端执行器的特点

　　① 执行器和手腕处可拆卸。手部与手腕处有机械接口,也可能有电、气、液接头。当工业机器人作业对象不同时,可以方便地拆卸和更换手部。

　　② 执行器是工业机器人末端执行操作器。手部可以像人手一样具备手指,也

可以不具备手指;可以是类人的手爪,也可以是进行专业作业的工具,例如装在工业机器人手腕上的喷漆枪、焊接工具等。

③ 执行器的通用性不高。工业机器人手部通常是专用的装置。例如,一种手爪只能抓握一种或几种形状、尺寸、重量相似的工件;一种工具只能执行一种作业任务。

④ 执行器是一个独立的部件。假如把执行器手腕归属于手臂,那么工业机器人系统的三大件就是机身、手臂和手腕(末端执行器)。手部对整个工业机器人来说是完成作业好坏、作业柔性好坏的关键部件之一。具有复杂感知能力的智能化手爪的出现,增加了工业机器人作业的灵活性和可靠性。

图 3-7　AF03 气动手爪

3. 末端执行器产品样例

(1) 气动手爪

韩国 JRT AF03 气动手爪如图 3-7 所示。

AF03 系列气动手爪典型参数见表 3-1。

表 3-1　AF03 系列气动手爪典型参数

参数	AF03-20 型	AF03-30 型	AF03-40 型
开闭范围/(°)	(-4,19)	(-5,20)	(-5,25)
产品重量/kg	0.19	0.41	0.79
配管连接口	M5	PF(G)1/8	PF(G)1/8
理论夹持力:开/N	37.28P/0.1L	109.87P/0.1L	233.48P/0.1L
理论夹持力:关/N	27.47P/0.1L	87.31P/0.1L	186.39P/0.1L
开/闭时间/s	0.01/0.01	0.01/0.01	0.01/0.01
使用压力/bar	3~7		
环境温度/℃	(-5,60)		

气动手爪选型主要注意三个问题:第一,手爪开闭尺寸问题,夹取的工件尺寸与手爪是否匹配;第二,手爪的安装,接口是否能够与工业机器人对接;第三,手爪的夹持力是否足够,要估算夹取工件的质量与夹持力之间的关系。其他因素如使用环境、使用温度等也需要注意。

(2) 气动吸盘

江苏中科工业机器人的 SO 20 系列吸盘式手爪典型参数见表 3-2。

气动吸盘的选型最主要的问题,是吸盘的吸附力能否稳定牢固地抓取工件,根据吸力调整气泵的供气量,从而也起到选型作用。

3.1.2　末端执行器工作原理

各种末端执行器并不是严格独立的,它们之间是相互融合的。下面介绍几种常用末端执行器的结构,根据不同类型的结构特性分类来分析各种夹持机构的工

表 3-2　S0 20 系列吸盘式手爪典型参数

参数	S0 20 30X 型	S0 20 40X 型
吸力/kg	42.4	56.6
最大供气压力/bar	6	6
最大真空度/kPa	90	90
在 6bar 时的真空消耗/($\text{NI} \cdot \text{s}^{-1}$)	9.8	13
吸气量($\text{cum} \cdot \text{h}^{-1}$)	108	152
重量/kg	7	8.6
工作温度/℃	(-2,80)	

作原理。

1. 回转型连杆杠杆式夹持器

两支点回转型连杆杠杆式夹持器的结构如图 3-8 所示。可据被抓工件不同要求,通过螺栓连接更换各种手指,如 V 形钳口手指、弧形手指等,从而扩大夹持器的使用范围。

夹持器的夹紧驱动力由气缸活塞杆提供。当压力气体推动活塞下移动时,夹持器完成夹紧动作,其夹持力为 F_N。

$$F_N = F_P \cos \alpha /2b \tag{3-1}$$

2. 直杆式双气缸平移夹持器

直杆式双气缸平移夹持器的结构如图 3-9 所示。

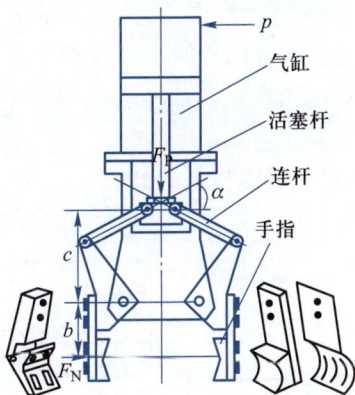

图 3-8　回转型连杆杠杆式夹持器

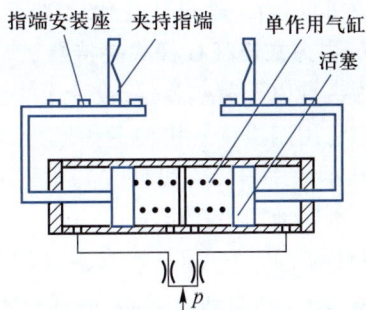

图 3-9　直杆式双气缸平移夹持器

夹持器指端安装在装有指端安装座的直杆上。当压力气体进入单作用式双气缸的两个有杆腔时,两活塞向中间移动,工件被夹紧;当没有压力气体进入时,弹簧推动两个活塞向外伸出,工件被松开。为保证两活塞同步运动,在气缸的进气路上安装分流阀。

课件
末端执行器的工作原理

微课
末端执行器的工作原理

3. 连杆交叉式双气缸平移夹持器

连杆交叉式双气缸平移夹持器的结构如图3-10所示。

夹持机构由单作用双联气缸和交叉式指部组合而成。当压力气体进入双联气缸的中间腔时,两个活塞分别带动活塞杆向外伸出,交叉式指端将工件夹紧;当没有压力气体进入时,弹簧推动两个活塞自动复位,工件被松开。由于两个气缸共用一个进气腔,能够保证两个活塞杆的完全同步运动。工件直径的变化不影响其轴心的位置

4. 外夹式连杆杠杆式夹持器

如图3-11所示,当增力机构推动活塞杆左右移动时,由活塞杆、连杆、钳爪和夹持器构成四杆机构,使钳爪(手指)完成夹紧和放松功能,其夹持力 F_N 和驱动力 F_P 间关系式为

$$F_N = \frac{F_P}{2b} c \cdot \cot\alpha \qquad (3-2)$$

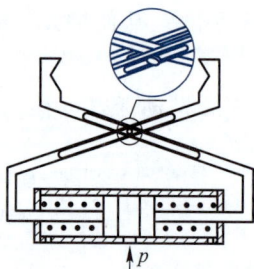

图3-10　连杆交叉式双气缸平移夹持器

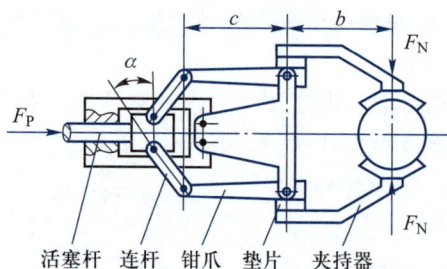

活塞杆　连杆　钳爪　垫片　夹持器

图3-11　外夹式连杆杠杆式夹持器

由式(3-2)可知,当结构尺寸 b、c 和驱动力 F_P 一定时,夹持力 F_N 与 α 角的余切成正比。当 α 角较小时,可得到较大的夹持力。为适用不同尺寸规格的工件可以更换钳爪,当工件尺寸变化较小时,也可采取更换调整垫片的办法。

5. 内撑式连杆杠杆式夹持器

为夹持内孔薄壁零件,设计了一种内撑连杆杠杆式夹持器,如图3-12所示。

它采用四连杆机构传递撑紧力,其撑紧方向与外夹式相反。为使夹持器在撑紧工件后能准确地用内孔定位,多采用3个钳爪(图中只画了2个)。三钳爪夹持器的钳爪上撑紧力 F_N 和驱动力 F_P 之间的关系为

$$F_N = \frac{F_P}{3b} c \cdot \cot\alpha \qquad (3-3)$$

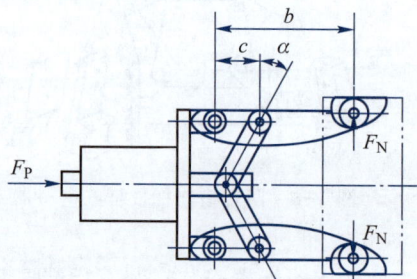

图3-12　内撑式连杆杠杆式夹持器

6. 气动吸附式吸盘

气动吸附式吸盘通常是利用了软性橡胶或者塑料制成的皮碗中形成的负压来吸住工件,适合吸取大而薄、刚性差的金属

和木质板材、纸张、玻璃、弧形壳体零件等。根据不同的作业情况,可以做成单吸盘、双吸盘、多吸盘或者特殊形状的吸盘。图 3-13 所示是气动吸附式吸盘的两种基本结构。它们在实际的工作中,通常会利用真空泵作为动力的来源,当对外抽气的时候,会在吸盘的腔内产生负压,空气被抽出,从而吸住了物体。

在选用真空吸盘抓取物体时,要明确以下几个要点。

① 物件重量及由此产生的重力。

② 合力(包括吸附力、重力、惯性力、离心力、摩擦力等)的计算及方向。

③ 物件的材质及表面特性。在此基础上可确定吸盘的材料、形状、规格及其活动机构形式。

吸盘式利用橡胶或塑料制成。它的边缘要很柔软,以保持紧密贴附在被吸物体表面而形成密封的内腔。当吸盘内抽成负压时,吸盘外部的大气压力将把吸盘紧紧地压在被吸物体上。吸盘的吸力是由吸盘皮碗的内、外压差造成的,吸盘的吸力 F_N(单位为 N)可按以下式求得。

$$F = \frac{S}{K_1 K_2 K_3}(P_0 - P) \tag{3-4}$$

式中:

P_0——大气压力,单位为 N/cm^2;

P——内腔压力,单位为 N/cm^2;

S——吸盘负压腔在工件表面上的吸附面积,单位为 cm^2;

K_1——安全系数,一般取 $K_1 = 1.2 \sim 2$;

K_2——工作情况系数,一般取 $K_2 = 1 \sim 3$;

K_3——姿态系数:

当吸附表面处于水平位置时,$K_3 = 1$;

当吸附表面处于垂直位置时,$K_3 = 1/f$。f 为盘与被吸体的摩擦因数。

吸盘的吸力要大于被吸附物体的重力,其所需的吸盘面积 S,可用一个吸盘或数个吸盘实现。

因系统的负压气源多来自与吸盘直接连接的真空发生器,从系统节能角度考虑,一般通过增大吸盘尺寸来提高吸附力,而不是追求高真空度。真空发生器的抽

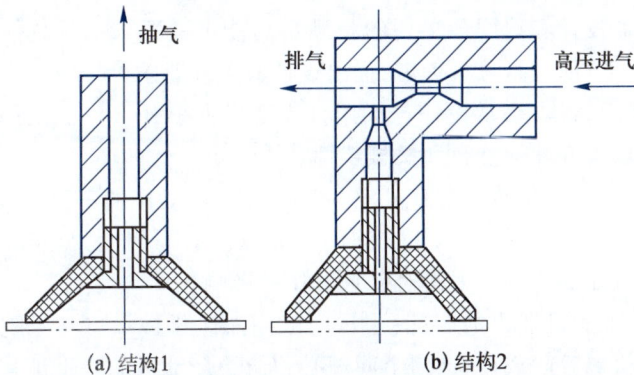

(a) 结构1　　　　　(b) 结构2

图 3-13　气动吸附式

吸流量越大,达到要求的真空度的时间越快,有利于加快机械手动作节拍。

气动吸附式吸盘与夹钳式取料装置相比的优点:结构简单、重量轻、吸附力分布均匀,对于薄片状物体的搬运更有效(如板材纸张、玻璃等物体),广泛应用于非金属材料或者不可有剩磁材料的吸附。缺点:要求物体表面较平整光滑,无孔,无凹槽。

7. 磁吸式吸盘

磁吸式吸盘有电磁吸附和永磁吸附两种形式。电磁吸附是利用通电的状态,使电磁线圈中的电流产生磁场来进行吸附,断电的状态下就会释放铁磁性物体,结构如图 3-14 所示。由于磁力线通过工件,工件被吸附住。在实际应用的过程中,外盘面 6 是给工件进行定位使用的,它的结构可以根据具体的工件的形状进行设计。

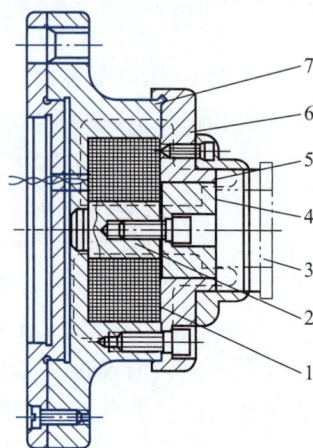

1—线圈;2—铁心;3—工件;
4—内吸体;5—隔磁物;
6—外盘面;7—盘体

图 3-14 电磁吸盘

永磁吸盘则是利用永久磁铁的磁力来进行吸附铁磁性的物体。通过移动隔磁物来改变吸盘中的磁力线的回路,从而达到吸附住物体和释放物体的目的。它在应用中具有不需要接通电源、结构简单、安全可靠等优点。但相对于电磁吸盘而言,相同质量的吸盘,永磁吸盘的吸力不如电磁吸盘的吸力大。

适用范围如下。

① 适用于铁磁材料做成的工件,不适用于有色金属和非金属材料制成的工件。

② 适用于被吸附工件上有剩磁也不影响工作性能的工件。

③ 适用于定位精度不高的工件。

④ 适合常温状况下工作,铁磁材料高温下的磁性会消失。

3.1.3 末端执行器选型和设计原则

1. 末端执行器选型和设计要求

末端执行器设计和选用最主要的是满足功能上的要求。从总体作业结构上,要围绕以下几个方面进行分析考虑,提出设计参数和要求。

① 被抓握的物体:手爪设计与选用首先考虑的事什么样的工件要被抓取,因此必须充分了解工件几何参数和机械特性。

② 物料馈送器和存储装置:与工业机器人配合工作的零件馈送器或存储装置,对手爪必需的最大和最小爪钳之间的距离以及必需的夹紧力都有要求;同时,还应了解其他可能的不确定因素对手爪工作的影响。

③ 手爪和工业机器人的匹配:手爪一般用法兰机械接口与手腕相连接,手爪自重也增加了机械臂的载荷,这两个问题必须给予仔细考虑。手爪是可以更换的,手爪形式可以不同,但是与手腕的机械接口必须相同,这就是接口匹配。手爪自重

不能太大,工业机器人能抓取工件的重量是工业机器人承载能力减去手爪重量。手爪自重应与工业机器人承载能力匹配。

④ 环境条件:在作业区内的环境状况很重要,比如高温、水、油等环境会影响手爪工作。例如,一个锻压机械手要从高温熔炉内取出高温锻件,还必须保证手抓的开合。

从末端执行器自身设计上分析,要考虑以下几点。

① 具有足够的夹持力和驱动力。

② 保持适当的夹持精度。

③ 考虑手部自身的大小、形状、结构和运动自由度。

④ 智能化手爪还应配有相应的传感器。

2. 末端执行器设计原则

① 末端执行器要根据作业的要求来设计,尽量选用已经定型的标准基础件。如气缸、油缸、传感器等,配以恰当的机构连接件,组合成适于生产作业要求的末端执行器。

② 末端执行器的质量要尽可能轻便、并力求结构紧凑。

提示
新的末端执行器,可以增加工业机器人新的应用场所。

③ 正确对待末端执行器的万能性和专用性。万能性的末端执行器在结构上相当复杂,很难实现全能性的末端执行器。目前在实际应用中,仍是那些结构简单、万能性不强的末端执行器最为适用,因此要着重开发各种各样专用、高效的末端执行器,加上末端执行器的快速更换装置,从而实现工业机器人的多种作业功能。

任务完成报告

姓名		学习日期		
任务名称		末端执行器的选型设计		
学习自评	考核内容		完成情况	
	1. 叙述末端执行器分类		□好　□良好　□一般　□差	
	2. 解释集中末端执行器的工作原理		□好　□良好　□一般　□差	
	3. 叙述末端执行器选型依据		□好　□良好　□一般　□差	
学习心得				

任务二 典型工业机器人工作站执行装置

微课
典型工作站执行装置

工业机器人首先在汽车行业中大规模应用,现在已经逐步扩展到各个行业。在此过程中,形成了很多典型的工业机器人工作站应用类型,如搬运、弧焊、点焊、涂胶、打磨等,这些工作站的系统外设在长期的应用过程中形成了相对固定的结构,熟悉与掌握典型工作站的执行装置有助于系统集成工作。

课件
典型工作站执行装置

3.2.1 搬运机器人工作站执行装置

搬运机器人工作站在工业生产现场十分常见,如图 3-15 所示,主要应用于物流、化肥、食品加工等批量生产行业。搬运工业机器人工作站是一种集成化系统,可与生产系统相连接,形成一个完整的集成化搬运生产线。搬运机器人完成一项搬运任务,除需要搬运机器人外,还需要在工业机器人末端安装末端夹具实现搬运工作任务,同时会配备辅助设备,形成一个完整的工作站或一条连续的生产线。

图 3-15 搬运机器人工作站现场

1. 工作站的结构与特点

（1）结构

搬运机器人工作站是一种集成化的系统,它包括工业机器人、控制器、PLC、机器人手抓、托盘等,并与生产控制系统相连接,以形成一个完整集成化的搬运系统。其工作任务就是由工业机器人完成工件的搬运,将输送线输送过来的工件搬运到平面仓库中,并进行码垛等操作。给搬运机器人安装不同类型的末端执行器,可以完成不同形态和状态的工件搬运工作。

（2）特点

① 应有物品的传送装置,其形式要根据物品特点选用和设计。

② 可以使物品准确定位,以便于工业机器人准确抓取。

③ 多数情况下设置有物品托板,或手动或自动的交换托板。

④ 有些物品在传送过程中还要经过整理,以保证码垛质量。

⑤ 要根据被搬运物品设计专用的末端执行器。

⑥ 应选用适合搬运作业的工业机器人。

2. 末端执行器选型和设计

工业机器人执行工作任务时,需根据作业内容的不同,在工业机器人末端安装相应的装置来实现作业。

真空吸盘的相关组件主要有电磁阀组、真空发生器、真空吸盘等装置。

（1）电磁阀选型

① 形式选择。根据使用要求与使用条件,选择阀的形式:直动式还是选导式。

② 控制方式选择。根据适用的控制要求,选择阀的形式:气控、电控、人控或机械控制。

③ 阀的机能选择。按工作要求选择阀的机能：两位两通、两位三通、两位五通、三位五通；或中封式、中泄式、中间加压式等。阀的机能见表3-3。

表 3-3 阀 的 机 能

机能	控制内容
2 位置,单线圈	断电后恢复原来位置
2 位置,双线圈	某一侧供电时,阀芯切换至该侧的位置,若断电,能保持断电前的位置
3 位置(中位封闭),双线圈	两侧同时不供电,供气口及气缸口同时封堵,气缸内的压力便不能排放出来
2 位置(中位排气),双线圈	两侧同时不供电,供气口被封堵,从气缸口向大气排放
2 位置(中位加压),双线圈	两侧同时不供电,供气口同时向两个气缸口通气

④ 型号规格选择。根据使用流量的要求选择阀的型号、规格大小。

⑤ 安装方式选择。根据阀的安装要求选择安装方式:管接式、集装式。

⑥ 电气参数选择。根据实际使用要求选择阀的电气规格:电压、功率出线形式。

例如,亚德客公司的 4V120-M5,二位五通,双电控电磁阀,如图 3-16 所示。阀的具体规格、电气性能参数见表3-4和表3-5。

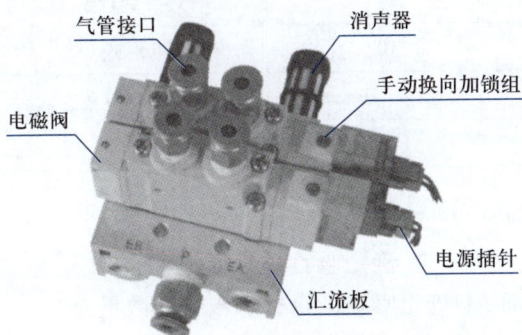

图 3-16 阀的结构图

末端执行器用了两个二位五通的双电控电磁阀。这两个电磁阀带有手动换向和加锁钮,有锁定和开启两个位置。加锁钮在锁定位置时,手控开关向下凹下去,不能进行手控操作。只有在开启位置,可用工具向下按信号为 1,等同于该侧的电磁信号为 1;常态时,手控开关信号为 0。在进行设备调试时,可以使用手控开关对阀进行控制,从而实现对相应气路的控制。

两个电磁阀是集中安装在回流板上的。汇流板中两个排气口末端均连接了消声器,消声器的作用是减少压缩空气在向大气排放时的噪声。这种将多个阀与消声器、汇流板等集中在一起构成的一组控制阀的集成称为阀组,而每个阀的功能是彼此独立的。

（2）真空吸盘选型

表 3-4　电磁阀规格

参数	说明
工作介质	空气(经 40μm 上滤网过滤)
动作方式	先导式
接口管径	进气＝出气＝M5
有效截面积/mm²	5.5(CV＝0.31)
位置数	五通二位
使用压力范围/MPa	0.15~0.8
保证耐用力/MPa	1.5
工作温度/℃	-20~70
润滑	不需要
最高动作频率/(次·s⁻¹)	5
重量/g	175

表 3-5　电气参数

参数	说明	参数	说明
标准电压(DC)/V	24	耐热等级/级	8
使用电压范围/%	10	接电形式	DIN 插座
耗电量/W	2.5	励磁时间/s	0.05
保证等级	IP65		

选择真空吸盘应从以下几个方面考虑。

① 了解所吸工件的质量,确定吸盘的盘径($S=mg/P$)。

② 了解工作的面积,确定吸盘的盘径和吸盘的数量。

③ 了解工作的材质和形状,确定用什么材质的吸盘和什么款式的吸盘。真空吸盘有三种基本形状:扁平吸盘、波纹吸盘、具有特殊工作原理的吸盘。例如,真空吸盘 SMC 的 ZPT25US-A6,盘径为 φ25、扁平型、硅橡胶、外螺纹 M6 * 1,如图 3-17 所示。

(3)真空发生器选型

真空发生器是利用正压气源产生负压的一种新型、高效,清洁、经济,小型的真空元器件。这使得在有压缩空气的地方,或在一个气动系统中同时需要正负压的地方获得负压变得十分容易和方便。

真空发生器的工作原理是利用喷管高速喷射压缩空气,在喷管出口形成射流,产生卷吸流动。在卷吸作用下,喷管出口周围的空气不断地被抽吸走,使吸附腔内的压强降至大气压以下,形成一定真空度。

选择真空发生器应根据吸盘的直径、吸盘的个数、吸附物是否有泄漏等几个方面考虑。例如,费斯托的 VAD-1/8 如图 3-18 所示,主要技术参数见表 3-6。

图 3-17　真空吸盘

图 3-18　真空发生器

表 3-6　真空发生器技术参数

参考	说明
喷射器特性	高度真空
气接口	G1/8(基准直径 9.728 螺距约 0.907)
拉伐尔气嘴公称直径/mm	0.5
最大真空度/%	80
工作压力/bar	1.5～10

3.2.2　焊接机器人工作站执行装置

　　焊接在工业生产现场十分常见,主要应用于汽车制造、电子产品、家电产品、通用机械、工程机械、压力容器等生产行业。焊接机器人工作站是一种集成化系统,可与生产系统相连接,形成一个完整的集成化焊接生产线;同时,焊接工作站也可以作为一个单独的工作单元,在装备集成制造型企业中也被广泛应用。

　　1. 工作站的结构与特点

　　(1)工作站的结构

　　焊接机器人主要包括工业机器人和焊接执行设备两部分,如图 3-19 所示。工业机器人由本体和控制柜(硬件及软件)组成。而焊接执行装备,以弧焊及点焊为例,则由焊接电源、送丝机(弧焊)、焊枪(钳)、变位机等部分组成。智能工业机器人还应有传感系统,如激光或摄像传感器及其控制装置等。

　　(2)工作站特点

　　① 点焊机器人的特点。

　　点焊对焊接机器人的要求不是很高。因为点焊只需点位控制,至于焊钳在点与点之间的移动轨迹没有严格要求,这也是工业机器人最早只能用于点焊的原因。点焊用工业机器人不仅要有足够的负载能力,而且在点与点之间移位时速度要快捷,动作要平稳,定位要准确,以减少移位的时间,提高工作效率。

点焊工业机器人需要有多大的负载能力，取决于所用的焊钳形式。对于用于变压器分离的焊钳，30~45 kg 负载的工业机器人就足够了。但是，这种焊钳一方面二次电缆线长，电能损耗大，不利于工业机器人将焊钳伸入工件内部焊接；另一方面电缆线随工业机器人运动而不停摆动，电缆的损坏较快。因此，目前逐渐增多采用一体式焊钳。这种焊钳连同变压器质量在 70 kg 左右。考虑到工业机器人要有足够的负载能力，能以较大的加速度将焊钳送到空间位置进行焊接，一般都选用 100~150 kg 负载的重型工业机器人。为了适应连续点焊时焊钳短距

图 3-19　焊接机器人工作站

离快速移位的要求，新的重型工业机器人增加了可在 0.3 s 内完成 50 mm 位移的功能。这对电机的性能、计算机的运算速度和算法都提出更高的要求。

② 弧焊机器人特点。

弧焊过程比点焊过程要复杂得多，工具中心点（TCP）也就是焊丝端头的运动轨迹、焊枪姿态、焊接参数都要求精确控制。所以，弧焊用工业机器人除了前面所述的一般功能外，还必须具备一些适合弧焊要求的功能。

虽然从理论上讲，有 5 个轴的工业机器人就可以用于电弧焊，但是对复杂形状的焊缝，用 5 个轴的工业机器人会有困难。因此，除非焊缝比较简单，否则应尽量选用 6 轴工业机器人。

弧焊工业机器人除在作"之"字形拐角焊或小直径圆焊缝焊接时，其轨迹应能贴近示教的轨迹之外，还应具备不同摆动样式的软件功能，供编程时选用，以便作摆动焊，而且摆动在每一周期中的停顿点处，工业机器人也应自动停止向前运动，以满足工艺要求。此外，还应有接触寻位、自动寻找焊缝起点位置、电弧跟踪及自动再引弧等功能。

2. 末端执行器选型和设计

焊接工业机器人工作站的末端执行器主要是指焊接执行设备。焊接执行设备则由焊接电源、送丝机（弧焊）、焊枪（钳）、变位机等部分组成。

（1）焊接电源的选型设计

焊接电源在焊接设备中是决定电气性能的关键部分。尽管弧焊电源具有一定的通用性，但不同类型的弧焊电源，在结构、电气性能和主要技术参数等却各有不同。如交流弧焊电源和直流弧焊电源的特点和经济型是有很大差别的。因此，在应用时只有合理的选择，才能确保焊接作业的顺利进行，既经济又获得良好的焊接效果。

一般应根据以下几个方面来选择弧焊电源。

① 焊接电流种类的选择。

焊接电流有直流、交流和脉冲三种基本类型，因而也就有相应的弧焊电源：直

流弧焊电源、交流弧焊电源和脉冲弧焊电源。除此之外,还有弧焊逆变器。设计者应按照技术要求、经济效果和工作条件来合理地选择弧焊电源的种类。表 3-7 对交直流弧焊电源进行了比较。

表 3-7 交直流弧焊电源特点比较

项目	交流	直流
电弧的稳定性	低	高
极性可换性	无	有
磁偏吹影响	很小	较大
空载电压	较高	较低
触电危险	较大	较小
构造和维修	较简	较繁
噪音	不大	发电机大、整流器小、逆变器更小
成本	低	高
供电	一般单相	一般三相
重量	较轻	较重、逆变器最轻

② 焊接工艺方法的选择。

● 埋弧焊。一般选用较大的弧焊变压器。如果产品质量要求较高,应采用弧焊整流器或矩形波交流弧焊电源。这些弧焊电源一般具有下降外特性。在等速送丝的场合,宜选用较平缓的下降特性。在变速送丝的场合,则选用陡度较大的下降特性。

● 钨极氩弧焊。钨极氩弧焊要求用恒流特性的弧焊电源,如弧焊逆变器、弧焊整流器。对铝及合金的焊接应采用交流弧焊电源,最好采用矩形波交流弧焊电源。

● 二氧化碳气体保护焊和熔化极氩弧焊。这些场合可选用平特性(对等速送丝而言)或下降特性(对变速送死而言)的弧焊整流器和弧焊逆变器。对于要求较高的氩弧焊必须选用脉冲弧焊电源。

● 等离子弧焊。最好选用恒特性的弧焊整流器和弧焊逆变器。如果为熔化极等离子弧焊,则按熔化极氩弧焊选用弧焊电源。

● 脉冲弧焊。脉冲等离子弧焊和脉冲氩弧焊选用脉冲弧焊电源。在要求高的场合,宜采用弧焊逆变器、晶体管式脉冲弧焊电源。

由上述可见,一种焊接工艺方法并非一定要用某一种形式的弧焊电源。但是被选用的弧焊电源,必须满足该种工艺方法对电气性能的要求,其中包括外特性、调节性能、空载电压和动特性。如果电气性能不能满足要求,也可以通过改装来实现,这也体现了弧焊电源具有一定的通用性。

③ 弧焊电源功率的选择。

● 粗略确定弧焊电源的功率。焊接时主要的规范是焊接电流。可按所需要的焊接电流对照弧焊电源后面的数字来选择容量。例如，BXI-300中的数字"300"表示该型号电源的额定电流为300A。

- 不同负载持续率下的许用焊接电流。弧焊电源能输出的电流值，主要由其所允许温升确定。因此，在确定许用焊接电流时，需要考虑负载持续率。在额定负载持续率下，以额定焊接电流工作时，弧焊电源不会超过它的允许温升。当改变时，弧焊电源在不超过允许温升情况下使用的最大电流，可以根据发热相等，达到同样额定温度的原则进行换算。

④ 根据工作条件和节能选择弧焊电源。

在一般生产条件下，尽量采用单站弧焊电源。但是在大型焊接车间，如船体车间，焊接站数多而且集中，可以采用多站式弧焊电源。由于直流弧焊电源用电阻箱分流而耗电较大，应尽可能少用。

在维修性的焊接工作情况下，由于焊缝不长，连续使用电源的时间较短，可选用负载持续率较低的弧焊电源。例如，采用负载特性持续率为40%、25%，甚至15%的弧焊电源。弧焊电源用电量很大，从节能要求出发，应尽可能选用高效节能的弧焊电源，如弧焊逆变器，其次是弧焊整流器、变压器，除非特别重要，不用直流弧焊发电机。

（2）送丝机构选型

焊丝供给装置是专门向焊枪供给焊丝的。送丝是焊接过程中非常重要的一个操作环节。送丝准确性、一致性、稳定性，影响着焊接生产的效率。送丝机的选择要从以下几方面来考虑。

- 送丝力度。在测试时要选择调到0.1电机也能够稳定地低速送丝的型号。这点在焊接薄板时是很重要的，薄板需要慢速送丝，送丝过快会导致焊丝来不及熔化，造成焊接效果不佳和焊丝浪费率高。

- 调节参数精准。要选用各种事件能够精确到0.01 s送丝机，这样送丝作业时更精准，更快捷，更方便。

- 不沾工件。要选在停止送焊丝时，延时收弧时间可调的送丝机。因为有的送丝机停丝时灭弧回抽，停丝时虽然有防粘丝自动反抽功能，但是丝没有完全熔断掉，即使回抽速度很快，也不起作用，因为系统有动态响应时间。特别是冬天气温低，工件冷却快，粘丝表现得尤为明显。

- 有连续送丝和脉冲送丝功能。脉冲间歇时间精确可调。

- 有停丝、送丝切换功能。

- 有提前送丝、焊机再起弧，和焊机先起弧、后送丝这两种功能。

综合以上描述，选择送丝机主要选择抗干扰、送丝有力度，调参精准，焊丝不粘工件，有停丝、送丝切换功能等。

根据以上要求，选择威尔得WPC-600多功能氩弧焊送丝机，如图3-20所示。

图3-20　WPC-600多功能氩弧焊送丝机

它的主要特点如下，主要技术参数见表3-8。

① 送丝速度连续可调，即使慢送丝也稳定有力。

② 连续送丝、脉冲送丝功能、同步送丝功能、提前送丝功能、延迟送丝功能、点动送丝功能、点动回抽功能。

③ 停止送丝后，焊机将焊丝熔断后收弧的功能。

④ 只焊接不送丝功能、只送丝不焊接功能。

⑤ 送丝机和焊机联动功能。

⑥ 四轮双驱动送丝系统，适用对多种直径焊丝的送丝。

⑦ 适用于各种氩弧焊机。

⑧ 各种时间参数可以独立可调。

⑨ 可广泛应用于铝合金、不锈钢、碳钢和有色金属等多种材料焊接。

⑩ 可氩弧焊、激光焊、等离子焊接等多种焊接工艺方法。

表3-8　主要技术参数

参数	说明
电压（AC）/V	220
相数	单相
频率/Hz	50/60
长宽高/mm	640×250×400
重量/kg	20
电动机	直流永磁
焊盘尺寸/mm	50×100×30
焊丝尺寸/mm	0.8/1.0/1.2/1.6
送丝速度范围/(m·min^{-1})	0.0~0.6
调速精度	1%
送丝提前时间/s	0.00~9.99 可调，精度 0.01
送丝延迟时间/s	0.00~9.99 可调，精度 0.01
送丝停止后焊机延时收焊将焊丝熔断的时间/s	0.00~9.99 可调，精度 0.01
回抽丝时间/s	0.00~9.99 可调，精度 0.01
脉冲送丝时间/s	0.00~99.99 可调，精度 0.01
脉冲停顿时间/s	0.00~99.99 可调，精度 0.01

（3）焊枪选型

焊枪利用焊接电源的高电流、高电压产生的热量聚集在焊枪终端，熔化焊丝，渗透到焊接部位，冷却后被焊接的物体被牢固连接在一起。

根据送丝方式的不同，焊枪可分成拉丝式焊枪和推丝式焊枪两类

拉丝式焊枪的主要特点是送丝速度均匀稳定，活动范围大，但是由于送丝机构和焊丝都装在焊枪上，所以焊枪的结构比较复杂、笨重，只能使用直径 0.5~0.8 mm 的细焊进行焊接。

推丝式焊枪结构简单、操作灵活,但焊丝经过软管时受较大的摩擦阻力,只能采用 $\phi 1$ mm 以上的焊丝进行焊接。推丝式焊枪按形状不同,可分为鹅颈式焊枪和手枪式焊枪两种。鹅颈式焊枪形似鹅颈,应用较为广泛,用于平焊位置时很方便。手枪式焊枪焊接除水平面以外的焊缝较为方便;焊接电流较小时,焊枪采用自然冷却,当焊接电流较大时,采用水冷式焊枪。

工业机器人焊枪的选型与焊接工件本身及焊接工艺要求有很大关系,但其通用的选型原则如下。

① 焊缝大小。焊缝的大小决定着焊枪适用的焊丝直径。

② 焊接工件。焊接工件的要求决定着焊接电流的大小和焊枪冷却方式。

③ 焊接位置。确定焊枪的形状及枪颈长度。

下面列举 SRCT-308R 型焊枪技术参数。

SRCT-308R 工业机器人焊枪特点:带防撞传感器的工业机器人焊枪轻而小的特点,减少了焊枪本身对焊接工件的影响,减轻了对焊枪以及工业机器人的损伤。传感器有着优良的再现性与反应性,焊枪前段能在很短的时间内恢复到原先的位置。它不需要更改原设置即可代替 TK-308RR 标准型焊枪。

SRCT-308R 焊枪主要参数:额定电流 350 A,使用率 60%,适用焊丝直径 0.8~1.2 mm,冷却方式空冷,电缆长度 0.8~5 m。

（4）变位机选型

变位机是工业机器人焊接生产线及焊接柔性加工单元的重要组成部分。根据实际的需要,变位机有多种形式,如单回转式和双回转式,如图 3-21 所示。在焊接作业前和焊接过程中,变位机通过夹具来装夹和定位被焊工件,以便使焊接的角度在实现的过程中处于最佳的状态。这样可以缩短辅助时间,提高工作效率,改善焊接质量。

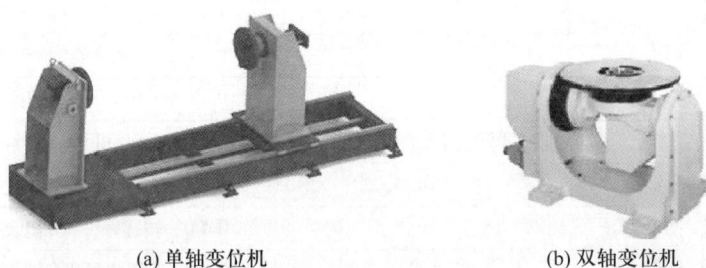

(a) 单轴变位机   (b) 双轴变位机

图 3-21 常用的两种变位机

变位机的安装必须使工件的变位均处于工业机器人动作范围之内,同时需要使变位机工装安装面处于水平或者垂直的状态,以保证变位机与工业机器人同处于一个平行世界坐标系当中。并需要合理分解工业机器人本体和变位机的各自职能,使两者按照统一的动作规划进行作业。工业机器人和本体之间的运动存在两种形式:协调运动和非协调运动。

焊接变位机选型原则有以下 3 点。

① 工件适用原则：工程机械不同的结构件之间外形差别很大，焊接时变位需求也有所不同，因此应根据焊接结构件的结构特点和焊接要求，选择适用的焊接变位机。

② 方便焊接原则：根据手工焊接作业状况，所选的焊接变位机要能把被焊工件的任意一条焊缝转到平焊或船焊位置，以避免立焊和仰焊，保证焊接质量。

③ 容易操作原则：应选择安全可靠、开敞性好、操作高度低、结构紧凑焊接变位机。

变位机的主要技术参数包括最大负载、定位精度、旋转范围、旋转速度等。

3.2.3 喷涂机器人工作站执行装置

喷涂机器人主要是继承了喷涂工艺系统和防爆系统的工业机器人，可以根据不同工件采用不同程序对工件表面进行油漆的喷涂。工业机器人的程序可以由人工根据工件的形状预先示教而形成，也可以由专业的模拟软件根据工件的模型先在计算机中运用专业模拟软件进行模拟，然后再将模拟程序从计算机导入工业机器人控制器。喷涂机器人的应用，不仅可以大大提高生产效率，改善工人工作环境，并且可以节省大量的运营成本，提高工件品质。

1. 喷涂机器人种类和特点

（1）喷涂机器人的分类

① 有气喷涂工业机器人。

有气喷涂也称为低压有气喷涂。喷涂机依靠低压空气使油漆在喷出枪口后形成雾化气流作用于物体表面（墙面或木器面），有气喷涂相对于手刷而言无刷痕，而且平面相对均匀，单位工作时间短，可有效地缩短工期。但有气喷涂有飞溅现象，存在漆料浪费；在近距离查看时，可见极细微的颗粒状。一般有气喷涂采用装修行业通用的空气压缩机，相对而言一机多用、投资成本低，市面上也有抽气式有气喷涂机、自落式有气喷涂机等专用机械。

② 无气喷涂机器人。

无气喷涂机器人可用于高黏度油漆的施工，而且边缘清晰，甚至可用于一些有边界要求的喷涂项目。视机械类型，其可分为气动式无气喷涂机、电动式无气喷涂机、内燃式无气喷涂机、自动喷涂机等多种。

（2）喷涂机器人的特点

① 柔性好：活动半径大柔性好；可实现内表面及外表面的喷涂；可实现多种车型的混线生产，如轿车、旅行车、皮卡车等车身混线生产。

② 提高喷涂质量和材料使用率：仿形喷涂轨迹精确，提高涂膜的均匀性等外观喷涂质量；降低过喷涂量和清洗溶剂的用量，提高材料利用率。

③ 易操作和维护：可离线编程，大大缩短现场调试时间；可插件结构和模块化设计，可实现快速安装和更换元器件，极大缩短维修时间；所有部件的维护可接近

提示
如果对金属表面进行喷涂处理，最好是选用金属漆（磁漆类）。

性好,便于维护保养。

④ 设备利用率高。

往复式自动喷涂机利用率一般仅为 40%～60%,喷涂工业机器人的利用率可达 90%～95%。

2. 末端执行器选型和设计

(1) 喷涂工艺及参数分析

根据被喷涂零件特性、作用及外观要求确定图层的质量要求。同时,根据这些要求确定满足质量保证的喷涂材料和工艺过程。工业机器人自动喷涂线必须按照这些要求和工艺过程来进行喷涂设备的选型及喷涂作业。

① 根据涂层厚度和质量要求决定喷涂遍数。

② 依据材料的流动性和链速确定流平时间和区间距离。

③ 按照涂层光泽度要求和涂料物理性能(如黏度、电导率等)确定喷枪类型。

④ 根据节拍时间和喷涂设备的速度(空气喷枪约为 0.5～0.8 m/s、静电旋杯为 0.3～0.5 m/s、喷涂形状重叠 1/4～1/3),计算每台设备在一个节拍内的喷涂面积,比较这个计算结果与喷涂区域分配面积大小。如果计算结果小于喷涂区域分配面积,说明喷涂能力不足,需要增加设备。另外,扩大喷涂能力的另一个方法是在一台设备上安装多支喷枪。

(2) 喷涂线设备选型

① 输送链。涂装线的输送链,对于前处理和电泳工位,一般选用悬挂链;对于涂层光泽度要求较高的喷涂,选用地面链;对于仰喷的喷涂零件和光泽度要求不高的喷涂,选用悬挂链,这种链消耗动力少、维修方便。选用输送链时,还应满足承载能力和几何尺寸的要求。

② 喷涂工具。喷具的选择主要取决于涂层的质量要求和涂料的性能参数。表 3-9 为几种喷具的主要参数比较。

表 3-9 喷具参数比较

喷枪形式	雾化形式	雾化效果	传递效率/%	喷嘴到工件距离/mm
空气喷枪	空气	一般	15～30	200～300
静电空气喷枪	空气	一般	45～75	250～300
无气喷枪	液压	差	20～40	300～370
旋杯静电喷枪	离心力	好	70～90	250～300
盘式静电喷枪	离心力	好	65～90	—

喷具的选择,除了采用常规方法之外,对于一般仿形自动喷涂机和自动喷涂机,尽可能采用静电喷枪;对于工业机器人,通常采用机器喷枪。自动喷枪的自动换色系统一般都要配置自动清洗功能。在喷涂过程中,定时清洗,以保证喷嘴的喷涂状态一致,喷涂质量一致。

本文给出一种常用喷枪型号,德国瓦格纳 WA800 工业机器人专用内控型自动喷枪。表 3-10 为 WA800 参数说明。

表 3-10　WA800 喷枪参数

参数	说明
枪身重量/kg	0.6
材质	316钢（枪身前段、枪针、枪嘴）；高级铝合金（枪身后段）
开枪制动压力/kg	5
口径	0.5/0.8/1.0/1.2/1.5/1.8/2.0/2.5
类型	中压高雾化
最佳喷涂气压/kg	3.5
喷涂距离/cm	15～25
扇面大小/cm	约30
传递效率/%	大于78
调节方式	流量、雾化喷幅宽度、雾化均匀度均可调
适用范围	油性/水性漆、家具套色、光油喷涂
安装范围	机械手、往复机、流水线自动化喷涂设备

任务完成报告

姓名		学习日期			
任务名称		典型工业机器人工作站的执行装置			
学习自评	考核内容		完成情况		
	1. 选用搬运工作站的执行装置		□好　□良好　□一般　□差		
	2. 选用弧焊工作站的执行装置		□好　□良好　□一般　□差		
	3. 选用喷涂工作站的执行装置		□好　□良好　□一般　□差		
学习心得					

任务三　外围系统选型和设计

课件
供料装置

除末端执行器外，工业机器人与生产工艺流程结合执行工作任务，还需要为其配置外围系统。与末端执行器一样，外围系统的选型和设计也是完全围绕工艺应用。先学习基本知识与设计原则，然后在实践中总结经验，强化技能，就能够设计出更加符合工艺要求的方案。

微课
供料装置

3.3.1　供料装置选型

供料装置通常包含料仓式供料装置和料斗式供料装置。

料仓式供料装置主要由料仓、输料槽和供料机构等组成。有的料仓还设有搅动器以免工件卡住。工件由人工定向排列装入料仓,然后经输料槽由供料机构送到机床上的加工位置。料仓式供料装置适用于形状较复杂、尺寸和重量较大而难以自动定向排列的工件,或不允许损伤表面和工序时间较长的工件,如轴、齿轮、连杆、壳体等。

料斗式供料装置主要由料斗、输料槽和供料机构等组成。工件任意堆放在料斗内,由定向机构按一定方向顺序送入输料槽中,然后由供料机构送到机床上的加工位置。有的料斗上还装有剔除器,用以防止定向不正确的工件混入输料槽中。料斗式供料装置适用于形式简单、重量不大而批量很大、工序时间较短的工件,如紧固件、轴承环、钟表零件等。

图 3-22 和图 3-23 所示是两种常用的供料装置的结构简图。通过对料仓式和料斗式供料装置基本结构的认识,可以在生产应用中根据实际需求进行选择和搭配。同时,应根据所需供料的具体结构形状的要求,以及满足实际生产需求的原则进行实际设计。

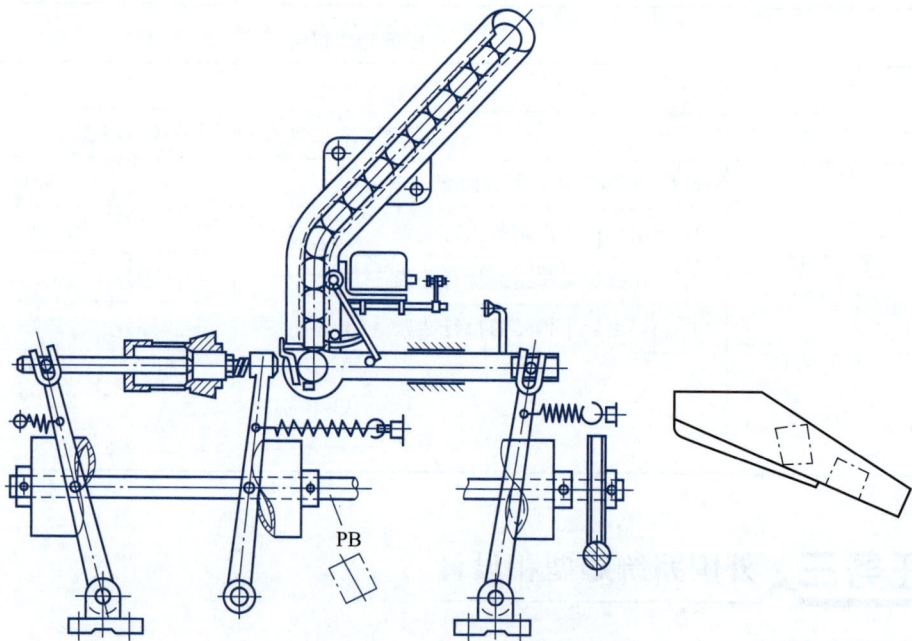

图 3-22　料仓式供料装置

在生产中,供料装置在设计的过程中通常需要满足的基本原则如下。
① 供料装置需要满足符合生产节拍的需求,提高工作效率。
② 供料工作力求平稳进行,尽量减少冲击,避免工件变形或者损坏。
③ 供料装置结构要尽可能简单,工作可靠,维修方便。
④ 供料装置应有一定的适用范围,满足不同的供料要求。

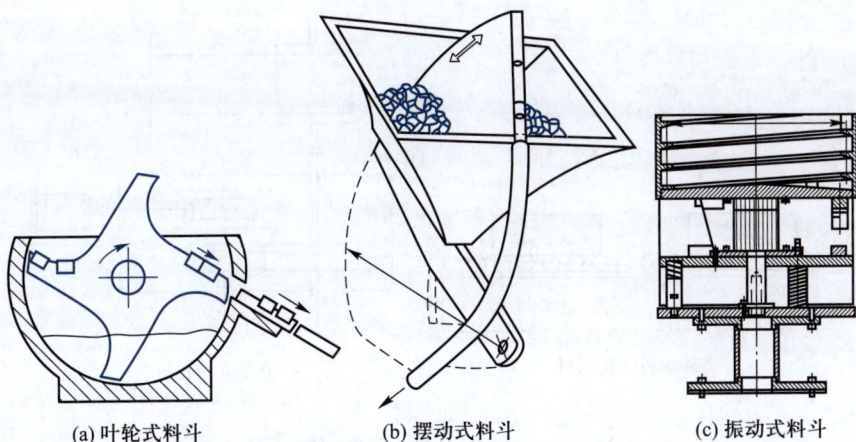

(a) 叶轮式料斗   (b) 摆动式料斗   (c) 振动式料斗

图 3-23　料斗式供料装置

课件
传送装置

3.3.2　传送装置选型

微课
传送装置

　　传送装置是物流过程中的重要装备,它不仅起到将各个工作单元模块(物流站、加工单元、装配单元)有效衔接起来的作用,还具有暂存和缓冲物料的功能。

　　在实际生产中,常用到的传送模块有滚道式传送机、带式传送机、悬挂式传送机、链式传送机等,如图 3-24 所示。根据不同的用途,在实际的设计和选择过程中需要进行具体的分析和设计。

　　滚道式传动机利用以一定间距架设在固定支架上的若干个滚子来传送成件物品。固定支架一般由若干直线或者曲线的分段按照需要拼接而成。滚道式传送机可以单独使用,也可以在流水线上与其他传送机或者工作机配合使用,具有结构简单、工作可靠、安装拆卸方便、易于维修、线路布局灵活等特点。常用的滚道式传送机有无动力式和动力式。

　　带式传送机靠传送带的运动来传送物料。带式传送机的传送能力大、运距大,可传送的物料种类多,结构比较简单,运营费用较低。带式传送机主要由传送带、驱动装置、传动滚筒、改向滚筒、张紧装置、托滚、机架、卸料器、清扫器和检测保护装置等部分构成。常用的带式传送机包含固定带式传送机和移动带式传送机两种类型。

　　悬挂式传送机利用连接在牵引链上的滑架在架空轨道上运行,以带动承载件传送成件物品。架空轨道可以在车间内根据生产的需求灵活的布置,构成复杂的传送线路。传送的物品悬挂在空中,可以节省生产面积,耗能较小,在传送时还可以进行多种工艺操作。由于连续运转,物件会接踵而至,经过必要的工艺操作再相继进行下一步流水化作业。悬挂式传送机通常包含提式、推式、拖式三种类型。

　　链式传送机利用链条牵引、承载,或由链条上安装的板条、金属网带和辊道等承载物料,可分为链条式、链板式、链网式、板条式等。它常与其他装置共同搭配,构成生产线。它广泛用于食品、罐头、药品、饮料、化妆品、洗涤用品、纸制品、调味品、乳业等的自动传送、分配、包装的连线传送。这种传送链具有显著的特点。它

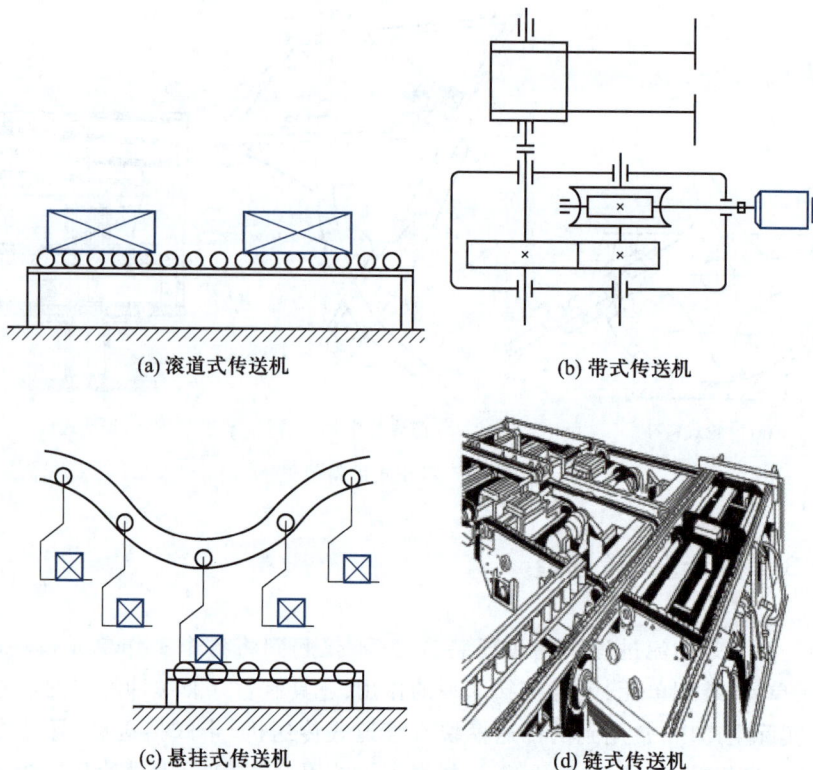

(a) 滚道式传送机　　　　　　　　(b) 带式传送机

(c) 悬挂式传送机　　　　　　　　(d) 链式传送机

图 3-24　常用传送装置类型

传送能力大,能够实现在较小空间内传送大量物料,传送能耗低,密封和安全等级高,使用寿命长,工艺布置灵活,使用与维护成本低,型号齐全,被广泛应用。

3.3.3　工件定位和夹紧

工件经过上料装置到达装配加工位置后,首先要确定工件在装配或加工的位置,也就是通过定位装置对工件进行定位。为了使工件在加工和装配时不会发生位置的松动或变化,还需要采用夹紧机构对工件进行夹紧,然后再进行装配、加工等操作。最后加紧机构放松,自动卸料机构将上一个完成工序操作的工件推出。

1. 工件的定位

对工件进行定位,主要是为了在各种加工、装配或检测工序中满足工件尺寸的需要,实现尺寸精度的要求,约束工件自由度,工件上下料快捷,提高生产效率。

(1) 工件定位方法

① 利用平面定位。

对于具有规则平面的工件,通常都简单方便的采用平面来定位。

一个平整的平面可以采用 3 个具有相等高度的球状定位支撑钉来定位。一个立方体可以通过 6 个定位钉来限制 X、Y、Z 轴的全部移动及绕 X、Y、Z 轴的全部转动。

粗糙而不平整的平面或倾斜的平面需要采用 3 个可调高度的球状定位支撑钉

来定位。

机加工过的平面可以采用端部为平面的垫块或球状定位支撑钉来定位。

为防止工件在工序操作过程中产生振动和变形,有必要采用附加的可调支撑。

为避免工件上的毛刺及尘埃影响工件定位,在定位夹具上工件的转角部位应设计足够的空间。

② 利用工件轮廓定位。

对于没有规则平面或者圆柱面的工件,通常利用工件的轮廓来定位。

采用一个具有与工件相同的轮廓、周边配合间隙都相同的定位板来定位,这是一种较粗略的定位方法。

采用定位梢来对工件轮廓或圆柱形工件进行定位,在工件轮廓的适当部位设置定位销。

在不同批次工件尺寸有一定变化的情况下,可以采用一种可以转动调整的偏心定位销来定位,使定位机构适应不同批次工件尺寸上的变化。

采用定位板对工件轮廓定位。

③ 利用柱面定位。

利用工件上的圆柱面进行定位是轴类、管类、套筒类工件或带有圆孔的工件最常用的也是最方便的定位方式。当一个圆柱工件通过断面及中心定位后,它就只能转动,其他运动全部被约束。

利用圆柱定位主要有三种方法:利用圆柱销对工件内圆柱孔进行定位;利用圆柱孔对工件的外圆柱孔进行定位;利用 V 形槽对工件的外圆柱面进行定位。

常见工件定位方法见表 3-11。

表 3-11　常见工件定位方法

工件形状	定位方法
圆柱形工件	圆柱形孔、三爪卡盘、V 形槽、弹簧夹头等
片状、板状工件	定位板
矩形工件	平面、定位板
带圆孔的矩形工件	平面、圆柱定位销
曲面轮廓工件	定位板、圆柱定位销
其他特殊形状	根据工件的具体形状设计定位机构

（2）定位机构设计原则

① 设计定位机构时应该在满足加工或者装配要求的前提下限制最少的自由度,以简化机构,但不允许出现欠定位或者过定位的情况。

② 选择定位基准时,应尽可能选择将设计基准作为定位基准,以减少定位误差。

③ 工件的定位主要根据具体工件的外形、设计基准等因素具体分析确定,使定位机构尽量简单,加工调整方便,定位误差对装配精度的影响最小。

④ 设计成可以拆卸的模块化结构,便于更换维修,降低成本。

⑤ 在部分精度要求较高的多工位装配场合,例如凸轮分度器的各种自动化专机上。对各个工位的零件定位要求有严格的一致性,不仅要求各定位尺寸具有严格的一致性,在定位机构装配过程中还必须对各工位的定位精度进行严格的检验。一般用打表的方法进行测试,并定期对定位机构进行检验和调整。

⑥ 定位机构的基本要求为定位准确,在保证定位误差能满足工艺要求的前期下尽可能的结构简单。

2. 工件的夹紧

对任何工件进行机械加工、装配等操作时,大多数情况下会对工件产生一定的附加力。如果不对工件进行夹紧操作,那么工件在进行加工或装配操作时会产生振动或者移动,造成加工偏差。

在哪些场合工件需要采用夹紧机构,是根据具体的工艺情况确定的。有些操作一定需要加紧,而有些情况下则不需要。

（1）需要对工件进行夹紧的场合

① 当装配操作过程中对工件产生附加扭矩或较大的附着力,定位机构不能使工件的位置保持固定时,如各种机械加工、螺钉螺母装配、铆接、自动化检测等。

② 虽然装配等操作过程对工件不产生或只产生很小的附加力,但装配过程的精度要求较高,需要使装配的零件之间保持确定的相对位置,如焊接装配。

③ 虽然装配等操作过程对工件不产生或只产生很小的附加力,但工件的质量很轻,自身重量不足以使其在定位机构中保持固定的位置,这时需要将工件夹紧后再进行装配操作。

④ 工件的形状不对称,或存在严重的偏心,无法靠自身的重量保持平衡,此时也需要对工件进行夹紧。

⑤ 如果工件在装配等操作中的状态不是固定而是变化的,工件自身的重量不足以保持准确的定位,也经常需要将工件夹紧后再进行装配操作。例如,连续回转情况下小型零件的环缝焊接。

总之,如果工件依靠自身的重量或工序操作产生的附加力,不能使其在工序操作过程中保持确定的定位,则必须对工件进行夹紧。

（2）不需要对工件进行夹紧的场合

① 如果工序操作属于非接触式的,不会对工件产生附加力,仅对工件进行定位就可以,这种情况下不需要对工件进行夹紧,如非接触式标识、非接触式检测等。

② 工序操作不会对工件产生附加力,仅将某一零件放置到另一零件要求的位置上就可以了,这种情况下不许要夹紧,如简单的零件装配工序。

③ 虽然工序操作会对工件产生附加力,但是仅对工件施加垂直向下的压力而不产生附加扭矩,工件的重量及定位机构能够保持其定位,这种情况下也不需要夹紧。

总之,是否需要采用夹紧机构完全视定位机构能否满足工序操作的需要而定,需要对具体的工艺进行分析确定。

（3）典型的夹紧方法与机构

根据驱动方式的不同,工程上采用的典型的夹紧机构主要有以下几种。

① 气动夹紧机构。

气动夹紧机构结构简单、成本低廉、维护简单，因而在工件体积不大、质量较轻、附加操作力不大的场合大量采用这种夹紧机构，如轻工、电子、仪表、电器、五金等行业。

气动夹紧机构的原理如图 3-25 所示。

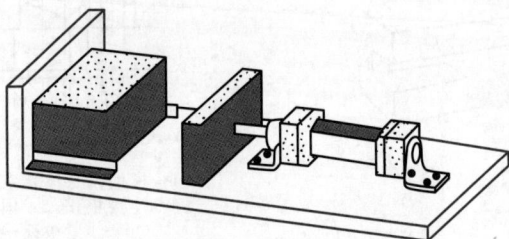

图 3-25　气动夹紧机构图

气动夹紧机构的原理非常简单。在气缸活塞杆端部安装一块夹紧板将工件夹紧，然后机器设备上的各种执行机构对工件进行机械加工或装配操作。工序操作完成后，气缸活塞杆缩回，撤销对工件的夹紧状态。

由于对工件的夹紧要求夹紧板在夹紧及放松时的工作行程很小，所以夹紧机构采用的气缸通常只需要很小的行程。为了使夹紧机构结构紧凑，尽可能占用最小的空间，工程上通常采用 FESTO 公司的紧凑型气缸（ADVU 系列、ADVUL 系列）、SMC 公司的短行程气缸或薄型气缸（CQ2 系列、CQS 系列）。

② 液压夹紧机构。

在某些行业，由于工件的质量较大，或者加工装配过程中产生的附加力较大，需要夹紧机构具有更大的输出夹紧力，如果采用气动机构可能无法满足工艺要求。这种情况下就可以采用液压缸或气液增力缸作为夹紧机构的驱动元件。最典型的例子有机床、大型机械加工、注塑机、压铸机、建筑机械、矿山机械等。图 3-26 所示为典型液压夹紧机构。

③ 弹簧夹紧机构。

在工程上也大量采用简单的弹簧对工件进行夹紧，最典型的例子是冲压模具中对工件的预压紧机构、铆接模具中对工件的预压紧机构。在冲压和铆接过程中都必须首先对材料或工件进行夹紧，然后再进行加工。

图 3-27 所示为英国 RANCO 公司某控制开关自动铆接专机铆接模具的上模结构，其中就采用了典型的弹簧预压紧机构。该铆接模具用于某电器部件的自动化装配检测生产线。由于铆接刀具 7 在高度尺寸上比压紧模块 6 的底面内缩约 1~2 mm，在上模下行的过程中，首先压紧块 6 接触工件，预压压缩弹簧 5 逐渐被压缩，并将弹簧的压力通过压紧块 6 将待铆接的工件从上往下预先夹紧，模具上模继续向下运动时铆接刀具才接触工件进行铆接工作。模具上模返回过程中，压缩弹簧变形恢复，自动使工件与模具上模脱离。

图 3-26 典型液
压夹紧机构

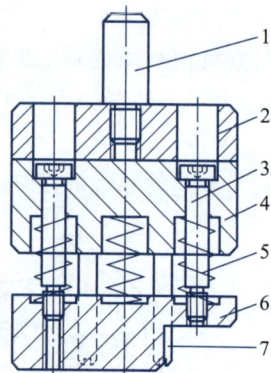

1—模柄；2—连接板 A；3—导柱；
4—连接板 B；5—预压压缩弹簧；
6—压紧块；7—铆接刀具

图 3-27 英国 RANCO 公司铆
接模具的弹簧预压紧机构

3.3.4 仓储模块选型

仓储模块具有众多的功能，能够提高空间的利用率，便于形成先进的物流系统。合理的布局和设计能够加快货物的存取节奏，从而减少劳动强度，提高生产率，减少库存的积压。现代化工业发展至今，已经形成了很多先进的仓储形式，在这里统称为自动化仓储系统。它能够实现存储和提取物料的自动化，整个过程不需要人力的参与，如图 3-28 所示。

图 3-28 自动化仓储

在设计自动化仓储系统的过程中通常需要遵循一些基本的原则。

（1）总体规划原则

在进行布局规划时，要对整个系统的所有方面进行统筹考虑。对该系统进行物流、信息流、商流的分析，合理地对三流进行集成与分流，从而更加高效、准确地实现物料流通与资金周转。

（2）最小移动距离原则

保持仓库内各项操作之间的最经济距离。物料和人员流动距离能省则省，尽量缩短，以节省物流时间，降低物流费用。

（3）直线前进原则

要求设备安排、操作流程应能使物料搬运和存储按自然顺序逐步进行，避免迂回、倒流。

（4）充分利用空间、场地的原则

包括垂直与水平方向，在安排设备、人员、物料时应予以适当的配合，充分利用。

（5）生产力均衡原则

维持各种设备、各工作站的均衡，使全库都能以一个合理的速度运行。

（6）顺利运行原则

根据生产车间空间环境的布局，尽量保持生产过程的顺利进行，而无阻滞。

（7）弹性原则

能够保持一定的空间以利于设备的技术改造和工艺的重新布置，以及一定的维护空间。

（8）能力匹配原则

设备的存储和传送能力要和系统的需求及频率相协调，从而避免设备能力的浪费。

（9）安全性原则

设计时要考虑操作人员的安全和方便。

透过这些原则，在进行实质性仓储系统设计的时候，就需要充分考虑客户需求和实际的现场环境。在实际生产中常用的仓储系统有巷道式立体仓库和重力式立体仓库，如图 3-29 所示。

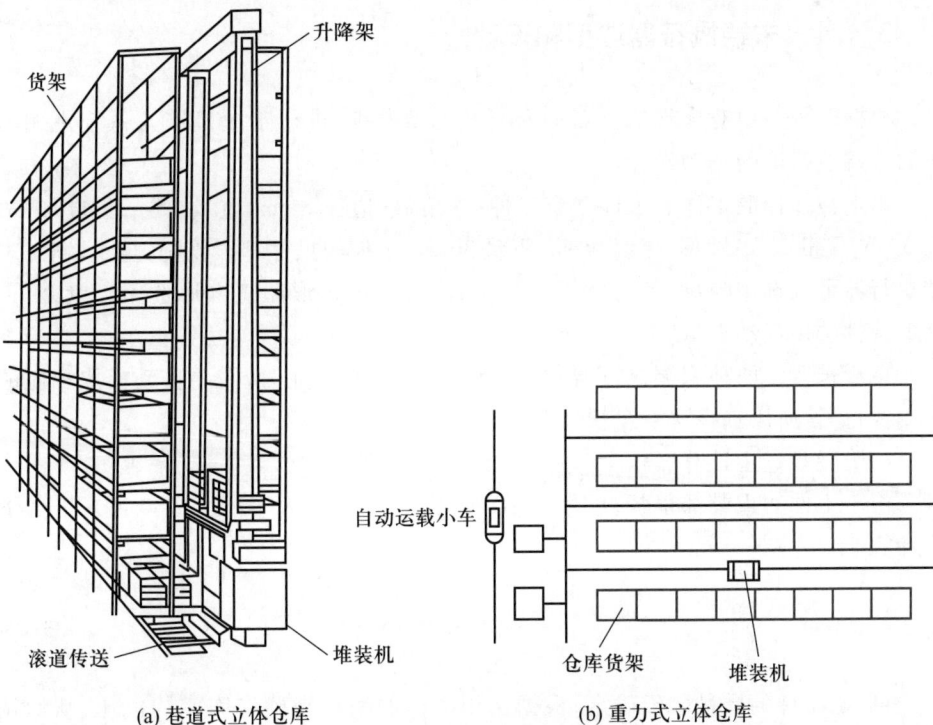

(a) 巷道式立体仓库   (b) 重力式立体仓库

图 3-29 立体仓库系统

任务完成报告

姓名		学习日期	
任务名称		外围系统选型和设计	
学习自评	考核内容	完成情况	
	1. 叙述供料装置的选型方法	□好　□良好　□一般　□差	
	2. 输送装置的选型	□好　□良好　□一般　□差	
	3. 描述工装定位夹紧的方法原则	□好　□良好　□一般　□差	
	4. 仓储模块的选型	□好　□良好　□一般　□差	
学习心得			

任务四　本项目工作站末端执行器及外围设备选型和设计

微课
本项目末端执行器和设备选型

接下来以本项目系统集成工作站进行末端执行器和外围设备的选型设计,根据客户的实际需求选择相应的辅助设施功能模块,然后通过工艺性或流程的基本要求,进行工业机器人系统集成工作站的系统外设的选型和设计。

3.4.1　末端执行器选型和设计

根据任务一中对末端执行器的介绍及选型原则,进行工业机器人系统集成工作站末端执行器的选型设计。

确定被抓握的工件。工件共有三种:三角形,边长 8 cm,重量 25 g;正方形,边长 6 cm,重量 25 g;圆形,半径 4 cm,重量 30 g。工件的尺寸都很规则,重量较轻,末端执行器可以选用吸盘,但为便于教学实训,对于三角形和正方形选用吸盘,对于圆形工件选用气动夹爪。

课件
本项目末端执行器和设备选型

由于选取了两种末端执行器,在工业机器人正常作业时,需要自动换取相应的末端执行器,所以选择法兰盘快换装置。

(1)吸盘选型计算

由于工件的重量都很轻,尺寸很小,所以选用 1 个吸盘,如图 3-30 所示。由下式计算。

$$\frac{S}{K_1 K_2 K_3}(P_0-P) \geqslant mg \qquad (3-5)$$

可知,工件的质量已经确定,根据选用吸盘的面积来确定腔室的气压,从而调节空气发生器的压力大小。

（2）气动手爪（夹爪）选型设计

手爪适合夹取圆形物料模块，圆形物料直径为 8 cm，重量 30 g，手爪设计如图 3-31 所示。松开状态时，手爪直径为 10 cm。手爪的材质为铝型材，整套执行器设备重量为 0.5 kg。夹紧力设计程可调节（对真空压力的大小人工调节），便于教学的灵活性。

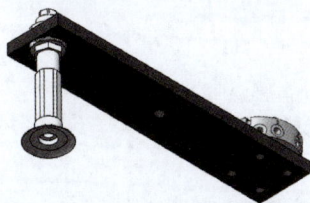

图 3-30　吸盘

图 3-31　手爪

3.4.2　上料模块选型和设计

本书中的案例是实现了规则形状的物料的上料，相对结构和功能要求比较简单，以满足基本功能和结构的简洁性为基本依据，进行了基本的结构设计，如图 3-32 所示。

这个上料模块是依据料仓式上料模块，根据实际的应用需求所做的结构改变而衍生出来的。采用的上料动力装置是气缸作为动力单元，进料口则是根据物料的具体形状进行的结构设计，能够保证每个物料按照合理的次序一次排序。在气缸进行推料上料的时候，物料能够一个一个地向外供料，不会出现差错。同时，重要的是，在上料装置上加装了物料检测传感器。当没有物料或者物料放满的

图 3-32　上料装置

时候，传感器会给控制器输出信号，告知控制器上料装置满载或者物料状态，从而进行下一步相对应的程序控制指令，以满足实际工作环节的需求。

在这个结构设计中，采取的供料方式是自重排序供料仓。因为料仓是垂直矗立，所以物料靠自身的重量就能够有序摆放。而在实际的生产应用中，靠自重进料仓也是常用的结构设计类型，另外物料强制送进料仓也是其中一种进料方式。它主要是因为物料横向摆放无法靠自重完成有序供料，所以会额外增加驱动机构，从而起到供料的作用。

3.4.3　传送模块选型和设计

根据本案例中的产品特点选择了带式传送机，如图 3-33 所示，因为它的结构相对简单，成本相对较低，在小尺寸型号的工作台上安装方便，便于调试，且外观美

观,易于保养和维护。

传送机上的主要结构根据实际的需求进行设计,主要包含传送带、减速电机、供料检测传感器、到位检测传感器、支架体、主动轮、从动轮等部分零件。

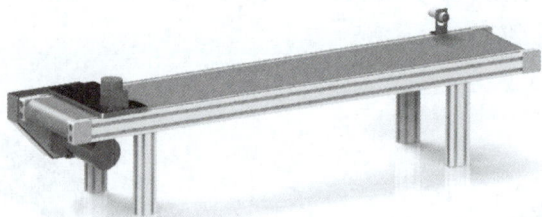

图 3-33　带式传送机

在带式传送带的两端装有带体运行缓冲调节装置,能够进行传送带的松紧度调节,避免出现传送带的两个端面在运行的过程中出现受力不均和带体跑偏的现象。

在传送机上安装的减速电机是 20 r/min。对于本项目的设备而言,这个传送速度是比较合理的,能够很好地结合它周边的其他模块的运动节拍和时间节点。

而针对物料传送的位置精度,则在传送带上安装了物料到位卡槽结构的设计,所以当物料到位并进行有效延时后,会有传感器进行检测,确保物料的准确到位,确保下一环节的工作顺利进行。

3.4.4　仓储模块选型和设计

根据书中案例所提到的需求进行的系统集成,选择了简单的框架形式和 3 轴直角坐标码垛机构,以及工业机器人等,共同构建仓储模块的系统,如图 3-34 所示。

在这个系统中,每一个部分都扮演着不同的角色。工业机器人行使着物料分拣归类存放的作用,货架能够实现物料的存放,并侦测到货架的物料存储量,行走机构负责输出物料,实现物料的出库和装料。

通过图 3-31 所示的整体布局,能够实现工作流程的完整性和流畅性。这也是在进行工作站系统化设计的过程中,必须要考虑的问题。

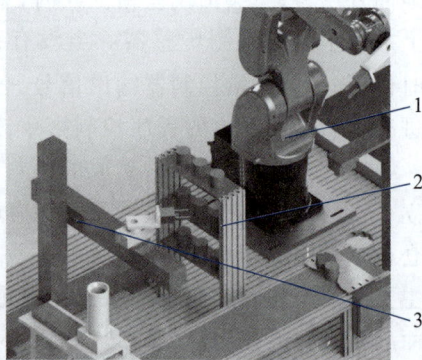

1—工业机器人;2—货架;3—行走机构

图 3-34　仓储模块

任务完成报告

姓名		学习日期	
任务名称	本项目工作站末端执行器和外围设备选型设计		
学习自评	考核内容	完成情况	
	1. 叙述本项目末端执行器的选型方法	□好　□良好　□一般　□差	
	2. 本项目外围设备的选型	□好　□良好　□一般　□差	
学习心得			

▤ 项目自评

序号	学习目标	知识技能点	自我评估结果
1	熟悉手爪的类型,掌握选型方法	• 末端执行器的分类 • 末端执行器的设计要求 • 各种手爪的结构和设计	□掌握　□初步掌握　□未掌握
2	掌握执行装置的选型、设计方法	• 执行装置的种类和作用 • 执行装置的选型与设计方法	□掌握　□初步掌握　□未掌握
3	掌握外围系统的选型、设计方法	• 工件的定位、夹紧作用及方法 • 工装夹具的设计原则	□掌握　□初步掌握　□未掌握

▤ 学习体会

_____

_____

_____

_____

_____

练习题

1. 简述末端执行器选型、设计原则。
2. 为抓取苹果设计一种末端执行器。
3. 简述工业机器人焊接工作站末端执行装置主要包括哪些部分,各部分的功能是什么。

参考答案

项目 3 练习题

电气控制系统设计

电气系统设计的主要内容是制定电气控制方案、设备选型、绘制电气原理图、电气安装接线图等。在实践中，尤其是设备层级的电气系统设计，往往等同于自动化系统设计，主要内容是控制系统的设计与调试实现。

在电气系统设计中，要遵循安全、可靠、经济等要求确定设计方案。最终方案往往不是技术上的最优方案，其评价标准以项目要求为准。本项目讲解工业机器人系统集成的电气系统设计过程，主要从工业机器人本体的 I/O 接口、PLC 控制系统、外部电气系统三个方面设计。

项目 4

学习目标

知识目标

- 掌握工业机器人与其他设备 I/O 接口的设计方法。
- 掌握 PLC 等设备选型的方法。
- 掌握外部系统电气系统设计方法。

能力目标

- 能够设计工业机器人与其他设备的 I/O 接口电路。
- 能够选型合适的 PLC、触摸屏等设备。
- 能够进行外部电气系统设计。

学习内容

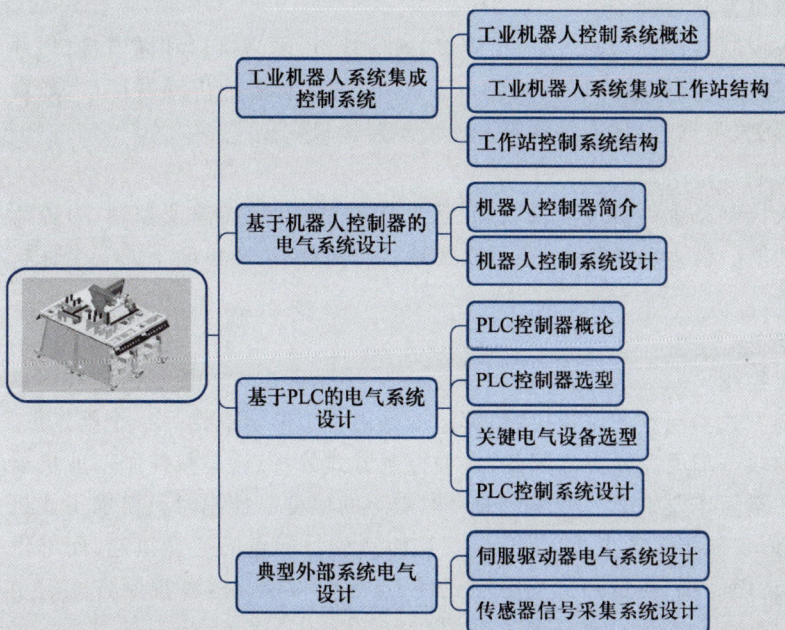

任务一 工业机器人系统集成控制系统

工业生产智能化、信息化的不断发展升级,要求利用各种现代化的技术,实现工厂的生产管理的自动化,达到加强及规范企业管理、减少工作失误、堵塞各种漏洞、提高工作效率的目的。工业机器人自身的控制系统是工业生产现场的自动化执行机构。需要利用先进技术建立工业机器人工作站,将工业机器人进行系统集成,实现智能化的工业机器人生产线。

4.1.1 工业机器人控制系统概述

1. 基本功能

工业机器人控制系统是工业机器人的主要组成部分,用于控制工业机器人来完成特定的工作任务,其基本功能有示教—再现、坐标设置、与外围设备联系、位置伺服。

(1)示教—再现

工业机器人控制系统可实现离线编程、在线示教及间接示教等功能,在线示教又包括示教盒示教和导引示教两种情况。在示教过程中,可以存储作业顺序、运动路径、运动方式、运动速度及生产工艺相关的信息。在再现过程中,能控制工业机器人按照示教的加工信息执行特定的作业。

(2)坐标设置

一般的工业机器人控制器设置有关节坐标、绝对坐标、工具坐标、用户坐标等4种坐标系。用户可根据作业要求选用不同的坐标系,并进行坐标之间的转换。

(3)与外接设备联系

工业机器人控制器设置有输入/输出接口、通信接口、网络接口和同步接口,并具有示教盒、操作面板及显示屏等人机接口。此外,还具有多种传感器接口,如视觉、触觉、接近感觉、听觉、力觉传感器等多种传感器接口。

(4)位置伺服

工业机器人控制系统可实现多轴联动、运动控制、速度和加速度控制、力控制及动态补偿等功能。在运动过程中,还可以实现状态监测、故障诊断下的安全保护和故障自诊断等。

2. 控制方式

(1)点到点控制

点到点控制方式实现点的位置控制,其运动是由一个给定点到另一个给定点,而点与点之间的轨迹却无关紧要。因此,这种控制方式的特点,是只控制工业机器人末端执行器在空间作业中某一些规定的离散点上的位姿。控制时只要求工业机器人快速、准确地实现相邻各点之间的运动,从而达到目标点的运动轨迹,而不做任何标记,如自动插件机、在贴片机上安插元件、点焊等作业。这种控制方式的主要技术指标,是定位精度和运动所需的时间,控制方式比较简单,但是要达到较高的定位精度则较难。

（2）连续轨迹控制

用于指定点与点之间的运动轨迹所要求的曲线,如直线或圆弧。这种控制方式的特点,是连续的控制工业机器人末端执行器在作业空间中的姿态,使其严格按照预先设定的轨迹和速度,在一定的精度要求内运动,速度可控、轨迹光滑、运动平稳,以完成作业任务。工业机器人各关节连续、同步地进行相应的运动,其末端执行器可形成连续的轨迹。这种控制方式的主要技术指标,是工业机器人末端执行器的轨迹跟踪精度和平稳性。在用工业机器人进行弧焊、喷漆、切割等作业时,应选用连续轨迹控制方式。

（3）速度控制

对工业机器人的运动控制来说,在位置控制的同时,还要进行速度控制,即对于工业机器人的行程要求遵循一定的速度变化曲线。例如,在连续轨迹控制方式下,工业机器人按照预先设定的指令,控制部件的速度,实现加、减速,以满足运动平稳、定位准确的要求。由于工业机器人是一种工作情况多变、惯性负载大的运动机械,控制过程中必须处理好快速与平稳的矛盾,必须注意启动后的加速和停止前的减速这两个过渡运动阶段。

（4）力矩控制

在进行抓放操作、去毛刺、研磨和组装等作业时,除了要求精确的定位之外,还要求使用特定的力或力矩传感器对末端执行器施加在对象上的力进行控制。这种控制方式的原理与位置伺服控制原理基本相同,但输入输出量不是位置信号,而是力信号,因此系统中必须有力传感器。

（5）智能控制

在不确定或未知条件下作业,工业机器人需要通过传感器获得周围环境信息,根据自己内部的知识库做出决策,进而对各执行机构进行控制,自主完成给定任务。若采用智能控制技术,工业机器人会具有较强的环境适应性及自学习能力。智能控制方法与人工神经网络、模糊算法、遗传算法、专家系统等人工智能的发展密切相关。

4.1.2 工作站控制系统结构

在生产应用中,通常把工业机器人集成为一个工作站或一条生产线,负担特定功能的工作。因所针对的工艺过程、工作任务不同,工作站采用不同的控制结构方式。控制结构方式主要分为以下两种。

1. 由工业机器人本体控制器作为工作站的控制系统（如图 4-1 所示）

这种控制结构方式适用于工作任务简单、I/O 控制点位少的工作站。由工业机器人控制器作为控制核心,将外设的 I/O 通过总线或直连的方式,接到工业机器人本体控制器上,所有动作都由工业机器人控制器来控制。

在一些简单的搬运应用中,工业机器人处于工艺流程中的一个环节,承担简单的工作任务,可以采用这种控制结构方式。

2. 外部控制器作为工作站控制系统(如图 4-2 所示)

这种控制结构方式适用于工作任务复杂、系统控制点数多,且需要与触摸屏设备进行配合工作的工作站。出于对工业机器人控制系统要求集成化高、扩展性强的功能考虑,采用外加 PLC 作为工作站控制系统。

常见的工业机器人工作站大多数是这种控制结构。由 PLC 作为控制核心,通过总线等通信协议,连接各种设备协同工作。工业机器人作为工作站的主要执行单元,接收 PLC 的指令,完成工作任务。这种结构简单明确,易组态,易扩展,协议统一,逻辑明确。

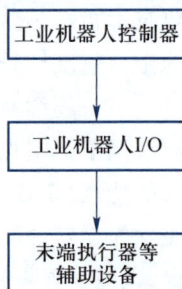

图 4-1 工业机器人 I/O 控制结构图

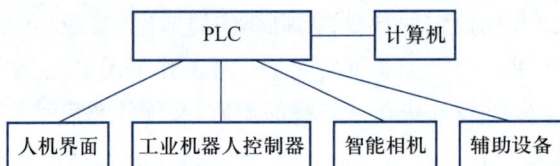

图 4-2 PLC 控制方式结构图

由于工业机器人控制器有自带 I/O 接口及支持总线通信协议,一些在任务划分上与工业机器人更加紧密的设备,也可以挂在工业机器人控制器下,由工业机器人控制器直接控制。其分配特点为逻辑清楚,易于控制,方便工作。例如,将智能相机由工业机器人进行控制,末端执行器的动作由工业机器人进行控制。本书集成项目即采用这种控制系统结构,如图 4-3 所示。

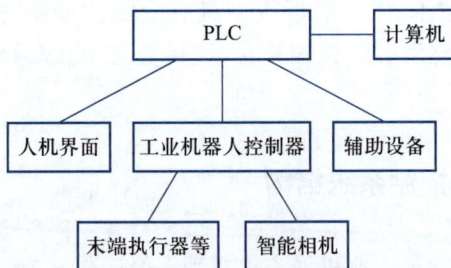

图 4-3 本书集成项目控制结构图

提示

1. 在确定控制系统结构时,要统计各控制设备需要连接的信号数量,配置足够的模块,满足控制要求。

2. 控制系统结构要在熟悉工艺的基础上,依据主要设备的条件合理组态。

任务完成报告

姓名		学习日期	
任务名称		工业机器人系统集成控制系统	

学习自评	考核内容	完成情况
	1. 叙述工业机器人控制系统	□好　□良好　□一般　□差
	2. 叙述系统集成的结构	□好　□良好　□一般　□差
	3. 叙述工作站的控制结构	□好　□良好　□一般　□差
学习心得		

任务二　基于工业机器人控制器的电气系统设计

4.2.1　工业机器人控制器简介

1. 埃夫特 ER7-C10 工业机器人控制器

本项目中使用埃夫特 ER7-C10 工业机器人,它的控制系统如图 4-4 所示,有控制器模块（CP 263/X）、数字输入/输出模块（DM272/A）、驱动器通信模块（FX271/A）、扩展 I/O 模块、CF 卡,见表 4-1。

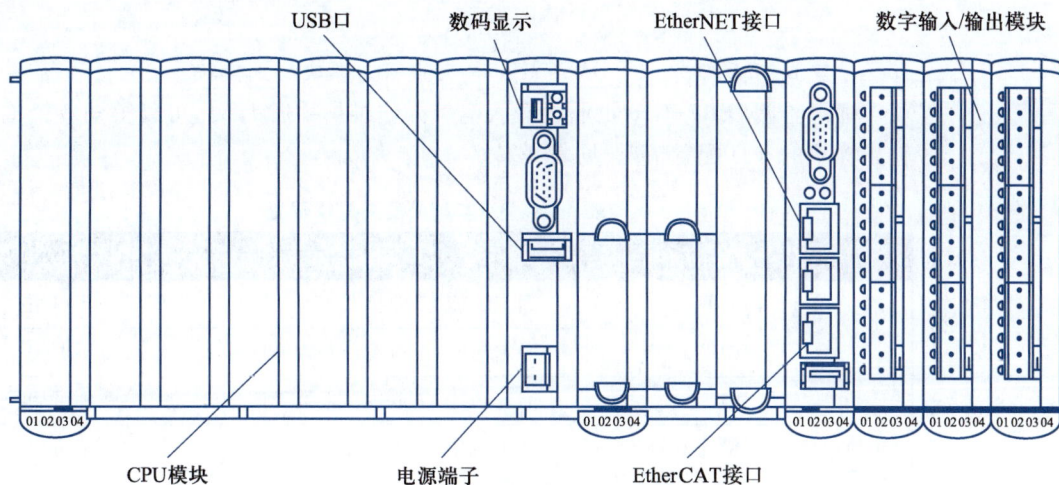

图 4-4　埃夫特 ER7-C10 工业机器人控制系统

表 4-1　控制系统功能介绍

部件	说明
CPU 模块	CPU 模块,作为工业机器人的核心处理器
电源端子	给控制器供电
EtherCAT 接口	EtherCAT 接口
USB 接口	USB 接口
数码显示	控制器数码显示
EtherNET 接口	EtherNET 接口
数字输入输出模块	共有 24 个输入接口,24 个输出接口

课件
　ER7-C10 工业机器人 I/O 模块

微课
　ER7-C10 工业机器人 I/O 模块

图片
　DM 272/A 模块

2. 埃夫特 ER7-C10 工业机器人 I/O 接口

ER7-C10 工业机器人运动控制系统中,信号输入/输出部分一共由 3 个 DM272/A 模块组成,共 24 个数字量输入(DI),24 个数字量输出(DO),如图 4-5 所示。

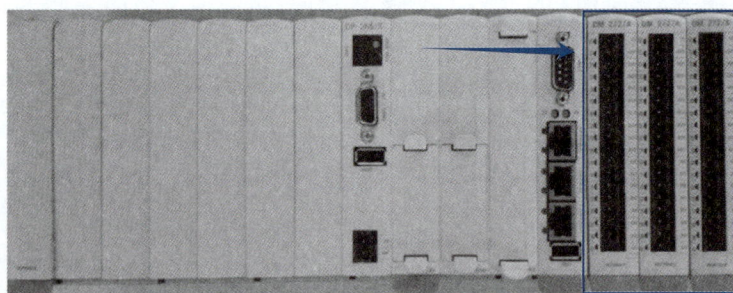

图 4-5　ER7-C10 工业机器人控制系统输入/输出

从左到右依次将三个 DM272/A 模块命名为模块一到模块三。

通过查阅《ER7-C10 工业机器人电气操作维护手册 1.3》,可以得知 3 个输入/输出模块的 I/O 配置情况,见表 4-2。

表 4-2　DM272/A 模块 I/O 配置

模块	输入输出	用途	用户是否可用
模块一	DO0	固定功能,工业机器人运行信号	不可用
	DO1	固定功能,工业机器人暂停信号	不可用
	DO2	固定功能,工业机器人报警信号	不可用
	DO3 ~ DO4	系统占用	不可用
	DO5 ~ DO7	—	可用
	DI0 ~ DI2	系统占用	不可用
	DI3 ~ DI7	—	可用

模块	输入输出	用途	用户是否可用
模块二	DO0~DO5	本体内电磁阀	不可用
	DO6、DO7	本体插座外接	可用
	DI0~DI5	本体插座外接	可用
	DI6、DI7	—	可用
模块三	DO0~DO7	—	可用
	DI0~DI7	—	可用

从表中可以看出,数字量输入有 21 个点位可用,数字量输出有 13 个点位可用。

（1）工业机器人输出接口应用

ER7-C10 工业机器人输出信号为高电平有效,即当 DI0 有输入时,输出为高电平（+24 V）,图 4-6 所示为工业机器人输出接线内部原理图,其中输入输出模块 DM272/A 的 24 V 和 0 V,在工业机器人出场时已经接好。

图 4-7 为工业机器人输出接线实例（以 DO7 为例）。若用户需在工业机器人的输出 DO7 上接一个 DC 24 V 继电器,那么用户应该从 DM272/A 的 DO7 上引出一线接至继电器 K1 线圈的"+"极,再将继电器 K1 线圈的"-"极接至 0 V 上,当工业机器人的输出接口 DO7 有输出时,那么继电器 K1 线圈得电,从而控制继电器 K1 的触点动作,以致满足用户的需要。

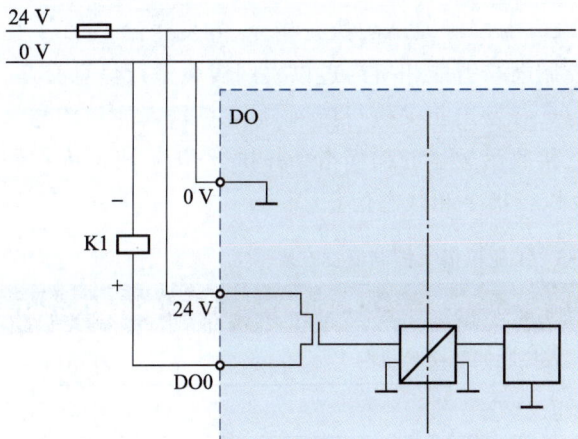

图 4-6　工业机器人内部输出内部原理图

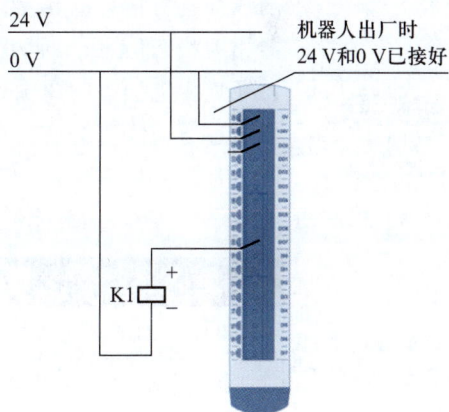

图 4-7　工业机器人输出接线实例

（2）工业机器人输入接口应用

ER7-C10 工业机器人输入为高电平有效,即当用户向输入/输出模块 DM272/A 输入高电平（+24 V）时,工业机器人的输入有效。图 4-8 所示为工业机器人输入接线内部原理图,其中输入/输出模块 DM272/A 的 24 V 和 0 V,在工业机器人出厂时已接好。

图 4-9 为工业机器人输入接线实例（以 DI0、DI1 为例）。若用户需要向工业

提示

输出信号与 0 V 直接短接会造成模块烧毁!

0 V 不接的情况下输出信号也可以起作用,只是信号灯的显示与实际的输出值可能不同。

机器人的 DI0 或 DI1 输入时,那么只需要向 DI0 或 DI1 提供直流+24 V 即可。

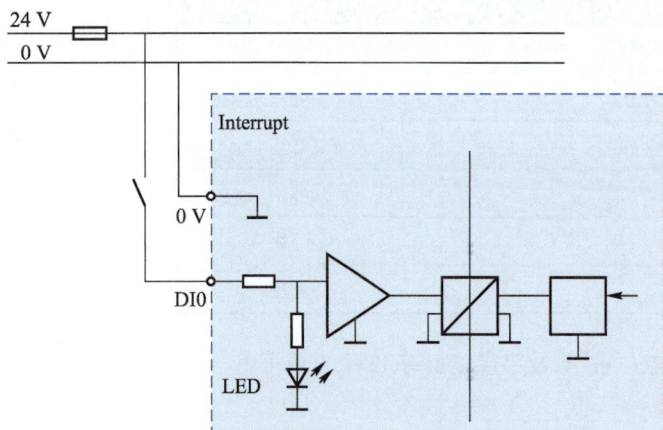

图 4-8 工业机器人输入内部原理图

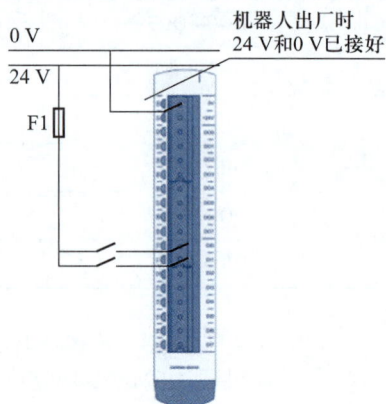

图 4-9 工业机器人输入接线实例

提示

　　正确连接时,输入为 1 时相应输入点绿色灯亮,输入为 0 时相应输入点绿色灯灭。

微课

　　本项目机器人控制器接口设计

课件

　　本项目机器人控制器接口设计

4.2.2 工业机器人控制系统设计

　　由任务一知,本项目控制系统的结构中,与工业机器人控制器交互的设备主要是外部 PLC 控制器、示教器、视觉相机、电气设备等。工业机器人控制系统的设计主要是其控制接口的设计,见表 4-3。工业机器人控制器与 PLC 控制器通过以太网线缆进行信息的交互,接收 PLC 主控器发出的执行指令,并发送给 PLC 主控器相关状态信息;工业机器人控制器与智能相机通过以太网线缆进行信息交互,接收视觉相机拍摄的图像处理信息,并发出相关执行指令;工业机器人控制器与示教器通过通信线缆进行信息交互,接收示教器的编程指令并执行;工业机器人控制器 I/O 接口与电气设备交互,接收执行指令和状态信息。

表 4-3 工业机器人控制器交互表

交互对象	作用	交互方式
PLC 控制器	工业机器人控制器经交换机与 PLC 通信	通信线
电气设备	I/O 控制电气设备	导线
示教器	示教器与工业机器人控制器直连	通信线
视觉相机	相机与工业机器人控制器直连通信	通信线

1. 埃夫特工业机器人 I/O 接口设计

　　在本项目第一节中已知,工业机器人末端执行器与智能相机由工业机器人控制器控制。此处以智能相机的触发信号为例,讲解工业机器人 PLC 的 I/O 接口设计。

　　步骤 1:确定相机需要连接的信号

在物料到达视觉识别区域后,工业机器人向智能相机发出触发信号,控制相机拍照,见表4-4。

表4-4　工业机器人与相机交互信号

序号	信号名称	地址	交互的设备
1	视觉相机触发	DO5(模块一)	视觉相机
2	末端执行器	DO6(模块一)	执行器电磁阀

步骤2:核对控制器可用I/O数量

工业机器人本体控制器的I/O,需要处理的信号有2个,而本机可用的数字量输入点位为21个,数字量输出点位为13个。

步骤3:工业机器人控制器接线

工业机器人控制器需要进行接线的接口列表见表4-5。

表4-5　需接线的接口

序号	信号名称	地址	交互设备
1	工业机器人停止状态	DO0(模块三)	PLC
2	工业机器人伺服状态	DO1(模块三)	PLC
3	工业机器人手动状态	DO2(模块三)	PLC
4	工业机器人自动状态	DO3(模块三)	PLC
5	工业机器人远程状态	DO4(模块三)	PLC
6	工业机器人报警状态	DO5(模块三)	PLC
7	工业机器人程序运行完毕	DO6(模块三)	PLC
8	工业机器人程序启动	DI0(模块三)	PLC
9	工业机器人伺服使能	DI1(模块三)	PLC
10	工业机器人程序暂停	DI2(模块三)	PLC
11	工业机器人报警清除	DI3(模块三)	PLC
12	物料到位	DI4(模块三)	PLC
13	工业机器人加速	DI5(模块三)	PLC
14	工业机器人减速	DI6(模块三)	PLC

步骤4:绘制电气原理图

工业机器人输出接口电气原理图,可分为数字量输入分配图和数字量输出分配图。为方便区分三个模块的地址,将模块三的输出定义为DO20~DO27,输入定义为DI20~DI27。参考工业机器人PLC输入/输出原理,绘制出输入、输出原理图分别如图4-10(a)(b)所示。

2. 典型系统集成项目通信接口连接

在目前的自动化集成系统中,现场总线在工业自动化领域已经得到普遍应用,工业以太网的应用也在不断快速发展。不同厂家生产的设备之间的通信,通过网

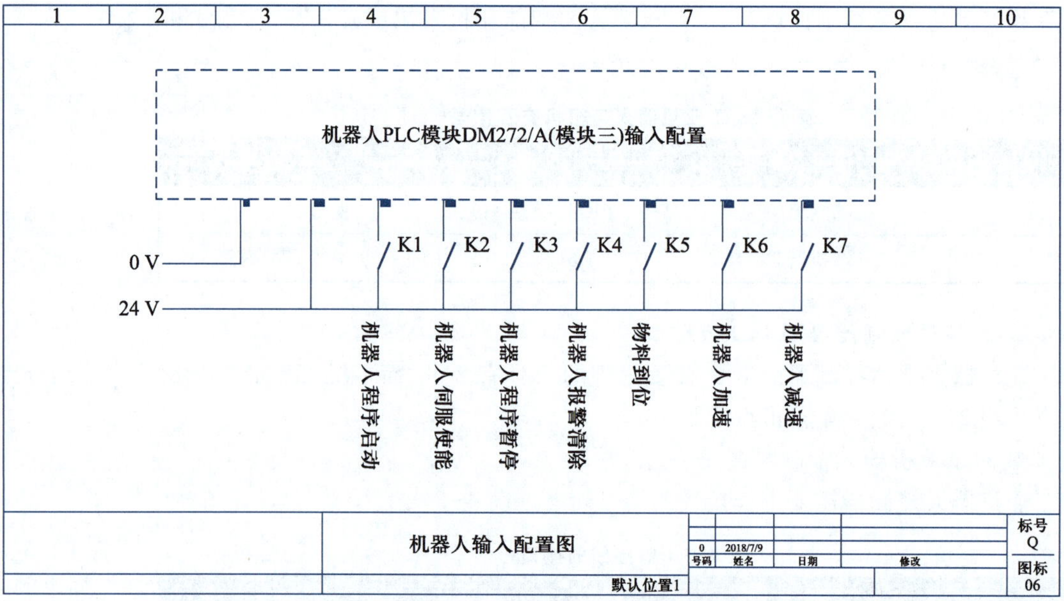

(a) 输入

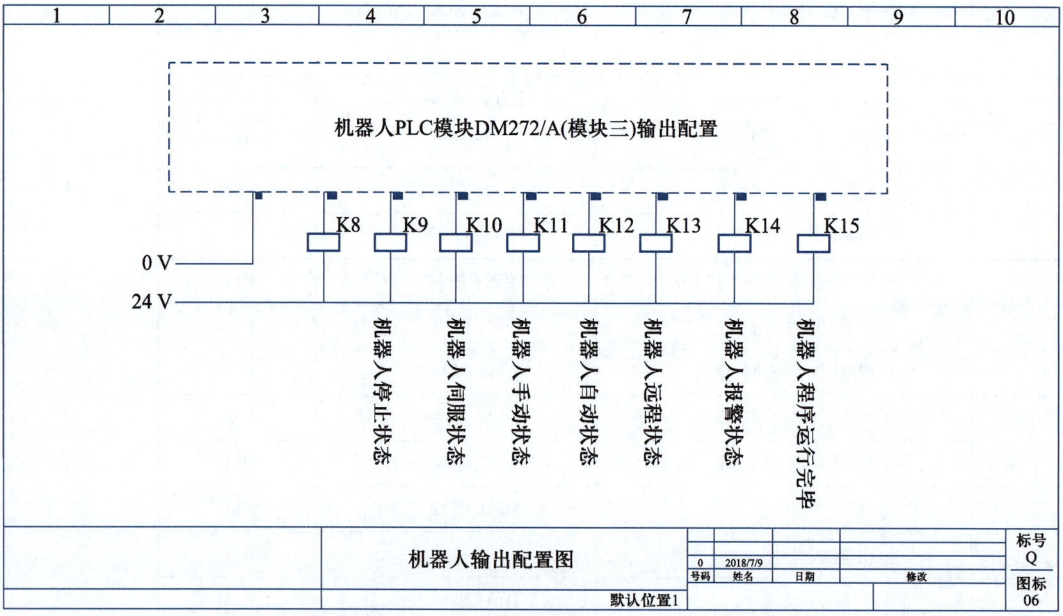

(b) 输出

图 4-10 工业机器人输入/输出配置图

提示

图 4-11 为典型的 PLC 控制网络结构图,不是只针对本实训项目的控制网络图。

线连接,采用相同的现场总线协议或工业以太网通信协议即可互连。如果系统中的自动化设备比较多,则通过交换机方便地组态。

典型工业机器人系统集成项目中,网络连接图如图 4-11 所示。

除上述所列的总线连接方式外,自动化集成中的设备,不管是动力线还是信号线,预制成电缆且有硬件接口的,都可以按各自的说明书进行插接。

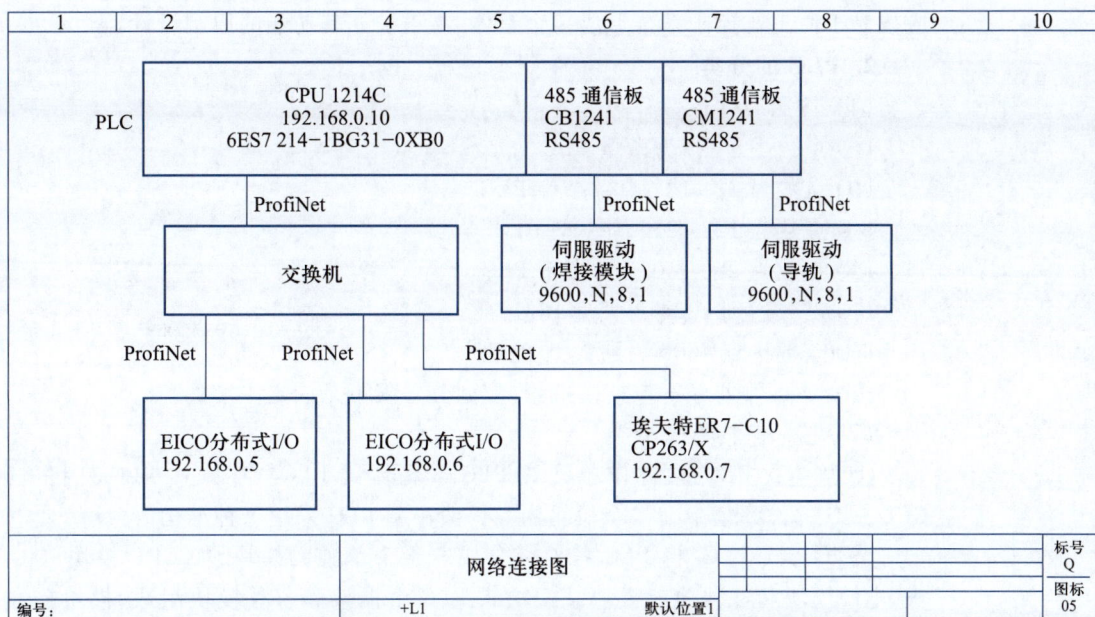

图 4-11 工业机器人视觉搬运工作站网络连接图

任务完成报告

姓名		学习日期	
任务名称	基于工业机器人控制器的电气系统设计		
学习自评	考核内容	完成情况	
	1. 叙述埃夫特工业机器人控制器原理结构	□好　□良好　□一般　□差	
	2. 设计工业机器人控制器的电气接口	□好　□良好　□一般　□差	
学习心得			

任务三　基于 PLC 的电气系统设计

4.3.1　PLC 控制器概述

1. PLC 的定义

可编程序逻辑控制器(Programmable Logic Controller)简称 PLC,是一种数字运算操作的电子系统,专为在工业环境下应用而设计。它采用可编程序的存储器,在内部存储执行逻辑运算、顺序控制、定时、计数、算术运算等操作的指令,并通过数字式、模拟式的输入/输出,控制各类型的机械或生产过程。PLC 及其相关设备,都应按易于使工业控制系统形成一个整体、易于扩充其功能的原则设计。

2. PLC 的分类

（1）按照 I/O 点数分类

I/O 点数小于 32 为微型 PLC。

I/O 点数为 32~127 为微小型 PLC。

I/O 点数为 128~255 为小型 PLC。

I/O 点数为 256~1023 为中型 PLC。

I/O 点数达到 1024 为大型 PLC。

I/O 点数达到 4000 为超大型 PLC。

按 I/O 点数划分不包括模拟量，且划分界限不是固定不变的。

（2）按照结构形式分类

① 整体式 PLC：又称作单元式 PLC 或箱体式 PLC。整体式 PLC 是将电源、CPU、I/O 部件都集中在一个机箱内。一般小型 PLC 采用这种结构。

② 模块式 PLC：将 PLC 各部分分成若干个单独的模块，如 CPU 模块、I/O 模块、电源模块和各种功能模块。模块式 PLC 由框架和各种模块组成，模块插在插座上。一般大、中型 PLC 采用模块式结构，有的小型 PLC 也采用这种结构。

③ 叠装式结构：将整体式和模块式结合起来，除基本单元外，还有扩展模块和特殊功能模块。

（3）按照控制性能分类

① 低档机：具有基本的控制功能和一般的运算能力，工作速度比较低，能拖带 I/O 模块的数量比较少。

② 中档机：具有较强的控制功能和运算能力，能完成一般逻辑运算，也能完成较复杂的三角函数、指数和 PID 运算，工作速度比较快，能拖带 I/O 模块数量、种类都比较多。

③ 高档机：具有强大的控制功能和运算能力，能完成逻辑、三角函数、指数、PID 等运算，还能进行较复杂的矩阵运算，工作速度很快，能拖带 I/O 模块数量、种类多，可完成规模很大的控制任务，一般作为联网主站使用。

3. PLC 的应用

（1）工业

PLC 在工业自动化中起着举足轻重的作用，在国内外已经广泛应用于机械、冶金、石油、化工、电子、电力、食品、交通等行业。约有 80% 的工业控制可以使用 PLC 来完成。

① 开关量控制：如逻辑、定时、计数、顺序控制等。

② 模拟量控制：部分 PLC 或功能模块具有 PID 控制功能，可以实现过程控制。

③ 监控：用 PLC 可以构成数据采集和处理的监控系统。

④ 建立工业网络：为适应复杂的控制任务且节省资源，可以采用单级网络或多级分布式控制系统。

（2）其他行业

PLC 在其他领域的应用也十分广泛，如国防、建筑、环保、家电。

4. PLC 的硬件系统

PLC 专为工业控制领域设计，采用了典型的计算机结构，由硬件系统和软件系统两大部分组成。

硬件系统主要由 CPU、电源、存储器、输入/输出单元和接口单元组成。图 4-12 所示为典型的 PLC 结构简图。

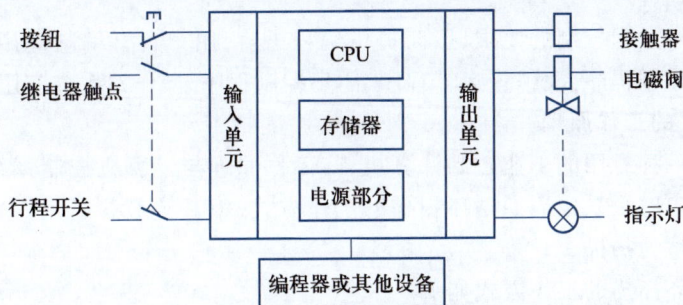

图 4-12 PLC 结构简图

（1）中央处理单元（CPU）

中央处理单元一般由控制器、运算器和寄存器组成，这些电路都集成在一个芯片上。其主要功能如下。

① 从程序存储器读取程序指令，编译、执行指令。

② 读取各种输入信号。

③ 把运算结果输送到输出端。

④ 响应各种外部设备的请求。

（2）存储器

存储器用于存放系统程序、用户程序和数据信息。系统程序决定 PLC 的基本智能，由厂家设计，并存入 ROM、EEPROM，用户不能修改。用户程序根据要求用 PLC 编程语言编制，用户用编程器写入 RAM 或 EEPROM。

（3）输入/输出单元

实现 PLC 的内部电路与外部电路的电气隔离，减小电磁干扰。输入接口的作用是将按钮、行程开关、传感器等产生的信号转换成数字信号送入主机。输出接口的作用是将主机向外输出的信号转换成可以驱动外部执行电路的信号，以便控制接触器线圈等电器通断，另外输出电路也使计算机与外部强电隔离。输出有 3 种形式：继电器输出、可控硅输出、晶体管输出。

（4）电源单元

电源单元的主要作用是把外部供应的电源变换成系统内部各单元所需的电源；有的电源单元还可以向外部提供 24 V 隔离直流电源。

（5）接口单元

接口单元包括扩展接口、存储器接口、编程与通信接口。

5. PLC 的软件系统

PLC 除硬件系统外，还需要软件系统的支持，它们相辅相成、缺一不可。PLC 的软件系统包括系统程序（又称系统软件）和用户程序（又称应用软件）。

（1）系统程序

由 PLC 厂家编制,固化于 EPROM 或 EEPROM 中,安装在 PLC 上。系统程序包括监控程序、管理程序、命令解释程序、功能子程序、诊断子程序、输入处理程序、编译程序、信息传送程序。

（2）用户程序

根据生产过程控制的要求,厂商提供编程语言,用户自行编制应用程序,包括开关量逻辑控制程序、模拟量运算程序、闭环控制程序、操作站系统应用程序等。

6. PLC 的工作原理

PLC 是一种专用的工业控制计算机,其工作原理与计算机控制系统的工作原理基本相同。PLC 采用周期循环扫描的工作方式,CPU 连续执行用户程序和任务的循环序列称为扫描。

PLC 循环扫描的工作方式如下。

延伸阅读
PLC 对继电器控制系统的仿真

PLC 循环扫描工作方式有周期扫描方式、定时中断方式、输入中断方式、通信方式等,最主要的工作方式是周期扫描方式。PLC 采用"顺序扫描,不断循环"的方式进行工作,每次扫描过程中,还需要对输入信号采样和输出信号刷新。

（1）PLC 的工作过程

PLC 上电后,在 CPU 系统程序的监控下,周而复始地按照一定的顺序对系统内部的各种任务进行查询、判断和执行,这个过程就是按照顺序循环扫描。执行一个循环扫描过程所需要的时间称为扫描周期,一般为 0.1~100 ms。PLC 的工作过程如图 4-13 所示。

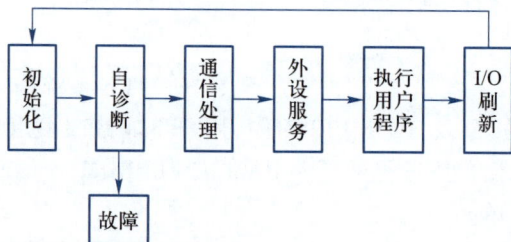

图 4-13　PLC 工作过程

（2）用户程序的循环扫描过程

PLC 对用户程序进行循环扫描可划分为 3 个阶段,即输入采样阶段、程序执行阶段、输出刷新阶段。

提示
由于 PLC 采用循环扫描的工作方式,从输入端有信号发生变化到输出端作出反应,需要一段时间,这种现象为延迟响应,这段时间为响应时间或滞后时间。PLC 总的延时时间一般很小,对于一般的系统无关紧要。

• 输入采样阶段:这是第 1 个集中批处理过程。CPU 按照顺序逐个采集全部输入接口上的信号,不论是否接线,然后全部写到输入映像寄存器中。

• 程序执行阶段:这是第 2 个集中批处理过程。在执行用户程序阶段,CPU 对用户程序按顺序进行扫描执行,按照先上后下、先左后右的顺序进行扫描。这个阶段,除了输入映像寄存器外,各元件映像寄存器的内容是随着程序的执行而不断变化的。

• 输出刷新阶段:这是第 3 个集中批处理过程。当 CPU 对全部用户程序扫描结束后,将元件映像寄存器中各输出继电器的状态同时送到输出锁存器中,再由锁存器通过一定的方式(继电器、晶闸管、晶体管)经输出接口驱动外部负载。

4.3.2 PLC 控制器选型

选择能满足控制要求的适当型号的 PLC 是应用设计中至关重要的一步。PLC 的选型,不仅要满足项目的需求,还要便于学习掌握,便于扩展,备件的通用性要强。

1. 确定品牌

目前,世界上 PLC 厂商众多,各种型号的产品高达几千种。进口 PLC 品牌按产地主要分为三类,分别是美国品牌、欧洲品牌、日本品牌。PLC 主要的市场品牌见表 4-6。

表 4-6　PLC 主要品牌

地区	品牌举例
欧洲品牌	Siemens(西门子),Rockwell(罗克韦尔),Schneider(施耐德),Emerson(艾默生),ABB
美国品牌	AB PLC,GE PLC,德州仪器,莫迪康
日本品牌	Mitsubishi(三菱),Omron(欧姆龙),GE-Fanus(发那科),Panasonic(松下),Fuji(富士)
中国品牌	步科电气,深圳汇川,北京和利时,浙大中控,台安 PLC(无锡),安控 PLC(北京)、无锡信捷、永宏 PLC(台湾),台达 PLC(台湾)

市场主流 PLC 特点如下。

- 欧洲品牌的 PLC 性价比高,适合大、中、小型系统。
- 日本品牌的 PLC 系统集成度高,适合中、小型系统。
- 美国品牌的 PLC 可靠性高,适合关键重要系统。
- 中国品牌的 PLC 价格低,适合中低端系统。

本集成项目服务于学习,PLC 需要选择市场上应用多,学习资料丰富的品牌。

① 西门子 PLC 产品线丰富,易于扩展,易于集成,其产品系列有 S7-200、S7-200smart、S7-300、S7-400、S7-1200、S7-1500。

② 本集成项目中还要用到触摸屏,西门子的触摸屏产品线也非常丰富。

③ 西门子的编程软件博图(TIA Portal)能够同时进行 PLC 程序编写与触摸屏界面开发,能够减少使用者编程开发的工作量,二者的通信也容易组态。

④ 本集成项目的设计人员对于西门子 PLC 应用多。

基于以上 4 点,本集成项目的外控 PLC 选择西门子品牌。

2. 确定 PLC 系列

结合任务二,确定 PLC 的功能、I/O 点数。西门子大部分系列 PLC 都满足上述需求。在选择的时候还要考虑以下几点。

① 经济性:不要选用过度超过需求的产品,如 S7-300、S7-400、S7-1500,能够控制大、中型系统,超出本项目的需求。S7-200smart 与 S7-1200 相比具有价格优势,但是不明显。因为本项目经济性不是唯一考量依据。在生产项目中,项目要求具体明确,就要选择能够满足需求又最经济的 PLC。

② 产品生命周期:S7-200 系列正在全面被 S7-200smart、S7-1200 系列替代,

基于 PLC 的电气系统设计　任务三　99

S7-1200系列是西门子目前主流、主推的产品,会成为未来相当长时间内的常用产品,选择这类产品,对于使用人员,能够保持技术的先进性,对于备件也有利。

③ 技术先进性:S7-1200功能丰富,易于集成,可扩展模块多,与触摸屏的组态简单,编程方便。与之相比,S7-200smart在通信、运动控制、编程软件、组态方面与S7-1200有较大差距,因此排除。因此确定选用西门子S7-1200系列PLC。

图片
S7-1200 可编程控制器参数

3. 确定PLC的具体型号

选定PLC的系列后,同系列的PLC功能性差距不大,可查阅西门子《S7-1200可编程控制器　样本》。大致通过以下几个方面确定PLC的具体型号。

(1) 可扩展的模块及其数量

本集成项目无扩展模块的需求,但是以学习为目的,选型要预留扩展能力。

(2) 通信端口的类型与数量

S7-1200至少具有1个以太网接口,并支持ProfiNET通信,可满足同时与触摸屏以及调试用PC通信的要求。

(3) 用户存储器的大小

对用户存储容量只需作粗略的估算。

提示
对缺乏经验的设计者,选择容量时留有余量要大一些。

在仅对开关量进行控制的系统中,可以用"输入总点数×10字/点+输出总点数×5字/点"来估算;计数器/定时器按(3~5)字/个估算;有运算处理时按(5~10)字/量估算。

在有模拟量输入/输出的系统中,可以按每输入(或输出)一路模拟量约需80~100字的存储容量来估算;有通信处理时按每个接口200字以上的数量粗略估算。最后,一般按估算容量的50%~100%留有余量。

从存储容量计算方法和项目的输入/输出点数可以得出,本项目所需存储容量大于1K即可,基本所有型号PLC都能满足存储容量要求。

通常存储器的容量都能满足需求。

(4) I/O数字量及模拟量的数量

在确定了PLC的控制规模后,一般还要考虑一定的余量,以适应工艺流程的变动及系统功能的扩充,一般可按至少10%的余量来考虑。考虑余量后,本集成项目需要用到的数字量输入为7,数字量输出为3。

(5) 输出负载的特点

PLC输出负载一般分为晶体管输出与继电器输出两种,主要特点见表4-7。

表4-7　PLC输出负载类型

特点/输出类型	晶体管	继电器
负载电压	DC 20.4~28.8 V	DC 5~30 V 或 AC 5~250 V
负载电流(最大)/A	0.5	2
响应速度/ms	最长 0.2	最长 10
脉冲串输出频率	最大 100 kHz,最小 2 Hz	不推荐
触点寿命	无次数限制,只有老化	100 000 个断开/闭合周期

对于负载小电流小、响应速度快、有脉冲串输出要求的应用,应该选择晶体管输出方式。

但继电器输出型的 PLC 有许多优点,如导通压降小、有隔离作用、价格相对较低、承受瞬时过电压和过电流的能力较强、负载电压灵活(可交流、可直流)、电压等级范围大等。所以动作不频繁的交、直流负载可以选择继电器输出型的 PLC。

本集成项目,传送带传送速度需要调节控制,需要晶体管输出方式。

(6)被控对象对相应速度的要求

各种型号的 PLC 的指令执行速度差异很大,其相应时间也各不相同。一般来讲,不论哪种 PLC,其最大响应时间都等于输入、输出延迟时间及 2 倍的扫描时间三者之和。对于大多数被控对象来说,PLC 的响应时间都是能满足要求的,但对于某些要求快速响应的系统,则必须考虑 PLC 的最大响应时间是否满足要求。

(7)其他特殊功能需求,如高速计数器,运动控制功能等

提示

本集成项目没有特殊功能需求,但是为满足学习要求,保留了 CPU 模块的最大扩展能力。

控制对象不同会对 PLC 提出不同的控制要求。如用 PLC 替代继电器完成设备的生产过程控制、上下限报警控制、时序控制等,只需 PLC 的基本逻辑功能即可。对于需要模拟量控制的系统,则应选择配有模拟量输入/输出模块的 PLC,PLC 内部还应具有数字运算功能。对于需要进行数据处理和信息管理的系统,PLC 则应具有图表传送、数据库生成等功能。对于需要高速脉冲计数的系统,PLC 还应具有高速计数功能,且应了解系统所需的最高计数频率。有些系统,需要进行远程控制,就应先配置具有远程 I/O 控制的 PLC。还有一些特殊功能,如温度控制、位置控制、PID 控制等。如果选择合适的 PLC 及相应的智能控制模块,将使系统设计变得非常简单。

综合以上因素,结合各型号的样本手册,最终选定 PLC 型号为 S7-1200 系列的 1214C DC/DC/DC 型号。

参考资料

S7-1200 产品选型手册

4. 选型后检查

在 PLC 选型中,通常按照主要的因素(如上述步骤 1~3)确定 PLC 的具体型号,但是有些应用中的特殊要求、特殊参数可能在选型时没有考虑到,就要根据技术要求核对所需 PLC 型号能否满足所有要求。

经检查,1214C DC/DC/DC 型号及扩展数字量输入输出模块满足本项目要求。

提示

可参考《S7-1200 可编程控制器样本》。

4.3.3 关键电气设备选型

一个完整的 PLC 自动化控制系统,除控制器外,还需要一些关键的电气控制元器件。工业机器人工作站系统集成项目中涉及的关键元器件主要有触摸屏、24 V 开关电源、关键电气元件三部分。

1. 触摸屏选型

本项目需要用到触摸屏。因选用了西门子的 PLC,可选择西门子的触摸屏,方便组态、通信与维护。

通过查阅西门子触摸屏样本,可知有按键面板、精简面板、精智面板、移动面板。按键面板过于简单,可以排除;本工作站不需要移动面板;在精简面板与精智面板

中,精智面板功能更强,性能更稳定,更有利于本工作站进行扩展开发与高级功能开发,性能稳定,使用方便,因此选用精智面板。尺寸选择上,9 英寸(1 英寸 ≈ 2.54 cm)即可。最终选定的触摸屏型号为 TP900 精智屏,其参数见表 4-8。

表 4-8　西门子 TP900 精智屏参数

参数	说明
型号	TP900
显示屏	TFT 宽屏显示,1600 万色,LED 背光
尺寸/英寸	9.0
分辨率/(宽×高,像素)	800×480
背光平均无故障时间/h	80000
前面板尺寸/mm	274×190
用户内存/MB	12
PROFINET 接口	2
主 USB 接口/USB 设备	2/1
MMC/SD 卡插槽	1/1
报警数量/报警类别	4000/32
画面数	500
变量	2048
配方	300
归档/VB 脚本	具有
编程器功能	状态/控制、诊断信息浏览器

2. 24 V 开关电源选型

本项目中,PLC、KEBA 控制器、视觉相机用的都是 24 V 直流电源。确定接口信号的数量后,要根据信号数量与性质计算负载大小。主要计算 PLC 输入/输出信号的数量,确定 PLC 的电源需求,再综合其他设备的负载,选配合适的电源。

(1) PLC 负载计算

PLC 的负载包括 CPU 本体、扩展模块、数字量输入、数字量输出。

* CPU 本体:500 mA。
* 扩展模块:最大 1000 mA。本项目没有扩展。
* 数字量输入:4 mA,1214 系列由 14 个数字量输入,共 56 mA。
* 数字量输出:对大电流 0.5 A。

所以,PLC 负载电流消耗约 1 A。

(2) KEBA 工业机器人控制器负载计算

KEBA 控制器数字量输出接口所用电源由工业机器人控制柜提供,此处不用计算所用 24 V 负载。

(3) 触摸屏负载计算

功耗 18 W,额定电流 0.75 A。

(4) 康耐视相机

微课
24V DC 开关电源的选型

课件
24V DC 开关电源的选型

额定电流 2 A。

（5）其他 24 V 用电设备

● 电磁阀:选用电磁阀功耗 3 W,用 4 个,电流约 0.5 A。

● 直流电机:功率 40 W,电流约 1.7 A。

● 光电传感器(E3FA-DP12):此类设备电流很小,可以忽略。

综合以上 24 V 用电设备,总消耗电流约为 5.95 A。选用明伟 NDR-240-24 型号的直流电源,能够满足需求。

在项目中,24 V 电源容量选择,重点考察主要用电设备的电源需求,基本能够确定电源容量的范围,再统计用电设备的电源需求,查看手册确认所选电源能够满足需求即可。

为增强项目的可扩展性,24 V 直流电源可按约 100% 左右的余量选配。

3. 主要电气元件选型

关键的电气元器件主要是指低压电气元器件。基本上所有的工业自动控制系统的低压电器元器件都包含以下几类。

① 低压配电电气元件,用于主电路供配电,如刀开关,断路器等。

② 低压控制电气元件,用于控制电路信号通断,如接触器、继电器。

③ 低压主令电气元件,用于发送、接收控制信号,如按钮、指示灯、行程开关等。

④ 低压保护电气元件,用于电气系统的安全保护,如熔断器,热继电器等。

⑤ 低压执行电气元件,用于执行和传动功能的电路,如电磁铁,电磁离合器等。

每个电气元器件在选择时都有自己的具体选择要求,但是所有电气元件都必须遵循以下两点。

① 电气元件额定电压不小于线路电压。

② 额定电流不小于流经元器件的最大总电流。

本书实训项目中,主要介绍断路器、主令电气元件和保护电气元件的选型。

（1）断路器选型

根据设备的用电总功率,确定低压元器件的型号。用电设备主要有两大部分。

① 开关电源供电。由 4.3.3 节可知,开关电源参数为 24 V、10 A,功率最大 240 W,所需交流电最大电流 1.1 A。所以此支路选择 3 A 空开。本项目选择施耐德断路器 IC65N-2P-C2A。

② 工业机器人供电。由工业机器人电气参数手册查询,指出建议选择 16 A 的空气开关。所以此支路选择 16 A 空开。本项目选择施耐德 IC65N-2P-C16A。

基于以上两点,主电路可选择 20 A 空开（根据安全需要可以选用漏保开关）。本项目中,为保证安全,主电路总断路器选择漏保开关,型号为施耐德 IC65N-2P-C20A 带漏电 Vigi ELE。

（2）主令电气元件选型

主令电器元件主要有按钮、指示灯、光电开关。此类电气元器件的选型没有具体的严格要求,主要根据电气设计要求确定型号。本项目中,为保障实训台的安全,选择通断电压为 DC 24 V 的元器件。具体见表 4-9。

（3）保护元件

本项目中保护电气元件主要指熔断器的选型。熔断器主要作用是,发生短路

提示

在复杂一些的应用中,会用到工业机器人扩展板卡。相应地要做好接口信号的设置。扩展板卡的电源通常由工业机器人控制柜提供,若由外部电源提供,其电源需求要列入计算。

微课

低压元器件选型

课件

低压元器件选型

表 4-9　主令电气元件表

设备名称	型号	供应商
按钮	LA42P-10/G	天逸
指示灯	LA42DFA/G/R DC24 V	天逸
光电开关	EE-SPX613	欧姆龙
急停按钮	LA42J-02/R	天逸
安全光幕	F3SJ-E0185N25	欧姆龙

或严重过载时,能够迅速自动熔断而切断电路,起到保护作用。

熔断器熔体的额定电流选择依据为,对于无冲击负载电路,如照明电路,熔体电流大于线路额定电流;对于冲击电流负载电路,如电动机电路,熔体电流大于1.5~2.5 倍的额定负载电流;对于频繁启动的单台电机,熔体电流大于 3~3.5 倍的额定电流。

本项目中,电路中的断路器具有漏电保护和负载保护功能,所以熔断器主要保护直流回路部分的短路或过载。由 4.3.3 节可知,直流负载计算之和为 5.95 A。直流负载为无冲击负载回路,所以熔体电流选择只要大于 5.95 A,并留有一定的余量即可。选择型号为 RT18 配 10 A 熔芯。

4.3.4　PLC 控制系统设计

PLC 系统设计包括硬件设计和软件设计。硬件设计是指 PLC 及外围控制电路的设计,而软件设计即 PLC 程序的设计。

1. 硬件设计

要进行输入设备的选择(如操作按钮、转换开关及模拟量的输入信号等)、执行元件(如接触器、电磁阀、信号灯等),以及与 PLC 进行通信设备的连接等。应根据 PLC 使用手册的说明,对 PLC 进行输入/输出通道分配及外部接线设计。在进行 I/O 通道分配时应制订 I/O 通道分配表,表中应包含 I/O 编号、设备代号、名称及功能,且应尽量将相同类型的信号、相同电压等级的信号排在一起,以便施工。对于较大的控制系统,为便于软件设计,可根据工艺流程,将所需的计数器、定时器及内部辅助继电器也进行相应的分配。这些工作完成之后,就可以进行软件设计了。

2. 软件设计

软件设计的主要方法是先编写工艺流程图,将整个流程分解为若干步,确定每步的转换条件,配合分支、循环、跳转及某些特殊功能,就能很容易地转换为梯形图了。在编写梯形图时,经验法是非常重要的方法。因此,在平时要多注意积累经验。

下面介绍本项目硬件控制电路设计,软件编程将在项目 6 中讲解。

3. 本集成项目 PLC 控制系统设计

(1)确定 PLC 控制系统的整体结构

控制系统结构图如图 4-14 所示。

提示

软件设计可以与现场施工同步进行,即在硬件设计完成以后,同时进行软件设计和现场施工,以缩短施工周期。

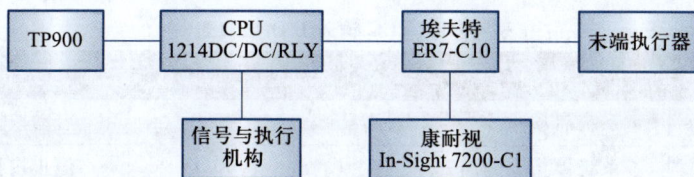

图 4-14　控制系统结构图

由控制系统结构图可以看出,与 PLC 进行交互的有三部分:埃夫特工业机器人控制器、触摸屏、各种信号及执行机构。

① 与埃夫特机器人的交互。工业机器人控制器与 PLC 信息交互主要由两部分,一部分是两者之间的 I/O 信号交互,两者通过信号导线连接(此部分在 PLC 电气原理图中体现);另一部分是 CPU 1214 与埃夫特机器人通过 TCP/IP 协议进行信息交互,物理接口为以太网线。两者之间只需用一根以太网线进行连接即可,但是由于 CPU1214 本体只有一个 PROFINET 接口,其他设备也要通过 PROFINET 接口与 CPU 进行通信,所以中间加入以太网交换机。硬件组态如图 4-15 所示。

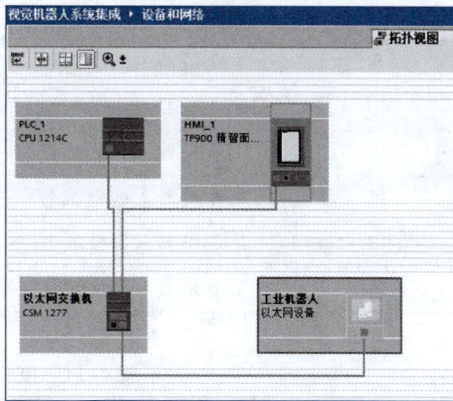

图 4-15　硬件组态图

② 与触摸屏的交互。由 4.3.3 节可知,触摸屏选择的型号为西门子 TP900 精智屏,PLC 与 TP900 之间只需用一根以太网线连接通信即可。

③ 与各种信号及执行结构的接口,主要为输入/接口和输出接口的电气连接。外部信号(模拟量信号、数字量信号)通过输入接口传送给 PLC,进行逻辑或运算判断之后,将相应的执行信号通过输出接口传送到相关设备或执行机构。此部分具体在 PLC 电气原理图中体现。

(2) 绘制 PLC 的 I/O 接口信息表

将 PLC 所有输入/输出信号列出,要分配好每个信号的地址,见表 4-10、表 4-11。接口信息表一旦确定就不要随意更改,作为后续电气图纸的绘制和软件编程的参照。

PLC 接口信息表应在 PLC 进行选型阶段就已经开始考虑,根据系统功能要求需要多少 I/O 接口和多少功能接口(如通信接口)。PLC 接口信息表是在此基础上,对每个信息接口的具体化,明确每个接口的功能、地址及交互的设备,为后续电气系统图的绘制和软件程序的编写提供支持。

(3) PLC 电气系统图设计

电气系统图主要有电气原理图、电器布置图、电气安装接线图等,制图软件有 Auto CAD、Eplan、Cadence 等。电气原理图是电气系统图的一种,是根据控制的工

课件
电气系统设计

微课
电气系统设计

表 4-10　PLC 输入 I/O 接口表

序号	信号名称	地址	交互的设备
1	系统启动	I0.0	启动按钮
2	系统停止	I0.1	停止按钮
3	进料位有物料	I0.2	传感器
4	物料到位	I0.3	传感器
5	码垛 1 区满	I0.4	传感器
6	码垛 2 区满	I0.5	传感器
7	码垛 3 区满	I0.6	传感器
8	工业机器人停止状态	I1.0	DO0（模块三）
9	工业机器人伺服状态	I1.1	DO1（模块三）
10	工业机器人手动状态	I1.2	DO2（模块三）
11	工业机器人自动状态	I1.3	DO3（模块三）
12	工业机器人远程状态	I1.4	DO4（模块三）
13	工业机器人报警状态	I1.5	DO5（模块三）
14	工业机器人程序运行完毕	I2.0	DO6（模块三）

表 4-11　PLC 输出 I/O 接口表

序号	信号名称	地址	交互的设备
1	输送带	Q0.0	供料传送机构
2	料斗打开	Q0.1	供料传送机构
3	进料气缸	Q0.2	气动回路
4	工业机器人程序启动	Q0.3	DI0（模块三）
5	工业机器人伺服使能	Q0.4	DI1（模块三）
6	工业机器人程序暂停	Q0.5	DI2（模块三）
7	工业机器人报警消除	Q0.6	DI3（模块三）
8	物料到位	Q0.7	DI4（模块三）
9	工业机器人加速	Q1.0	DI5（模块三）
10	工业机器人减速	Q1.1	DI6（模块三）

作原理进行绘制的,具有结构简单、层次分明的特点;具有经验的工程师只需通过电气原理图就可以清楚图纸的控制功能,完成读图和接线。以本项目为例,绘制 PLC 电气原理图。

① 主电路电气原理图如图 4-16 所示。

主电路的电气原理图主要为动力线的绘制,图纸要求注明线号、元器件符号和每根导线的线径。

② PLC 控制电气原理图如图 4-17 所示。

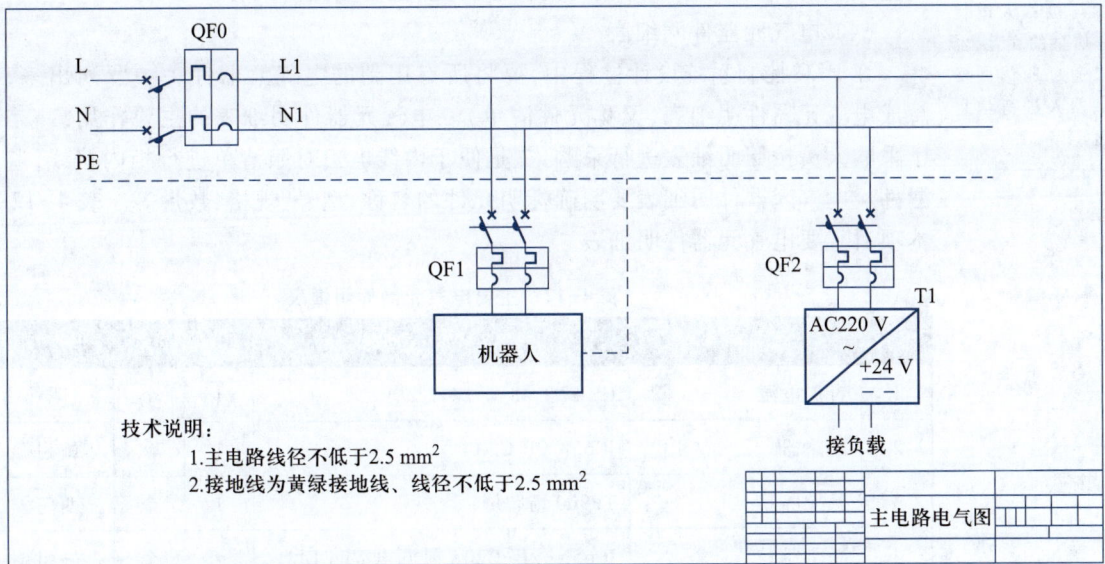

图 4-16 主电路电气原理图

技术说明：
1.主电路线径不低于2.5 mm²
2.接地线为黄绿接地线、线径不低于2.5 mm²

主电路电气图

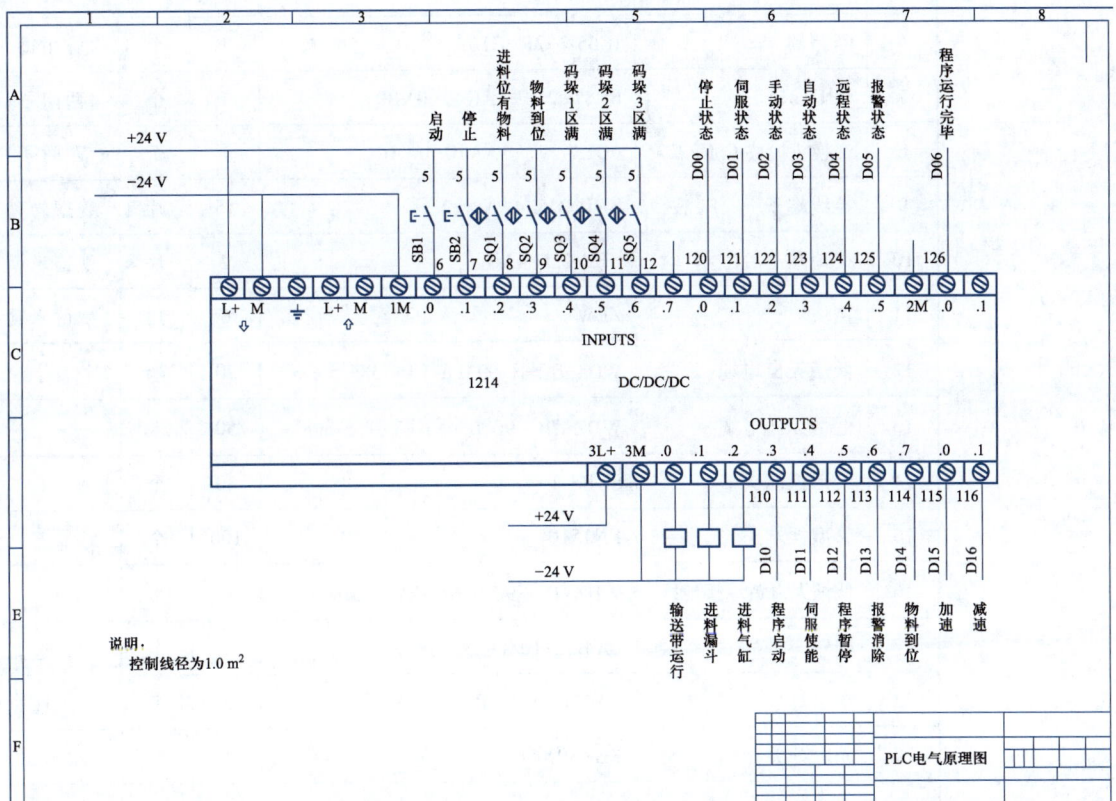

图 4-17 PLC 电气控制原理图

PLC 控制原理图主要为电气系统的 PLC 控制电路的绘制,要明确每个 I/O 口的连接设备,注明每个 I/O 接口的控制功能,控制线路的线径。

（4）电气元器件明细表

在 PLC 控制系统设计过程中,要将所有用到的电气元器件一一罗列出来,汇总成电气元器件明细表(又称元件清单)。电气元器件明细表的主要作用,一是便于采购人员按照明细表进行采购,二是便于内线电工对照清单进行柜内接线,避免漏件。电气元器件明细表要明确标明元件的名称、型号、规格、数量等。表 4-12 为本项目主要电气元器件明细表。

表 4-12　主要电气元器件明细表

序号	名称	产品代号或型号	数量	单位	生产厂家
1	直流电源	CP SNT 48 W 24 V 2 A	1	个	明纬
2	断路器	IC65N 2P C2A	1	个	施耐德
3	触摸屏	TP900 精智屏	1	个	西门子
4	断路器	IC65N-2P-C20A 带漏电 Vigi ELE	1	个	施耐德
5	RJ-45 双压直通以太网网线	RJ-45 双压直通以太网网线 4STP-CAT5E	1	个	
6	断路器	IC65N-2P-C16A	1	个	施耐德
7	CPU1214	6ES7-214-1AG40-0XB0	1	个	西门子
8	交换机模块 CSM1277	6GK7 277-1AA10-0AA0	1	个	西门子
9	接线端子	ZDU 2.5/4AN	15	片	魏德米勒
10	接地端子	ZPE 2.5/4AN	2	片	魏德米勒
11	挡块	ZEW	6	片	魏德米勒
12	低烟无卤电缆	WDZ-DC-H-90 0.6/1 kV 3X1.5 mm^2	20	米	
13	低烟无卤电缆	WDZ-DC-90,0.6/1 kV,1.5 mm^2	50	米	
14	叉形裸端头	SNBS 2-4	30	个	
15	管型裸端头	EN1510	100	个	
16	低烟无卤黄绿接地线	WDZ-DC-90 0.6/1 kV 2.5 mm^2	4	米	
17	按钮	LA42P-10/G	1	个	天逸
18	指示灯	LA42DFA/G/R DC24 V	1	个	天逸
19	光电开关	EE-SPX613	1	个	欧姆龙
20	急停按钮	LA42J-02/R	1	个	天逸

姓名		学习日期	
任务名称		基于 PLC 的电气系统设计	
学习自评	考核内容	完成情况	
	1. 对 PLC 进行选型	□好 □良好 □一般 □差	
	2. 对电气设备进行选型	□好 □良好 □一般 □差	
	3. 设计 PLC 控制系统	□好 □良好 □一般 □差	
学习心得			

任务四 典型外部系统电气设计

在系统集成项目的电气系统设计中,还包括上下料、物料输送、传感识别等外围设备的控制系统设计。下面介绍几种典型的外部控制系统电气设计。

4.4.1 伺服驱动电气系统设计

在工业控制领域,运动控制是工业自动化生产的关键部分。运动控制由传统的数字量开关控制电机的启停到速度、定位等精确化的柔性控制,极大地促进生产智能化的快速发展。而伺服控制是对物体运动的位置、速度及加速度等变化量的有效控制,得到了广泛应用。

1. 控制方式

一般伺服有三种控制方式:速度控制方式、转矩控制方式、位置控制方式。

延伸阅读
伺服原理及运动控制介绍

① 速度控制:通过模拟量的输入或脉冲的频率都可以进行转动速度的控制,在有上位控制装置的外环 PID 控制时速度模式也可以进行定位,但必须把电机的位置信号或直接负载的位置信号向上位反馈,用于运算。位置模式也支持直接负载外环检测位置信号,此时的电机轴端的编码器只检测电机转速,位置信号由直接的最终负载端的检测装置提供。这样的优点是可以减少中间传动过程中的误差,增加整个系统的定位精度。

② 转矩控制:转矩控制方式是通过外部模拟量的输入或直接的地址的赋值,来设定电机轴对外的输出转矩的大小。可以通过即时的改变模拟量的设定,来改变设定的力矩大小,也可通过通信方式改变对应的地址的数值来实现。

③ 位置控制:位置控制模式一般是通过外部输入的脉冲的频率,来确定转动速度的大小,通过脉冲的个数来确定转动的角度。也有些伺服可以通过通信方式直接对速度和位移进行赋值。由于位置模式可以对速度和位置都有很严格的控

制,所以一般应用于定位装置。应用领域如数控机床、印刷机械等。

2. 典型伺服驱动电气设计

本文介绍 1200 系列 PLC 控制伺服驱动的电气设计。SINAMICS V90 是西门子推出的一款小型、高效便捷的伺服系统。它作为 SINAMICS 驱动系列家族的新成员,与 SIMOTICS S-1FL6 伺服电机很好地结合,组成伺服驱动系统,实现位置控制、速度控制和扭矩控制;西门子的 S7-1200 系列 PLC 可以控制 V90 驱动器。

(1)主电路接线

主电路接线主要指动力线接线规则,包括驱动器与电源测接线、驱动器与电机接线。

① 驱动器与主电源接线。主电源为驱动系统的动力电源,接线规则见表4-13。

课件
  V90 伺服系统电气连接

微课
  V90 伺服系统电气连接

图片
  V90 伺服系统连接图

表 4-13 主电源接线

信号	描述
L1	电源相位 L1
L2	电源相位 L2
L3	电源相位 L3
最大导线截面积:(1)FSAA 和 FSA 用 1.5 mm²;(2)FSB 和 FSC 用 2.5 mm²。	

② 电机动力接线如图 4-18 所示。

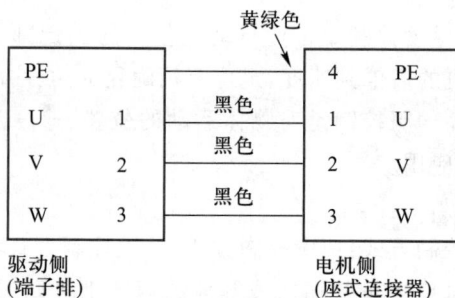

图 4-18 电机动力接线示意图

电机侧动力连接器表示图及接线标号如图 4-19 所示。

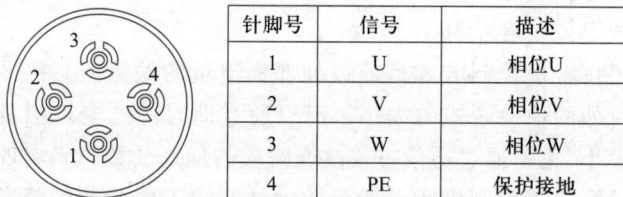

针脚号	信号	描述
1	U	相位U
2	V	相位V
3	W	相位W
4	PE	保护接地

图 4-19 电机侧动力接线图

（2）控制电路接线

SINAMICS V90 伺服驱动器的控制接口为 X8 接口。此接口为一个 50 针的 MDR 母头插座，如图 4-20 所示。

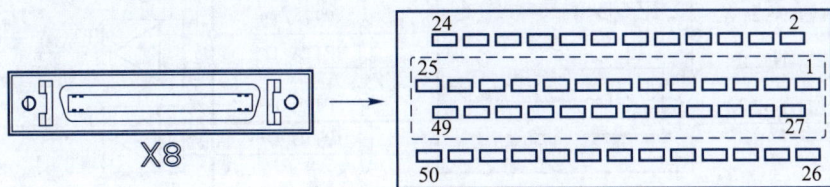

图 4-20　控制接口示意图

控制及状态接口 X8 主要包含的信号类型有：脉冲输入（PTI）、编码器脉冲输出（PTO）、数字量输入/输出，模拟量输入/输出。

① 数字量输入/输出：SINAMICS V90 伺服驱动可使用 28 个内部数字量输入信号，13 个内部数字量输出信号。依据所选的控制模式，SINAMICS V90 可以将信号自由分配给以下数字量输入/输出接口：DI1 ~ DI8 可通过参数 p29301 ~ p29308 分配；DO1 ~ DO6 可通过参数 p29330 ~ p29335 分配。具体信息表参见《西门子 SINAMICS V90 SIMOTICS S1FL6 操作手册》。

数字量输入支持 PNP 和 NPN 两种接线方式，如图 4-21 所示。

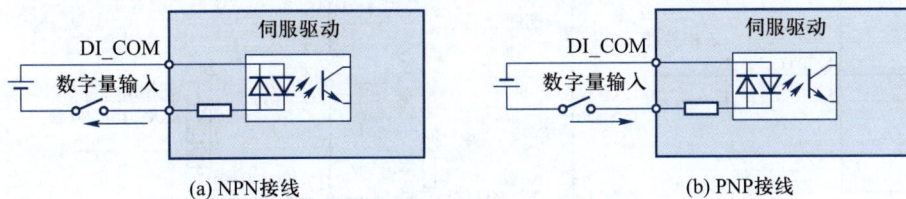

(a) NPN接线　　　　　　　　　　　　(b) PNP接线

图 4-21　数字量输入接线示意图

数字量输出仅支持 NPN 接线方式，如图 4-22 所示。

② 脉冲输入/编码器输出（PTI/PTO）：SINAMICS V90 伺服驱动支持两个脉冲输入通道：24 V 单端脉冲输入与 5 V 高速差分脉冲输入。接线示意图如图 4-23 和

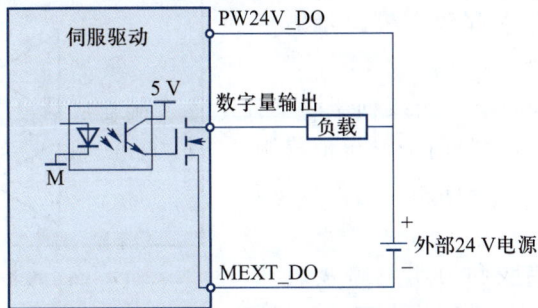

图 4-22　数字量输出接线示意图

图 4-24 所示。

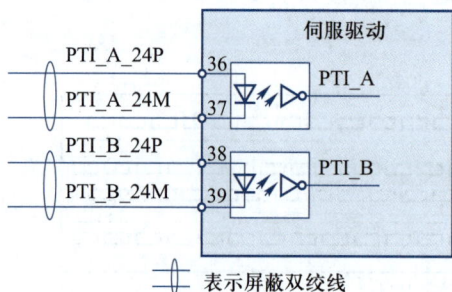

图 4-23　使用 24V 单端 PTI

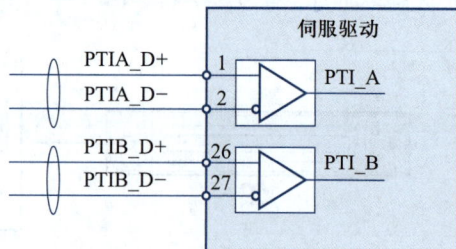

图 4-24　使用 5V 差分 PTI

SINAMICS V90 伺服驱动支持 5 V 高速差分信号（A+/A-、B+/B-、Z+/Z-和集电极开路（零脉冲）。接线如图 4-25 所示。图（a）为不使用集电极开路时的接线，图（b）为使用集电极开路时的接线：

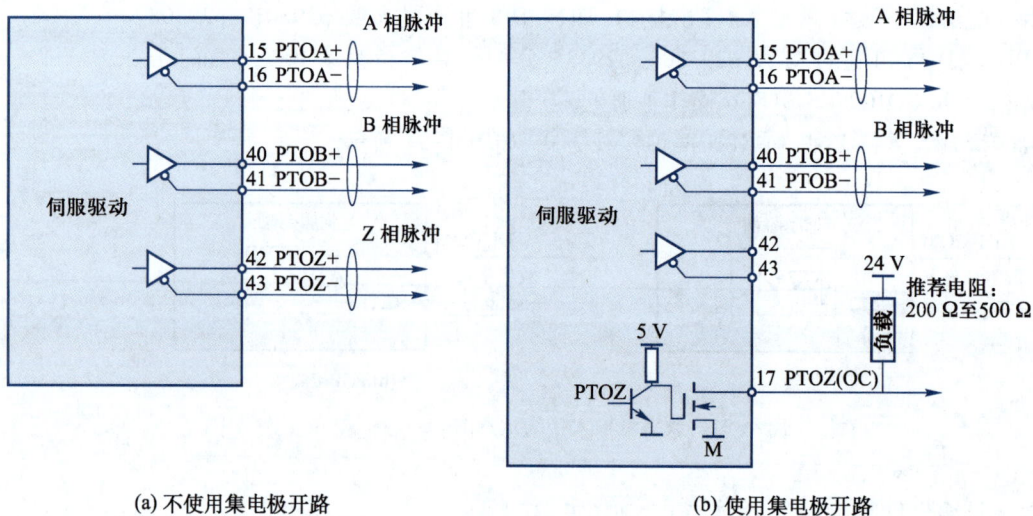

(a) 不使用集电极开路

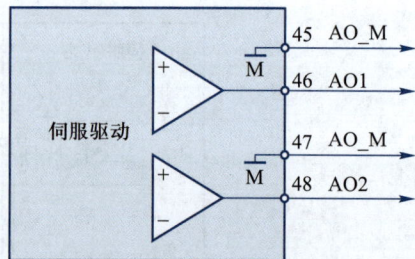

(b) 使用集电极开路

图 4-25　PTO 接线图

③ 模拟量输入/输出：SINAMICS V90 支持两个模拟量输入和两个模拟量输出。接线如图 4-26 所示。

（3）与 S7-1200 电气接线伺服驱动控制方式有外部脉冲控制、内部设定值控制、速度控制、转矩控制。不同的控制方式接线有一些差异。

除了主电路接线和控制电路接线外，SINAMICS V90 伺服驱动其他电气接口线路

图 4-26　模拟量输出接线图

设计根据需求选择，主要有 24 V 电源（X6 接口引脚）接线、编码器接口（X9 引脚）

图片

S7-1200 与 V90 外部脉冲控制连接图

接线、外部制动电阻（DCP、R1）、电机抱闸（X7）、RS-485 接口（X12）等的接线。

4.4.2　传感器信号采集系统设计

课件
传感信号电气
连接

在现代工业生产尤其是自动化生产过程中,要用各种传感器来监视和控制生产过程中的各个参数,使设备工作在正常状态或最佳状态,并使产品达到最高质量。传感器的微型化、数字化、智能化、多功能化、系统化、网络化,促进了传统产业的改造和更新换代。

1. 传感器的种类与输出方式

传感器的种类繁多,一般常用的传感器按照用途分为压敏和力敏传感器、位置传感器、液位传感器、能耗传感器、速度传感器、加速度传感器、射线辐射传感器、热敏传感器等等。

传感器的输出信号类型主要是模拟量信号和数字量信号两大类。模拟量信号包括电压信号、电流信号、热电阻信号等;数字量信号包括开关信号、脉冲信号等。

微课
传感信号电气
连接

2. 传感器信号采集电气接线

传感器经过内部的信息处理,最终要输出信号,供控制器接收。传感器的输出信号的种类决定着控制器接收信号、处理信号的方式,所以电气设计接线方式就有所不同。

（1）模拟量信号电气接线（图 4-27）

工业标准上电压信号主要有 0~10 V、0~20 V、-10 V~+10 V 几类电压信号,电流信号有 0~20 mA、4~20 mA 几种电流信号。不同范围的电压、电流信号只是表明不同的电压、电流值对应的物理值（即要采样的值,如温度、压力等）不同,其与电气控制系统的接线方式都是一致的,如图 4-31 所示,以 1200 模拟量输入为例。

热电阻的测温原理是,基于导体或半导体的电阻值随温度变化而变化这一特性,来测量温度及与温度有关的参数。其与控制器的接线方式与电压电流信号的接线方式不同,如图 4-28 所示,以 1200 热电阻模块为例。

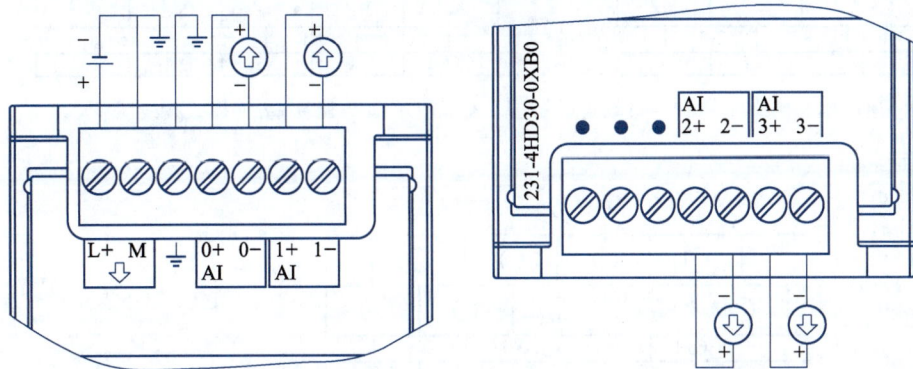

图 4-27　模拟量输入接线

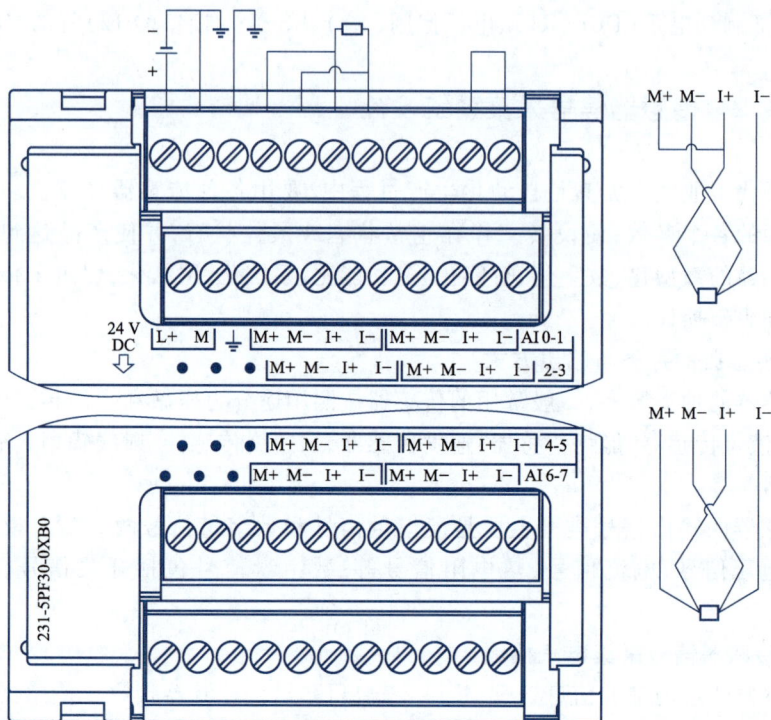

图 4-28　热电阻与控制模块接线图

（2）数字量接线

开关类数字量接线方式与普通的开关量接线一致。脉冲类信号频率高,控制器有专门的高速计数器来接收此类信号。对于技术脉冲输入端的接线,依据可编程控制器及计数器型号的不同稍有区别,其典型的几种输入端子接线方式如图 4-29、图 4-30、图 4-31 所示,以 XC3 系列 PLC 为例。

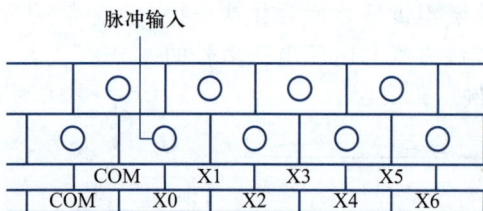

图 4-29　递增模式接线图

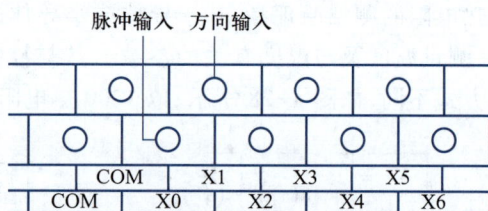

图 4-30　脉冲+方向模式接线图

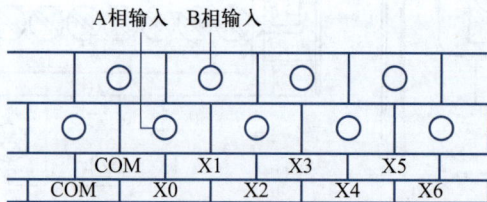

图 4-31　AB 相模式接线图

姓名		学习日期	
任务名称		典型外部系统电气设计	

	考核内容	完成情况
学习自评	1. 叙述伺服系统电气设计的内容	□好 □良好 □一般 □差
	2. 叙述传感器系统的信号采集电气设计方法	□好 □良好 □一般 □差
学习心得		

项目自评

序号	学习目标	知识技能点	自我评估结果
1	掌握工业机器人与其他设备 I/O 接口的设计方法	• 控制系统的结构 • 系统接口的种类 • I/O 接口设计的方法	□掌握 □初步掌握 □未掌握
2	掌握 PLC 等设备选型的方法	• PLC 及触摸屏的选型方法 • PLC 系统设计的内容	□掌握 □初步掌握 □未掌握
3	掌握外部系统电气系统设计方法	• 外部系统电气设计的内容 • 外部系统电气设计的方法、步骤	□掌握 □初步掌握 □未掌握

学习体会

练习题

1. 列明 PLC 选型的步骤,简述各步骤要解决的问题。
2. 简述本项目工业机器人控制系统设计思路。
3. 简述本项目 PLC 控制系统设计思路。
4. 简述伺服控制的控制方式。

参考答案

项目 4 练习题

视觉和传感系统设计

传感器具有微型化、数字化、智能化、多功能化、系统化、网络化等特点,是实现自动检测和自动控制的首要环节。传感器的存在和发展,让物体好像有了触觉、味觉和嗅觉等"感官",变得"活了起来"。由视觉传感器组成的机器视觉系统在智能化工业生产中起着重要的作用。本实训项目,使用视觉设备采集物料信息传送给工业机器人控制器,引导工业机器人执行抓取动作。通过本项目的练习,可以使读者了解工业视觉的应用原理、组成部分,掌握机器视觉与工业机器人集成应用的流程与具体使用方法。学习的重点内容为工业视觉的理解与视觉电子表格的设置,难点内容为工业视觉与机器人集成应用的通信与信号交互。

学习目标

知识目标
- 了解视觉技术的原理与工作流程。
- 掌握视觉设备选型方法。
- 掌握主流视觉设备应用方法。
- 了解力觉设备的应用。

能力目标
- 能够描述视觉技术的工作原理,并清楚视觉技术在生产中的用法。
- 能够根据任务需要选择合适的视觉设备。
- 能够根据工作任务编制视觉程序。
- 能够了解力觉设备的应用场景。

学习内容

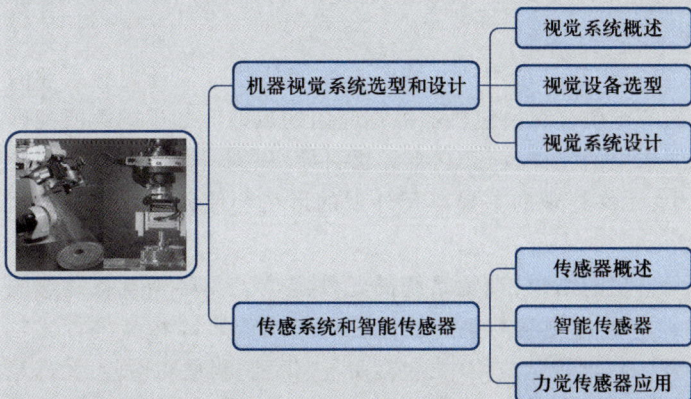

机器视觉系统选型和设计
- 视觉系统概述
- 视觉设备选型
- 视觉系统设计

传感系统和智能传感器
- 传感器概述
- 智能传感器
- 力觉传感器应用

任务一 机器视觉系统选型和设计

本任务首先对机器视觉进行简要介绍,然后以本书项目为例,讲解视觉设备的选型方法。通过本任务的练习,使学习者掌握视觉设备的组成、应用、选型方法。

5.1.1 视觉系统概述

参考视频
机器视觉系统三维动画

机器视觉是人工智能技术领域正在快速发展的一个分支。简单地说,机器视觉就是用机器代替人眼来测量和判断。机器视觉系统通过机器视觉产品(即图像摄取装置,分为 CMOS 和 CCD 两种)将被摄取目标转换成图像信号,传送给专用的图像处理系统,得到被摄取目标的形态信息,根据像素分布和亮度、颜色等信息,转变成数字化信号;图像系统对这些信号进行各种运算来抽取目标的特征,进而根据判断的结果来控制现场的设备动作。

对机器视觉的要求有:成本低、准确度高、坚固耐用、机械和温度稳定性高。

机器视觉系统依靠封装在工业相机内的数字传感器和专门的光学元件采集图像,然后计算机硬件和软件基于该图像处理、分析和测量各种特征而做出决策。

1. 机器视觉的优势

虽然人类视觉最擅长于对复杂、非结构化的场景进行定性解释,但机器视觉则凭借速度、精度和可重复性等优势,擅长于对结构化场景进行定量测量。

① 检测速度快,在生产线上,机器视觉系统每分钟能够对数百个甚至数千个元件进行检测。

② 分辨率高,配备适当分辨率的相机和光学元件后,机器视觉系统能够轻松检验小到人眼无法看到的物品细节特征。

③ 由于消除了检验系统与被检验元件之间的直接接触,机器视觉还能够防止元件损坏,也避免了机械部件磨损的维护时间和成本投入。

④ 通过减少制造过程中的人工参与,机器视觉还带来了额外的安全性和操作优势。此外,机器视觉还能够防止洁净室受到人为污染,也能让工人免受危险环境的威胁。

2. 机器视觉的应用

在应用机器视觉时,第一步都是采用图案匹配技术定位相机视场内感兴趣的物品或特征。感兴趣物品的定位往往决定机器视觉应用的成败。如果图案匹配软件工具无法精确地定位图像中的元件,那么它将无法引导、识别、检验、计数或测量元件。在实际生产环境中,元件外观的差异以及外观的形变会使元件定位变得困难,如图 5-1 和图 5-2 所示。

要实现精确、可靠、可重复的结果,视觉系统的元件定位工具必须具备足够的"智能",能够快速、精确地将训练图案与生产线上输送过来的实际物品进行比较(图案匹配)。在 4 种主要的机器视觉应用中,包括引导、识别、测量和检验,元件定位是非常关键的第一步。

正常	变暗	变亮	部分变暗/部分变亮	正常	变小	变大	旋转
背景噪影	不完整	失焦	变脏	变宽	变高	线性畸变	非线性畸变

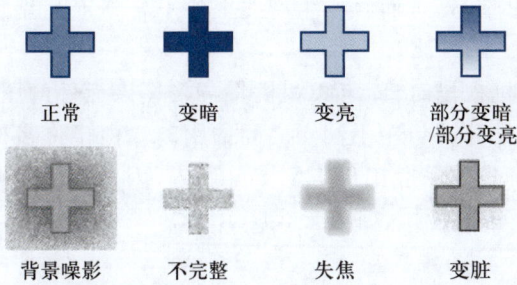

图 5-1　因照明或遮挡而出现的外观变化　　　图 5-2　元件形变或姿势畸变

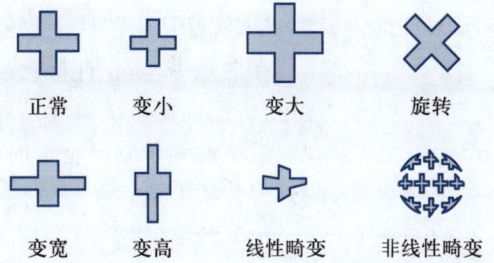

（1）引导

引导应用是指,在机器视觉系统定位元件的位置和方向后,输出位置参数,引导执行机构来完成下一个动作(如工业机器人进行抓取、激光进行切割等)。

机器视觉引导在许多任务中都能够实现比人工定位高得多的速度和精度。例如,将元件放入货盘或从货盘中拾取元件;对输送带上的元件进行包装;对元件进行定位和对位,以便将其与其他部件装配在一起;将元件放置到工作架上;将元件从箱子中移走。图 5-3 所示为机器视觉引导所用图像示例。

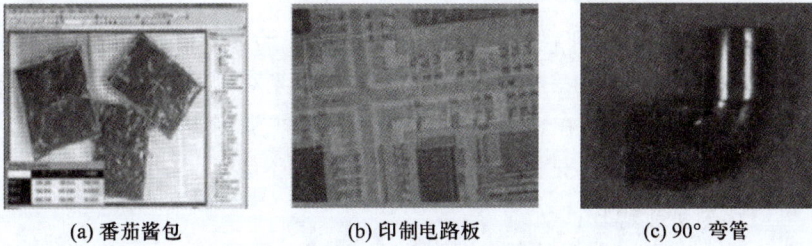

(a) 番茄酱包　　　　　(b) 印制电路板　　　　　(c) 90° 弯管

图 5-3　机器视觉引导所用图像示例

（2）识别

元件识别应用是指,机器视觉系统通过读取条码(一维)、二维码、直接部件标识(DPM)及元件、标签和包装上印刷的字符来识别元件,如图 5-4 所示。

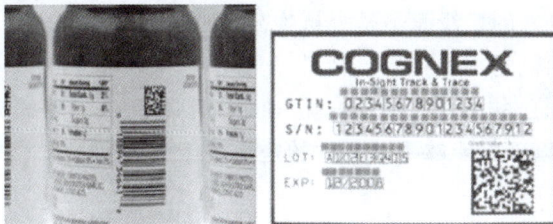

图 5-4　图像识别

（3）测量

测量应用是指机器视觉系统通过计算物品上两个或以上的点或者几何位置之间的距离来进行测量,然后确定这些测量结果是否符合规格。如果不符合,视觉系统将向机器控制器发送一个未通过信号,进而触发生产线上的不合格产品剔除装置,将该物品从生产线上剔除。

在实践中,当元件移动经过相机视场时,固定式相机将会采集该元件的图像,然后,机器视觉系统将使用软件来计算图像中不同点之间的距离。由于许多机器视觉系统在测量物品特征时能够将公差保持在 0.0254 mm 以内,因此它们能够解决许多传统上通过接触式测量来解决的应用,如图 5-5 所示。

（4）检验

检验应用是指机器视觉系统通过检测制成品是否存在缺陷、污染物、功能性瑕疵或其他不合规之处,来进行产品检验,如图 5-6 所示。

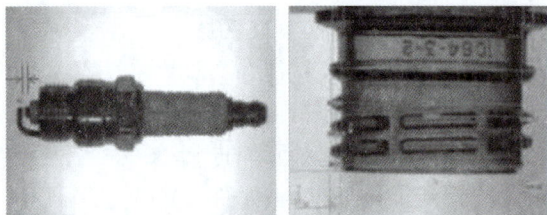

图 5-5　机器视觉测量

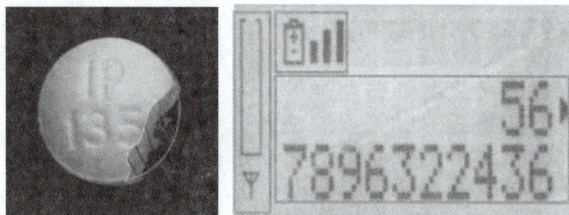

图 5-6　机器视觉校验

应用示例包括检验片剂式药品是否存在缺陷;检验显示屏,以验证图标的正确性或确认像素的存在性;或者检验触摸屏,以测量背光对比度水平。机器视觉还能够检验产品的完整性,比如在食品和医药行业,机器视觉用于确保产品与包装的匹配性,以及检查包装瓶上的安全密封垫、封盖和安全环是否存在。

3. 机器视觉系统组件

机器视觉系统的主要组成部分包括光源、镜头、图像传感器、视觉处理、通信等,如图 5-7 所示。

（1）光源

光源用于对待检测的元件进行照明,让零件的关键特征能够突显出来,确保相机能够清楚地看到这些特征。

光源是成功获取机器视觉检测结果的一个关键组件。机器视觉系统是通过分析从物品上反射过来的光线而不是分析物品本身来创建图像的。照明技术涉及光源及其与元件和相机的相对位置。特殊的照明技术可通过将部分特征弱化,而将其他特征增强,从而改进图像,举例来说,通过照明将元件的轮廓突显出来,同时将表面细节遮挡住,以确保能够测量元件的边线。

（2）镜头

镜头用于采集图像,并将图像发送至相机中的图像传感器。不同的镜头在光学质量和价格方面存在差异,所使用的镜头将决定所采集图像的质量和分辨率。大多数视觉系统相机主要提供两种类型的镜头:可现场互换的镜头和固定镜头。可现场互换的镜头通常为 C 接口或 CS 接口镜头。镜头和扩展配件的正确组合可确保采集到最佳图像。作为独立式视觉系统一个组成部分的固定镜头通常采用自

课件
机器视觉的组成与应用

微课
机器视觉的组成与应用

延伸阅读
机器视觉中光源的形式和特点

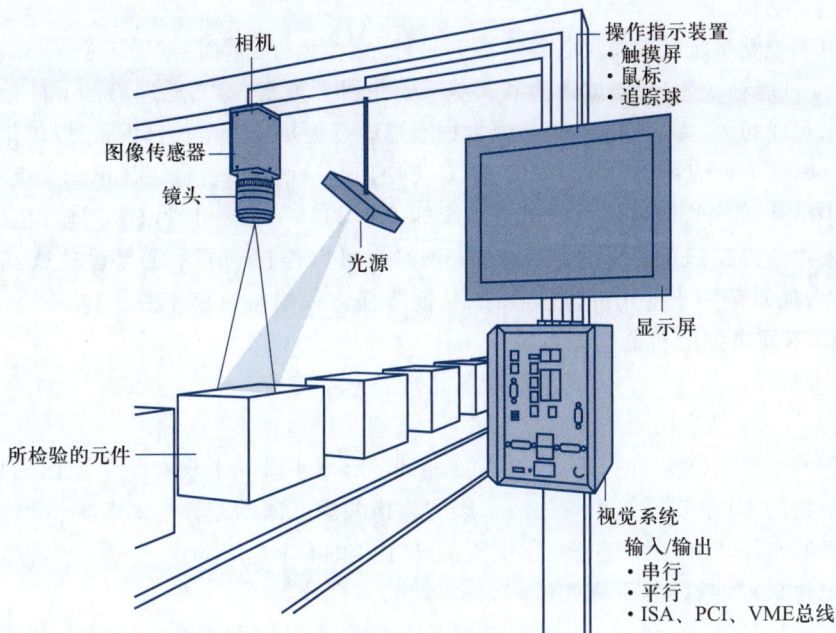

图 5-7　机器视觉系统的主要组成部分

动对焦技术,包括机械调焦镜头和液态镜头,都能够自动对焦元件。自动对焦镜头在指定的距离下通常拥有固定的视场。

(3)图像传感器

机器视觉相机中的传感器将该光线转换成数字图像,然后将该数字图像发送至处理器进行分析。

相机能否采集到照明得当的待检验元件图像,不仅仅取决于镜头,还取决于相机内的图像传感器。图像传感器通常使用电荷耦合装置(CCD)或互补金属氧化物半导体(CMOS)技术将光线(光子)转换成电信号(电子)。本质上讲,图像传感器的工作就是采集光线,然后将光线转换成数字图像,该数字图像在噪影、灵敏度和动态范围方面保持平衡。图像是像素的集合。微弱的光线通常产生暗像素,而明亮的光线则会产生较明亮的像素。很重要的一点是,必须确保相机的传感器分辨率适合应用。分辨率越高,图像将拥有越多的细节,测量则将越准确。元件尺寸、检测公差及其他参数将决定所需的分辨率。

(4)视觉处理

视觉处理模块由各种算法组成。这些算法将对图像进行审核,提取所需的信息,进行必要的检验,并做出决策。

视觉处理是指从数字图像中提取信息,这可以在基于 PC 的外部系统中进行,也可以在独立式视觉系统内部进行。视觉处理是由视觉软件分步骤进行的。首先,从传感器中获取图像。在某些情况下,可能需要进行预处理,以优化图像,并确保所有必要的特征都突显出来。接着,视觉软件将定位具体的特征,进行测量,并将这些测量结果与指定规格进行比较。最后,做出决策,并将结果发送出去。

提示

虽然机器视觉系统的许多机械组件(如光源)都提供类似的规格,但视觉系统的算法能够将它们区分开来。对不同的解决方案进行比较时,视觉系统的算法应当位于需要评估的关键组件列表首位。视觉软件将根据特定的系统或应用来配置相机参数,做出通过或未通过决策,与工厂车间进行通信,以及支持 HMI 开发。

（5）通信

由于视觉系统经常使用各种现成的组件,这些组件必须能够与其他机器组件相协调,并且能够快速、轻松地连接到其他机器组件。通常,这是通过离散 I/O 信号或数据来实现的,主要是将这些信号或数据通过串行连接发送至一台设备,以供记录或使用。离散 I/O 点可以连接到 PLC,PLC 将使用这些信息来控制工作单元或指示器。

串行连接式数据通信可以通过传统的 RS-232 串行输出或以太网输出。有些系统采用较高层级的工业协议,如以太网/IP,可以连接到显示屏等设备或其他操作界面,提供适用于应用的操作界面,从而方便流程的监控和控制。

4. 不同类型的机器视觉系统

一般来说,有三种类型的机器视觉系统:一维、二维、三维。

（1）一维机器视觉系统

一维视觉每次分析一条扫描线的数字信号,而不是马上查看整个图像,如评估最新采集的 10 条扫描线组与先前采集的扫描线组之间的差异。如图 5-8 所示,这种技术通常用于在连续制造流程中检测所生产的材料（如纸张、金属、塑料和其他非纺织片材或卷材）是否存在缺陷,并对缺陷进行分类。

在流程持续运行的过程中,一维视觉系统每次扫描一条线。在图 5-8 所示的示例中,一维视觉系统检测到该片材的一个缺陷。

（2）二维机器视觉系统

大多数常见的检测相机执行的都是面阵扫描,如图 5-9 所示,需要采集不同分辨率的二维快照。另一种类型的二维机器视觉执行的是线扫描,是指通过每次扫描一条线来创建二维图像。如图 5-10 所示,通过线扫描创建一个二维图像。

（3）三维机器视觉系统

三维机器视觉系统通常由多台相机（图 5-11）或者一台（图 5-12）或多台激光位移传感器组成。在机器人引导应用中,由多台相机组成的三维视觉系统能够向机器人提供元件方位信息。这类系统需要将多台相机安装在不同的位置,在三维空间内,在物品位置上对物品形成"三角"包围状态。

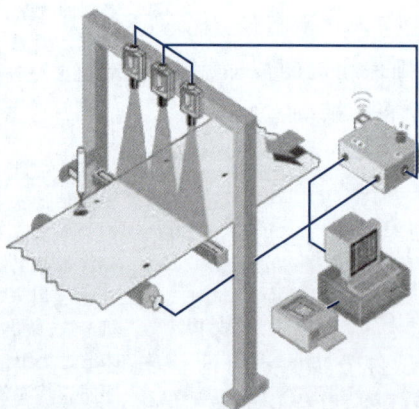

图 5-8　一维机器视觉系统

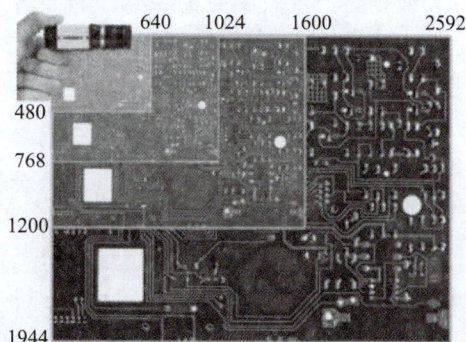

图 5-9　二维机器视觉系统可以生成
不同分辨率的图像

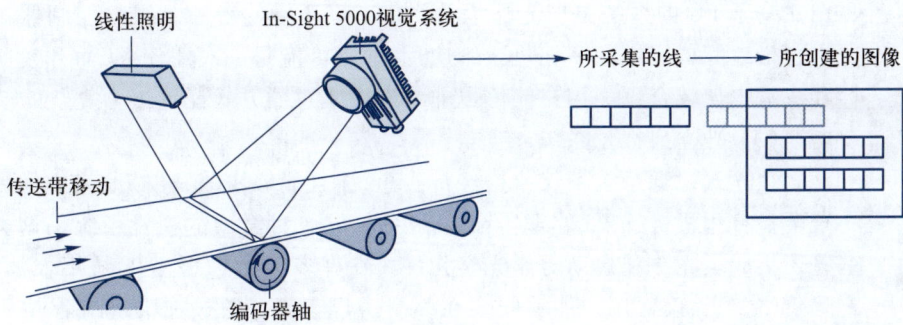

图 5-10　线扫描技术

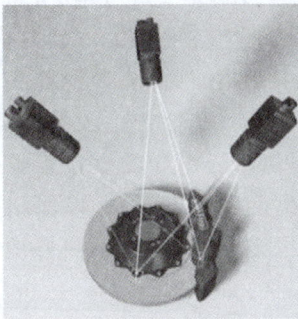

图 5-11　三维视觉系统采用多台相机

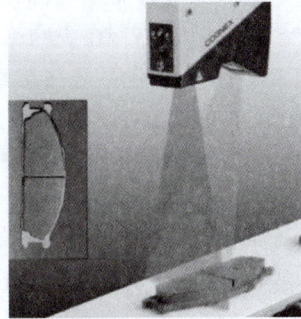

图 5-12　仅采用一台相机的三维检测系统

相比之下,三维激光位移传感器应用通常包括表面检测和体积测量,仅使用一台相机就可以提供三维检测结果。通过物品上反射的激光位置位移来生成高度图。与线扫描技术相似的是,使用这种技术时,必须移动物品或相机,才能扫描到整个产品。位移传感器配备有已标定的位移激光器,能够测量表面高度和平面等参数,并且可达到 20 μm 级精度。图 5-12 显示了一台三维激光位移传感器,正在检测刹车片表面是否存在缺陷。

5. 机器视觉平台

机器视觉可以通过不同的物理平台来实施,包括基于 PC 的系统、专为三维和多相机二维应用设计的视觉控制器、独立式视觉系统、简单的视觉传感器以及基于图像的读码器。要选择合适的机器视觉平台,通常取决于应用需求,包括开发环境、功能、架构和成本。

（1）基于 PC 的机器视觉

基于 PC 的系统能够与直接连接的相机或图像采集板连接,并且提供各种可配置的机器视觉应用软件支持。另外,PC 还提供众多自定义代码开发选项,使用的是用户熟悉且支持度很高的语言,如 Visual C/C++、Visual Basic、Java,以及图形编程环境。但应用开发通常比较复杂,往往需要较长的时间。因此,这种平台通常局限于大型安装应用,吸引的大多数是高级机器视觉用户和编程人员。

（2）视觉控制器

视觉控制器能够提供基于 PC 的系统所提供的所有性能强大性和灵活性优势,

但比基于 PC 的系统更加能够承受严苛工厂环境的考验。视觉控制器让用户能够更轻松地配置三维和多相机二维应用，通常可能是一次性任务，而开发所需的时间和成本也比较合理。用户能够以非常经济实惠的方式配置更为复杂的应用。

（3）独立式视觉系统

独立式视觉系统不仅价格经济实惠，而且能够快速、轻松地完成配置。这类系统配备有相机传感器、处理器和通信套件，是一种全面的视觉系统。这类系统中有些还集成了光源和自动对焦光学元件。在许多情况下，这类系统不仅体积小巧，而且价格实惠，确保用户能够安装在整个工厂车间。通过在关键流程位置安装独立式视觉系统，用户可以在生产流程中及时检测到缺陷，并且更快速地识别设备问题。这类系统大都提供内置以太网通信模块，这让用户不仅能够在整个生产流程中安装视觉系统，而且能够将两套或多套系统连接到一个可管理、可扩展的视觉区域网络中。在该网络中，数据可以在不同的系统之交换，并由一台主机进行管理。另外，视觉系统网络还可以轻松向上连接到工厂和企业网络，从而让工厂车间内任何具备 TCP/IP 通信功能的工作站都能够远程查看视觉结果、图像、统计数据以及其他信息。这类系统提供可配置的环境，并提供轻松引导的设置步骤或者更高级的编程或脚本功能。一些独立式视觉系统提供两种开发环境，确保用户通过附加功能能够轻松完成设置，并提供编程和脚本灵活性，让用户能够更好地控制系统配置，以及处理视觉应用数据。

（4）视觉传感器和基于图像的读码器

视觉传感器和基于图像的读码器通常不用编程，并且提供方便用户使用的界面。这类系统大都能够与任何机器轻松集成，以提供单点检测及专门的处理，同时还提供内置以太网通信模块，确保在整个工厂内实现网络化。

微课
视觉设备的选型

5.1.2 视觉设备选型

在明确具体工作任务后，结合整体设计的方案，要为所执行的项目选择合适的视觉设备型号。

选型顺序大致为：工业相机—工业镜头—视觉光源—外围设备。

设备选型的一般流程如下。

课件
视觉设备的选型

① 计算工作任务的各项参数，如视野、分辨率、精度。

② 确定视觉设备的关键器件，以此为出发点分类搜集对比市场上的视觉产品，选出能够满足项目需求的品牌、型号。

③ 对比各品牌型号的价格，选出能够满足需求而又价格合适的产品。

④ 与所选产品的供应商联系，了解产品使用情况、难易程度、功能扩展、售后服务等内容。

⑤ 结合项目需求，综合各项因素，确定最终型号。

⑥ 选定次要器件。

在实际的选型中，并不会严格按照上述步骤逐条进行，在搜集产品信息时，可以同时获得产品的使用情况、功能扩展等其他信息，也可能获得次要器件的信息。

将这些信息分类整理记录,或者相互参照比对,以选出项目适用的设备为目的。

视觉设备选型的步骤如下。

步骤1:根据物料尺寸及检测区域确定视场范围(FOV)

所选物料直径60 mm,精度要求为$D=0.1$ mm,皮带的宽度为150 mm,视场范围要大于150 mm,定为200 mm。

提示

视场是相机拍摄到的范围,一般以物理尺寸表示。

步骤2:确定工作距离

视觉相机安装在物料的正上方,要留出足够空间供机器人末端执行器抓取物料。从视觉系统的镜头到需要检测部件之间的距离称为工作距离;视觉系统在该距离可看到的范围称为视场。随着工作距离变大,视场相应扩大,如图5-13所示。

提示

视场、精度、分辨率的计算公式:分辨率 F=FOV/D。

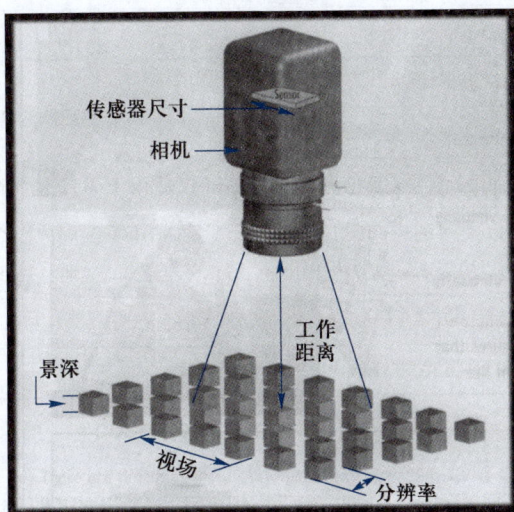

图5-13　视场示意图

步骤3:判断是否需要进行颜色识别

作为教学用工作站,需要预留颜色识别功能,故选择彩色相机。

步骤4:搜集比对市场上的视觉设备,大致确定品牌、型号。

针对常用的视觉应用场景,各视觉设备厂家都有成套对应的产品与视觉方案,通过咨询对方技术人员,确定技术方案是最快捷有效的方式。

本项目分别咨询了国内外相关视觉设备公司,通过价格比对,二者差别不大。基于后者在工业场景中应用多,技术成熟先进,通信方便,选用后者,即康耐视相机,相机型号为In-Sight 7200-C1。

步骤5:核对验证所选视觉设备是否满足要求(表5-1)。

所选该款相机为彩色相机,M12镜头,分辨率符合要求。

步骤6:确定镜头与光源

康耐视本款相机M12镜头即可满足需求,采用明视场照明,利用其自带光源。

如图5-14所示,在300 mm工作距离时水平视野200 mm多一些,选中6 mm镜头焦距。

表 5-1　视觉设备参数

参数	说明
规范	In-Sight 7200
最低固件要求	In-Sight 版本 4.8.0
作业/程序内存	256MB 非易失性闪存,通过远程网络设备实现无限存储
图像处理内存	256MB SDRAM
传感器类型	1/1.8 in CMOS
传感器属性	5.3 mm 对角线,5.3×5.3 μm 正方形像元像素
分辨率(像素)	800×600
电子快门速度	16 μs ~ 950 ms
位深	24 位彩色
镜头类型	M12 或 C-Mount
内置 LED 环形灯	红色、绿色、蓝色、白色和红外(仅适用于 M12 镜头配置)
网络通信	以太网端口、10/100 BaseT,支持 MDI/MDIX 自适应;IEEE 802.3 TCP/IP 协议;支持 DHCP(出厂默认)、静态和本地链路 IP 地址配置
M12 镜头配置尺寸	55 mm(2.17in)×84.8 mm(3.34in)×55 mm(2.17in)
运行温度	0℃ ~ 45℃(32℉ ~ 113℉)

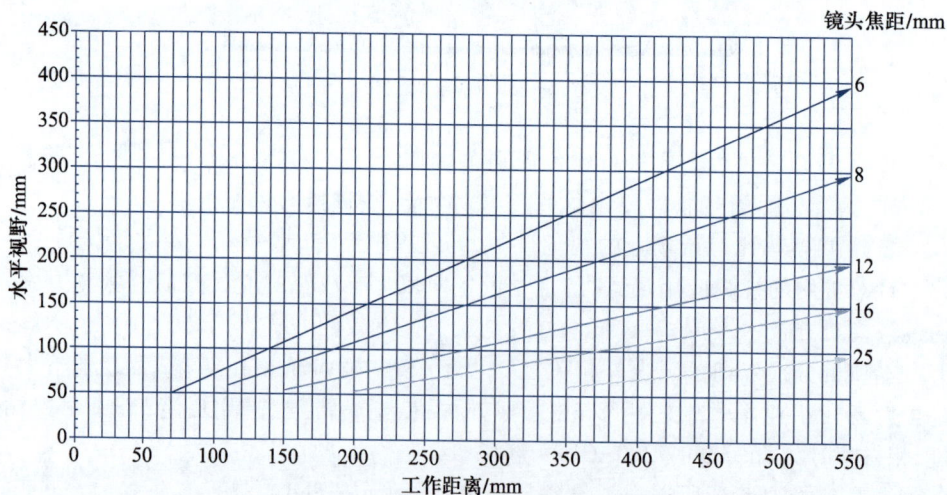

图 5-14　800×600 分辨率的视觉系统

镜头焦距需要在购买时选定,本款相机选用 6 mm 焦距的镜头。

工件的轮廓如图 5-15 所示。

分辨率:铺满 800×600 像素。

CCD/CMOS 靶面尺寸型号标准。

在 CCD 出现之前,摄像机是利用一种称为"光导摄像管(Vidicon Tube)"的成像器件感光成像的。这是一种特殊设计的电子管,其直径的大小,决定了其成像面积的大小。因此,人们就用光导摄像管的直径尺寸来表示不同感光面积的产品型号。CCD 出现之后,最早被大量应用在摄像机上,也就自然而然沿用了光导摄像管的尺寸表示方法,进而扩展到所有类型的图像传感器的尺寸表示方法上。

例如,型号为"1/1.8"的 CCD 或 CMOS,就表示其成像面积与一根直径为 1/1.8 英寸的光导摄像管的成像靶面面积近似。光导摄像管的直径与 CCD/CMOS 成像靶面面积之间没有固定的换算公式,从实际情况来说,CCD/CMOS 成像靶面的对角线长度大约相当于光导摄像管直径长度的 2/3。

视觉配置单见表 5-2。

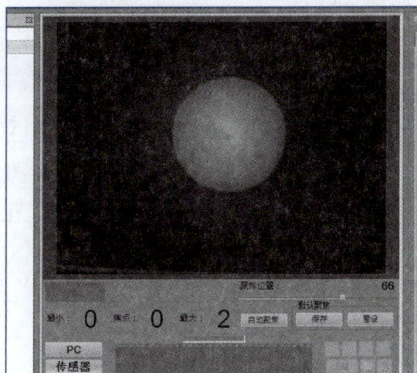

图 5-15 工件的轮廓

延伸阅读
图像传感器原理介绍——CCD 和 CMOS

表 5-2 视觉配置单

设备	型号
视觉设备型号	IS 7200-C1,无 Patmax
镜头类型	M12
以太网电缆	标准型号
电源和 I/O 分接电缆	标准型号

5.1.3 视觉系统设计

1. 视觉设备的电气连接

该智能相机具有如图 5-16 所示的连接口。各连接口的作用如下。

① ENET 连接口:将视觉系统连接到网络。ENET 连接口为外部网络设备提供以太网连接。

② LIGHT 连接口:将视觉系统连接到外部光源设备。本项目没有用到。

③ PWR 连接口:连接电源和 I/O 分接电缆。

该智能相机有 2 根电缆需要连接。

① 以太网电缆,用于连接视觉系统和其

图 5-16 智能相机连接口

微课
康耐视相机电气连接

课件
康耐视相机电气连接

他网络设备,如图 5-17 所示。

其接法如下。

步骤 1:将以太网电缆的 M12 连接口与视觉系统的 ENET 连接口连接。

步骤 2:将以太网电缆的 RJ-45 连接口与交换机或工业机器人连接。

② 电源和 I/O 分接电缆,电源和 I/O 分接电缆可提供与外部电源、采集触发器输入、通用输入、高速输出、和 RS-232 串行通信之间的连接,如图 5-18 所示。

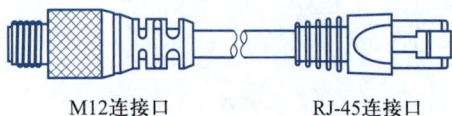

M12连接口   RJ-45连接口

图 5-17 标准以太网电缆

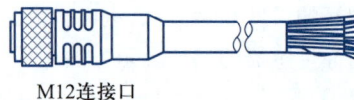

M12连接口

图 5-18 标准电源和 I/O 分接电缆

该分接电缆的规范如图 5-19 所示。

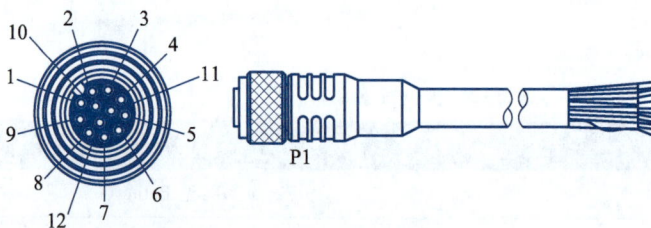

P1

管脚号	信号名称(I/O模式)	导线颜色
1	IN2	黄色
2	IN3	白色/黄色
3	HS OUT2	棕色
4	HS OUT3	白色/棕色
5	IN 1/RS-232接收	紫色
6	INPUT COMMON	白色/紫色
7	24 V	红色
8	24 V COMMON	黑色
9	OUT COMMON	绿色
10	触发	橙色
11	HS OUT0	蓝色
12	HS OUT1/RS-232发送	灰色
屏蔽	屏蔽线	裸线

图 5-19 电源和 I/O 分接电缆引脚

提示
可将不用的裸线剪短或用由非导体材料制成的带子系起来。使所有裸线与 DC +24 V 线保持分开。

其接法如下。

步骤 1:确保系统设备处于断电状态。

步骤 2:I/O 与相应的设备连接。INPUT COMMON(白色/紫色)接到机器人 PLC 输出的电源 0V 口,触发(橙色)接到机器人 PLC 输出的触发相机的 I/O 口。

步骤 3:电源和 I/O 分接电缆的连接。把 24 V(红色导线)以及 24 V Common (黑色导线)与分别接到直流电源的 24 V、0 V 口。

步骤4：将电源和I/O分接电缆的M12连接口与视觉系统上的PWR连接口连接。

步骤5：恢复对DC 24V电源供电并根据需要打开电源。

2. 视觉设备的软件设置

本项目对智能相机的应用，是机器视觉的典型应用：识别、引导。针对该款智能相机，其视觉系统的软件设置应用程序需要在In-Sight Explorer软件中以电子表格的形式编写。

步骤1：选择【查看】菜单中的【电子表格】命令，即进入电子表格界面。

步骤2：选择【文件】菜单中的【新建作业】命令出现图5-20所示提示框。

单击【是】按钮，进入如图5-21所示的新电子表格。

表格中A0单元格为当前相机拍摄的图像，后续的作业都是对这个图像的数据进行处理，得出需要的结果：工件坐标。

步骤3：图像设置。

① 双击A0单元格（后续简称AX，即指该单元格），设置见表5-3中参数。

② 设置完成后，单击【触发器】按钮（图5-22），相机拍摄一次。单击【重叠】按钮（图5-23），关掉电子表格页面，观察图像是否良好（图5-24）。

提示

相机后部还有一个光源电缆接口，因所购买的视觉系统是M12镜头配置，该视觉系统出厂时已预先安装了镜头和环形灯，故不需要连接光源电缆，接口已封住。

微课

电子表格设计步骤

课件

电子表格设计步骤

图5-20 【新作业】选择

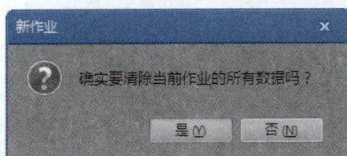

图5-21 新电子表格

表5-3 图像设置参数

触发器	相机	采用"相机"触发方式触发拍照
曝光	20	相机的曝光时间，按光源情况，设置为20 ms。与光源控制：光源强度有关，二者配合使用
光源控制：模式	曝光控制	"曝光控制"模式下，只有在采集图像时，LED光源才会点亮
光源控制：光源强度	100	相机自带LED光源的强度，为百分比数值
其他参数	默认值	采用默认值即可

图5-22 触发器图示

图5-23 重叠图示

图5-24 拍摄图像

③ 观察完毕，单击【重叠】按钮，恢复电子表格。

步骤4：自动对焦。

① 选中 A2 单元格,在软件界面右侧面板中【函数】标签的【聚焦】函数组中,选中【EditFocusPosition】函数(后续简称为:【x】函数组【y】),并双击,函数即添加到 A2 单元格。

② 双击【自动聚焦区域】,即出现聚焦区域设置界面,如图 5-25 所示。

调整红色框的范围即可。该聚焦区域可设置为物料查找区域,在此区域内识别物料,进行作业。

提示

该步骤与步骤三配合调节,得到清晰的物料图像。

③ 设置完毕后,A3 单元格自动生成【自动聚焦】按钮。单击该按钮,相机自动聚焦完毕,如图 5-26 所示。

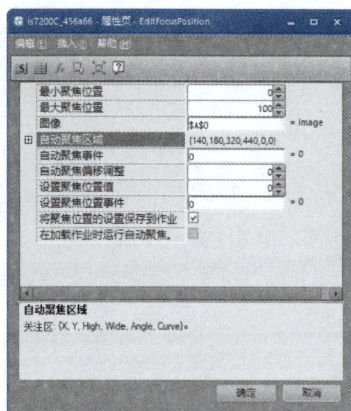

图 5-25　自动聚焦属性页

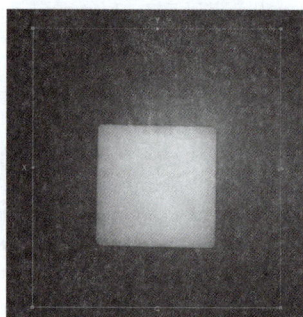

图 5-26　聚焦图片

步骤 5:使用方格图校准图像,然后建立校准后图像与机器人坐标的转换关系

① 使用方格图校准图像,将图像的像素坐标转换为真实尺寸坐标。

选中 A5 单元格,选中【坐标变换】【校准】【CalibrateGrid】函数并双击,出现设置界面。

② 按图 5-27 设置参数,单击【打印网格】按钮,打印图 5-28 所示图片。

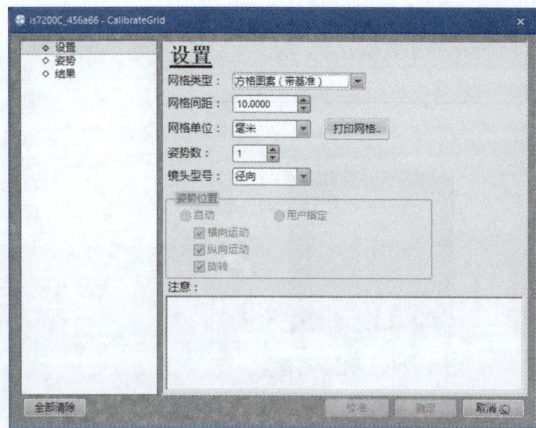

图 5-27　坐标转换设置

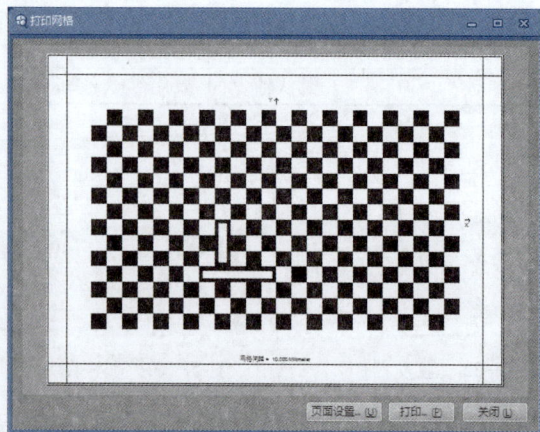

图 5-28　网格图

将打印的方格图案放置到相机的视野中,选择【姿势】菜单中的【触发器】命令,视觉相机识别出方格图案黑白交叉点位,并将像素坐标转换为真实尺寸坐标,如图 5-29 所示。

可以找到,图中 5 左上角的点位为转换后真实尺寸坐标的原点位置,X 正方向向下,Y 正方向向右,如图 5-30 所示。

图 5-29 X 方向标注网格图

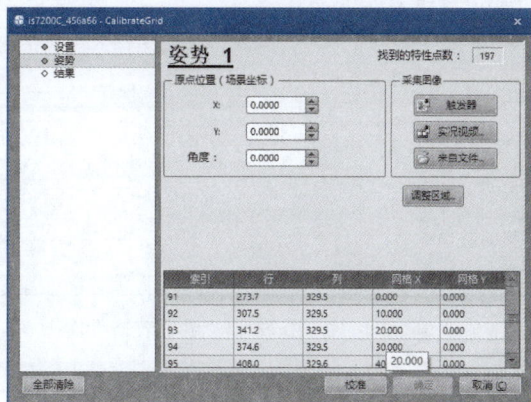

图 5-30 姿势设置界面

单击【校准】按钮,生成校准结果。单击【确定】按钮即可。真实尺寸坐标建立完毕。

选中 B5 单元格,选中【坐标变换】【校准】【CalibrateImage】函数并双击,打开设置界面。双击【校准】按钮,再双击 A5,即将参数设置为"A5",如图 5-31 所示。

至此,建立新的真实坐标图像,放置在 B5 单元格中。

③ 使用方格图案,按照新的真实尺寸坐标,建立与机器人世界坐标的关系。

首先在方格图上标记 9 个点位序号,并确定各点的真实尺寸坐标,以各点位序号的左下角为准。如点位"1"的坐标为 X:-10,Y:-20。将 9 个点位的 X 坐标填写到电子表格的 F5~F13,将 Y 坐标填写到电子表格的 G5~G13。

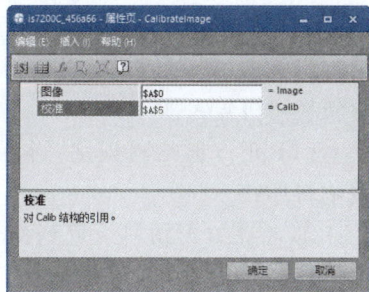

图 5-31 校准界面

提示

此处调用 CalibrateImage 函数的作用为,将"A0"中的图像,按照"A5"的像素坐标与真实尺寸坐标的关系,转换为新的真实尺寸坐标图像,放置在 B5 单元格中。

提示

此处,【校准】中的数值"A5",指绝对引用"A5"单元格的数值,如果将 A5 中的函数调整到其他单元格位置,该引用数值会更新为新单元格位置。数值不变。

在世界坐标系下移动机器人,使末端执行器的抓取点分别处于 9 个点位的正上方,记录机器人世界坐标系下 X 坐标数值到电子表格的 H5~H13,Y 坐标数值记录到电子表格的 I5~I13。

选中 A8,选中【坐标变换】【校准】【CalibrateAdvanced】函数并双击,然后框选 F5~I13,即选中 F5:I13 的坐标数据区域。按【Enter】键完成。

至此,真实尺寸坐标图像 B5 与机器人世界坐标系的坐标变换关系建立了,即 A8。完成此步骤后,即可将方格图撤下,将物料放置到相机的视野中再次拍照,在

提示

使用 A0 的图像也可以校准出像素图像与机器人世界坐标系的坐标变换关系。去掉步骤 5 中第 1 个操作,第 2 个操作中 9 个点位的识别使用【图形】【控件】【Edit-Point】函数。此处作为课后练习。

提示

这两种方法,前者精度高,标定速度快。需要特别注意的是,使用像素坐标生成的坐标变换关系"A8"与使用真实尺寸坐标所生成的坐标变换关系"A8"不同,在后续引用该转换关系时,若"A8"是由真实尺寸坐标生成的,则图像要引用真实坐标图像"B5",依次类推。

A0 中生成像素坐标图像,在 B5 中生成真实尺寸坐标图像。

此时的电子表格如图 5-32 所示。

步骤 6:设置智能相机与机器人的通信方式,并返回通信成功标志。

选中 A15,选中【输入/输出】【网络】【TCPDevice】函数并双击,如图 5-33 所示。参数按默认即可。单击【确定】按钮,通信方式设置完毕。

图 5-32　电子表格界面 1

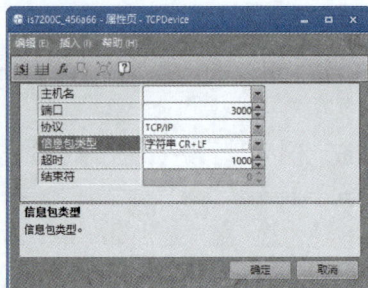

图 5-33　通信设置界面

观察到【信息包类型】为"字符串 CR+LF"。后面会用到。

智能相机作为服务器,机器人向智能相机请求数据,故【主机名】为空值,即表示相机作为服务器。

在 B15 会自动添加一个函数【ReadDevice】,如图 5-34 所示。当机器人与相机建立连接后,会发送返回数据。此函数用来读取返回数据并显示。

图 5-34　电子表格界面 2

步骤 7:正方形物料识别,得到物料坐标并设置物料形状数据,然后将物料坐标转换为机器人坐标。

(1)正方形物料识别,得到物料坐标并设置物料形状

① 将正方形物料放到相机视野中,单击【触发器】拍照。

② 选中 A18,选中【视觉工具】【图案匹配】【FindPatterns】函数并双击。如图 5-35 所示,设置见表 5-4 中参数。

③ 双击【查找区域】按钮,拖动红框,设置查找物料的区域,即相机工作区域。与步骤 4 的操作 2 相同。

④ 双击【模型区域】按钮,拖动红框,将物料全部包含,但不必过大。

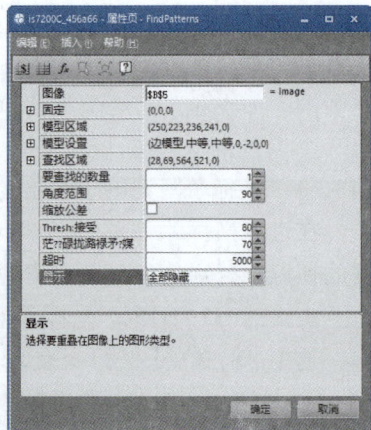

图 5-35　图像查找设置界面

表 5-4　图案匹配参数

参数	值	说明
图案	B5	因 A8 的转换关系由 B5 生成,故此处图案引用 B5,绝对引用
角度范围	90	正方形物料,旋转 90 度与原图形一致。在此范围内可以有效识别物料
Thresh:接受	80	引用 FindPatterns 函数识别图像后,会返回一个得分,设置 80 以上为有效识别
其他参数	默认值	

⑤ 单击【重叠】按钮,观察物料的识别情况,如图 5-36 所示。图中,深蓝色边框为设置的"查找区域"。

鼠标选中【模型区域】项,即高亮显示为红色。

绿色边框及十字坐标为相机识别物料自动生成的边框。十字坐标的原点位置"⊕"为相机自动识别的物料中心位置,是在此步骤中要得到的物料坐标位置,即机器人末端执行器的抓取位置。如果此圆圈不在物料的中心位置,则双击【模型设置】按钮,将圆圈调整到物料中心,按【Enter】键完成设置。

⑥ 单击【确定】按钮,完成设置,即得到该正方形物料的中心坐标值,如图 5-37 所示。

图中除 A18,文字为"FindPatterns"函数生成,其他数据为"FindPatterns"函数调用其他函数生成,这些函数均可以手动修改。以 E18 为例,方法为:双击 A18,即显示函数及引用的单元格,改为其他函数或数值即可。

图 5-36　工件照片图

图中,深蓝色边框为设置的"查找区域"。

图 5-37　物料中心坐标值示意图

⑦ 在 H17 添加"¦形状",在 I17 添加"¦颜色"。

⑧ 双击 H18,输入"If(G18>80,1,0)"。

此处为用输入的方式调用"If"函数。G18 为单元格,其值为上图中"FindPatterns"函数生成的得分数值 95.840。该函数的作用为:如果 G18 的数值大于 80,则返回值"1",否则返回值"0"。

用"1"表示正方形,用"2"表示三角形,用"3"表示圆形。此处相机拍摄正方形物料,得分 95.840,大于 80,将此物料标记为"1"正方形。后面会用到。

⑨ 双击 I18,输入"1"。即"颜色"数值为 1,机器人需要的数据格式中有此项,设定一个无意义的数值满足格式要求。此项目用不到。

完成后的电子表格如图 5-38 所示。

16	正方形物料识别,得到物料坐标并设置物料形状数据,然后将物料坐标转换为机器人坐标							
17		索引	行	Col	角度	缩放比例	得分	形状	颜色
18	🔒Patterns	0.000	-0.455	-1.875	-0.977	100.000	94.605	1.000	1.000

图 5-38　机器人转换坐标表格示意图

（2）将所得物料坐标按 A8 单元格的转换关系转换为机器人坐标

① 按表 5-5 输入文字。

表 5-5　坐标转换表

单元格	输入文字	说明
B20	转换处理	本组单元格的作用是把"FindPatterns"所得的数据进行转换处理
C20	CamX	相机真实尺寸 X 坐标值
D20	CamY	相机真实尺寸 Y 坐标值
E20	CamA	相机真实尺寸坐标角度值
C22	RobotX	转换完成的机器人 X 坐标值
D22	RobotY	转换完成的机器人 Y 坐标值
E22	RobotA	转换完成的机器人坐标角度值

② 按表 5-6 输入函数。

表 5-6　函数输入表

单元格	输入函数	说明
C21	ErrFree（C18）	若"C18"数据正确,则返回其数值,否则,将单元格数值设为"0"
D21	ErrFree（D18）	若"D18"数据正确,则返回其数值,否则,将单元格数值设为"0"
E21	ErrFree（E18）	若"E18"数据正确,则返回其数值,否则,将单元格数值设为"0"

③ 选中 B23,选中【坐标变换】【校准】【TransFixtureToWorld】函数并双击。并按表 5-7 设置参数。

表 5-7　坐标参数设置表

参数	值	说明
校准	A8	引用"A18"的转换关系
固定:行	C21	将"C21"中的数值转换为机器人世界坐标
固定:列	D21	将"D21"中的数值转换为机器人世界坐标
固定:角度	E21	将"E21"中的数值转换为机器人世界坐标
其他参数	默认值	

提示

"ErrFree（C18）"函数的作用:视觉相机识别的物料不是正方形时,则 C18 返回错误结果,显示"#ERR",使用该函数将此错误结果转换为空单元格,即输出数值"0"以阻断错误传播。当物料是正方形时显示正确数值。在电子表格制作过程中,此方法能加快制作速度。在复制粘贴或整体编辑时,不会因为某单元格引用错误数据而导致无法编辑。

完成后本部分电子表格如图 5-39 所示。

步骤 8:将所得物料坐标格式化后,按条件发送。

① 选中 A25,选中【文本】【字符串】【FormatString】函数并双击,按图 5-40 设

16	正方形物料识别，得到物料坐标并设置物料形状数据，然后将物料坐标转换为机器人坐标							
17		索引	行	Col	角度	缩放比例	得分	形状	颜色
18	⊞Patterns	0.000	-0.455	-1.875	-0.977	100.000	94.605	1.000	1.000
19	将所得物料坐标按A8单元格的转换关系转换为机器人坐标							
20		转换处理	CamX	CamY	CamA			
21			-0.455	-1.875	-0.977			
22			RobotX	RobotY	RobotA			
23	⊞Fixture		567.624	-298.667	-0.960			

图 5-39　电子表格示意图 1

置，单击【确定】按钮完成。

② 单击 A26，选中【FormatString】函数并双击，按图 5-41 设置。

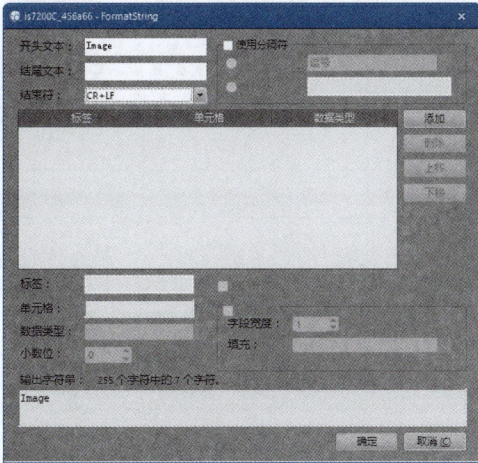

图 5-40　发送界面 1

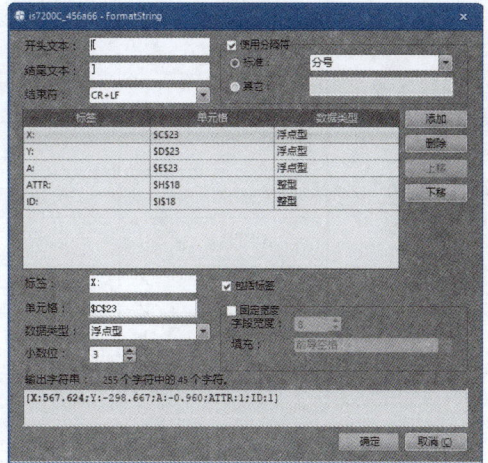

图 5-41　发送界面 2

以"标签 X："为例，单击【添加】按钮，选中 C23 并双击，修改标签为"X："，勾选
"包括标签"，小数位设置为"3"。依次添加完毕。

③ 选中 A27，按操作 1 的方法设置为图 5-42 所示。

图 5-42　发送界面 3

提示

结束符选"无"。

机器视觉系统选型和设计　任务一

相机数据通过 TCP/IP 通信发送给机器人时,机器人需要的字符串格式为:

```
Image
[X:  ;Y:  ;A:  ;ATTR:  ;ID:  ]
Done
```

其中各字符含义见表 5-8。

表 5-8　字符含义表

字符	名称	说明
Image	字符串开头文本	结束符为换行+回车,即 CR+LF
[	数据起始字符	左中括号
X: ;	X 坐标,以分号结束	
Y: ;	Y 坐标,以分号结束	
A: ;	A 角度值,以分号结束	
ATTR: ;	形状识别字符	
ID: ;	预留识别字符	
]	数据结束字符	右中括号,结束符为 CR+LF
Done	字符串结束文本	结束符为 CR+LF

提示

因为在步骤 6 中【信息包类型】为"字符串 CR+LF",因此在此步骤的操作 3 中,Done 的结束符设置为"无"。

④ 选中 F25,写入"！发送条件"。

⑤ 选中 F26,写入函数"If(G18>80,1,0)",其作用为,当 G18 数值大于 80,该单元格输出"1"。

⑥ 选中 H26,找到【输入/输出】【网络】【WriteDevice】函数并双击,依次输入"A0,A15,A25,A26,A27"并回车。逗点为半角状态下输入。

完整单元格内容为:"WriteDevice (A0,A15,A25,A26,A27)",其含义为,基于 A0 图像,经 A15 的通信方式,把 A25、A26、A27 的数据发给机器人。

⑦ 右击 H26,单击【单元格状态】按钮,按图 5-43 设置。

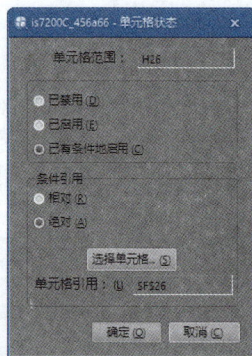

图 5-43　单元格状态设置

其含义为:当 F26 的值为"1"时,该单元格启用。即当相机识别到正方形物料后,启动该单元格,发送正方形物料的坐标数据。

至此,该步骤设置完成,如图 5-44 所示。

图 5-44　电子表格示意图 2

项目 5　视觉和传感系统设计

此时整个电子表格如图 5-45 所示。

步骤 9：重复步骤 7、8，分别识别三角形、圆形物料，并发送，如图 5-46 所示。

图 5-45　电子表格示意图 3

图 5-46　电子表格示意图 4

需要注意的地方见表 5-9。

表 5-9　物料参数设置表

单元格	内容	说明
H30	If(G30>80,2,0)	将三角形的识别码设置为 2
H42	If(G42>80,3,0)	将圆形的识别码设置为 3
E42	0	将圆形的角度数值设置为 0，因为圆形旋转任意角度都是原图形，防止识别误差导致机器人进行了错误旋转
I30	2	设置为 2，与 I18 区别，本项目用不到
I42	3	设置为 3，与 I18 区别，本项目用不到

当所识别的物料不是表格所对应的物料时，即显示"#ERR"。如正在识别正方形物料，则三角形与圆形的"FindPatterns"函数就显示为"#ERR"。可以观察到"转换处理"部分均显示为"0"，即为步骤 7 的操作 2 中调用函数的作用。此时可进行整体的修改而不受"#ERR"错误的影响。

步骤 10：单击【联机】按钮，如图 5-47 所示，即可将此电子表格在智能相机中激活。编写好机器人程序，与相机通信后，即可自动拍照、识别、引导机器人进行抓取作业。

图 5-47　联机示意图

姓名		学习日期	
任务名称	机器视觉系统的选型设计		
学习自评	考核内容		完成情况
	1. 叙述机器视觉的概念、组成及光源类型		□好　□良好　□一般　□差
	2. 视觉设备的选型		□好　□良好　□一般　□差
	3. 视觉设备连接与设置		□好　□良好　□一般　□差
	4. 编制电子表格		□好　□良好　□一般　□差
学习心得			

任务二　传感系统和智能传感器

传感技术、计算机技术、通信技术被称为信息技术的三大支柱。从物联网角度看,传感技术是衡量一个国家信息化程度的重要标志。传感技术是关于从自然信源获取信息,并对之进行处理(变换)和识别的一门多学科交叉的现代科学与工程技术,它涉及传感器(又称换能器)、信息处理和识别的规划设计、开发、制/建造、测试、应用及评价改进等活动。

5.2.1　传感器概述

传感器(transducer/sensor)是一种检测装置,能感受到被测量的信息,并能将感受到的信息按一定规律变换成为电信号或其他所需形式的信息输出,以满足信息的传输、处理、存储、显示、记录和控制等要求。

1. 传感器的结构

传感器一般由敏感元件、转换元件、变换电路、辅助电源四部分组成,如图 5-48 所示。

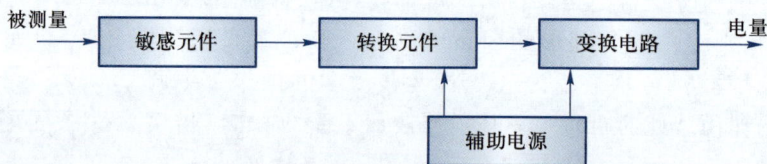

被测量　→　敏感元件　→　转换元件　→　变换电路　→　电量

辅助电源

图 5-48　传感器组成

敏感元件直接感受被测量,并输出与被测量有确定关系的物理量信号;转换元件将敏感元件输出的物理量信号转换为电信号;变换电路负责对转换元件输出的电信号进行放大调制;转换元件和变换电路一般还需要辅助电源供电。

传感器的特点包括微型化、数字化、智能化、多功能化、系统化、网络化。它不仅促进了传统产业的改造和更新换代,而且还可能建立新型工业,从而成为 21 世纪新的经济增长点。微型化是建立在微电子机械系统(MEMS)技术基础上的,已成功应用在硅器件上做成硅压力传感器。

2. 传感器主要类型

(1)按用途

压力敏和力敏传感器、位置传感器、液位传感器、能耗传感器、速度传感器、加速度传感器、射线辐射传感器、热敏传感器。

(2)按原理

振动传感器、湿敏传感器、磁敏传感器、气敏传感器、真空度传感器、生物传感器等。

(3)按结构

基本型传感器:是一种最基本的单个变换装置。

组合型传感器:是由不同单个变换装置组合而成的传感器。

应用型传感器:是基本型传感器或组合型传感器与其他机构组合而成的传感器。

(4)按作用形式

传感器按作用形式可分为主动型和被动型传感器。

主动型传感器又有作用型和反作用型,这种传感器能对被测对象发出一定探测信号,能检测探测信号在被测对象中所产生的变化,或者由探测信号在被测对象中产生某种效应而形成信号。检测探测信号变化方式的称为作用型,检测产生响应而形成信号方式的称为反作用型。雷达与无线电频率范围探测器是作用型实例,而光声效应分析装置与激光分析器是反作用型实例。

被动型传感器只是接收被测对象本身产生的信号,如红外辐射温度计、红外摄像装置等。

(5)按测量种类

物理型传感器是利用被测量物质的某些物理性质发生明显变化的特性制成的。

化学型传感器是利用能把化学物质的成分、浓度等化学量转化成电学量的敏感元件制成的。

生物型传感器是利用各种生物或生物物质的特性做成的,用以检测与识别生物体内化学成分的传感器。

3. 传感器选型要素

现代传感器在原理与结构上千差万别,如何根据具体的测量目的、测量对象以及测量环境合理地选用传感器,是在进行某个量的测量时首先要解决的问题。当传感器确定之后,与之配套的测量方法和测量设备也就可以确定了。

(1)测量对象与测量环境

要进行一个具体的测量工作,首先要考虑采用何种原理的传感器,这需要分析

延伸阅读
传感器特性

提示
测量结果的成败,在很大程度上取决于传感器的选用是否合理。

多方面的因素之后才能确定。因为,即使是测量同一物理量,也有多种原理的传感器可供选用。需要根据被测量的特点和传感器的使用条件考虑以下具体问题:量程的大小,被测位置对传感器体积的要求,测量方式为接触式还是非接触式,信号的引出方法,有线或非接触量,传感器的来源是国产还是进口,价格能否承受,还是自行研制。在考虑上述问题之后就能确定传感器的类型,然后再考虑传感器的具体性能指标。

（2）灵敏度

通常,在传感器的线性范围内,希望传感器的灵敏度越高越好。因为只有灵敏度高时,与被测量变化对应的输出信号的值才比较大,有利于信号处理。但要注意的是,传感器的灵敏度高,与被测量无关的外界噪声也容易混入,也会被放大系统放大,影响测量精度。因此,要求传感器本身应具有较高的信噪比,尽量减少从外界引入的干扰信号。

传感器的灵敏度是有方向性的。当被测量是单向量,而且对其方向性要求较高,则应选择其他方向灵敏度小的传感器;如果被测量是多维向量,则要求传感器的交叉灵敏度越小越好。

（3）频率响应特性

提示
在动态测量中,应根据信号的特点(稳态、瞬态、随机等)响应特性,以免产生过大的误差。

传感器的频率响应特性决定了被测量的频率范围,必须在允许频率范围内保持不失真的测量条件,实际上传感器的响应总有一定延迟,希望延迟时间越短越好。传感器的频率响应高,可测的信号频率范围就宽,而由于受到结构特性的影响,机械系统的惯性较大,频率低的传感器可测信号的频率较低。

（4）线性范围

传感器的线性范围是指输出与输入成正比的范围。以理论上讲,在此范围内,灵敏度保持恒定值。传感器的线性范围越宽,则其量程越大,并且能保证一定的测量精度。在选择传感器时,当传感器的种类确定以后,首先要看其量程是否满足要求。但实际上,任何传感器都不能保证绝对的线性,其线性度是相对的。

提示
当所要求测量精度比较低时,在一定的范围内,可将非线性误差较小的传感器近似看作线性的,这会给测量带来极大的方便。

（5）稳定性

传感器使用一段时间后,其性能保持不变化的能力称为稳定性。影响传感器长期稳定性的因素除传感器本身结构外,主要是传感器的使用环境。因此,要使传感器具有良好的稳定性,传感器必须要有较强的环境适应能力。在选择传感器之前,应对其使用环境进行调查,并根据具体的使用环境选择合适的传感器,或采取适当的措施,减小环境的影响。传感器的稳定性有定量指标,在超过使用期后,在使用前应重新进行标定,以确定传感器的性能是否发生变化。在某些要求传感器能长期使用而又不能轻易更换或标定的场合,所选用的传感器稳定性要求更严格,要能够经受住长时间的考验。

提示
对某些特殊使用场合,无法选到合适的传感器,则需自行设计、制造传感器。自制传感器的性能应满足使用要求。

（6）精度

精度是传感器的一个重要的性能指标,它是关系到整个测量系统测量精度的一个重要环节。传感器的精度越高,价格越高。因此,传感器的精度只要满足整个测量系统的精度要求就可以,不必选得过高。这样就可以在满足同一测量目的的诸多传感器中,选择比较便宜和简单的传感器。如果测量目的是定性分析,选用重复精度高的传感器即可,不宜选用绝对量值精度高的;如果是为了定量分析,必须获得精确的测量值,就需选用精度等级能满足要求的传感器。

5.2.2　智能传感器

智能传感器是一种能够对被测对象的某一信息具有感受、检出的功能;能学习、推理判断处理信号;并具有通信及管理功能的一类新型传感器。智能传感器有自动校零、标定、补偿、采集数据等能力。其能力决定了智能传感器还具有较高的精度和分辨率,较高的稳定性及可靠性,较好的适应性,相比于传统传感器还具有非常高的性价比。

1. 智能传感器的结构

智能传感器系统主要由传感器、微处理器及相关电路组成,如图 5-49 所示。传感器将被测的物理量、化学量转换成相应的电信号,送到信号调制电路中,经过滤波、放大、A/D 转换后送达微处理器。微处理器对接收的信号进行计算、存储、数据分析处理后,一方面通过反馈回路对传感器与信号调理电路进行调节,以实现对测量过程的调节和控制;另一方面将处理的结果传送到输出接口,经接口电路处理后按输出格式、界面定制输出数字化的测量结果。微处理器是智能传感器的核心。由于微处理器充分发挥各种软件的功能,使传感器智能化,大大提高了传感器的性能。

提示

早期的智能传感器是将传感器的输出信号经处理和转化后,由接口送到微处理器进行运算处理。

微课

智能传感器

课件

智能传感器

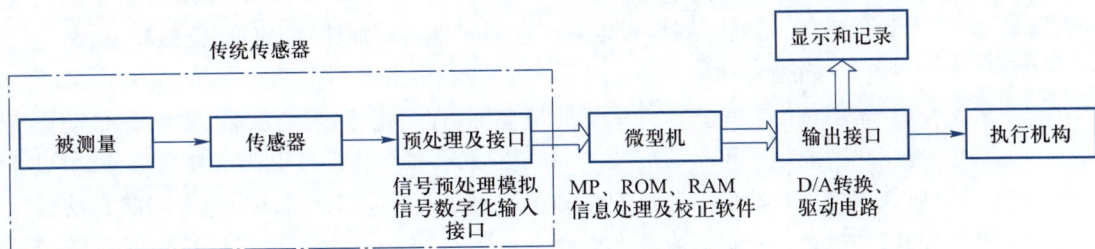

图 5-49　智能传感器的结构

2. 智能传感器的特点

（1）高精度

智能传感器可通过自动校零去除零点,与标准参考基准实时对比自动进行整体系统标定、非线性等系统误差的校正,实时采集大量数据进行分析处理,消除偶然误差影响,保证智能传感器的高精度。

（2）高可靠性与高稳定性

智能传感器能自动补偿因工作条件与环境参数发生变化而引起的系统特性的漂移,如环境温度、系统供电电压波动而产生的零点和灵敏度的漂移;在被测参数变化后能自动变换量程,实时进行系统自我检验,分析、判断所采集数据的合理性,并自动进行异常情况的应急处理。

（3）高信噪比与高分辨力

由于智能传感器具有数据存储、记忆与信息处理功能,通过数字滤波等相关分析处理,可去除输入数据中的噪声,自动提取有用数据。通过数据融合、神经网络技术,可消除多参数状态下交叉灵敏度的影响。

（4）强自适应性

智能传感器具有判断、分析与处理功能,它能根据系统工作情况决策各部分的供电情况、与高/上位计算机的数据传输速率,使系统工作在最优低功耗状态并优化传输效率。

（5）较高的性价比

智能传感器具有的高性能,不是像传统传感器技术那样通过追求传感器本身的完善,对传感器的各个环节进行精心设计与调试,进行"手工艺品"式的精雕细琢来获得的,而是通过与微处理器/微计算机相结合,采用廉价的集成电路工艺和芯片以及强大的软件来实现的,所以具有较高的性价比。

3. 智能传感器的主要功能

智能传感器的功能是通过模拟人的感官和大脑的协调动作,结合长期以来测试技术的研究和实际经验而提出来的,是一个相对独立的智能单元。它的出现对原来硬件性能的苛刻要求有所减轻,而靠软件帮助来使传感器的性能大幅度提高。

（1）复合功能

提示
　观察周围的自然现象,常见的信号有声、光、电、热、力、化学等。敏感元件测量一般通过两种方式:直接和间接的测量。

智能传感器具有复合功能,能够同时测量多种物理量和化学量,给出能够较全面反映物质运动规律的信息。如美国加利福尼亚大学研制的复合液体传感器,可同时测量介质的温度、流速、压力和密度。美国 EG&G IC Sensors 公司研制的复合力学传感器,可同时测量物体某一点的三维振动加速度、速度、位移等。

（2）自适应功能

智能传感器可在条件变化的情况下,在一定范围内使自己的特性自动适应这种变化。通过采用自适应技术,由于它能补偿老化部件引起的参数漂移,所以自适应技术可延长器件或装置的寿命。同时也扩大其工作领域,因为它能自动适应不同的环境条件。自适应技术提高了传感器的重复性和准确度,因为其校正和补偿数值已不再是一个平均值,而是测量点的真实修正值。

（3）自检、自校、自诊断功能

普通传感器需要定期检验和标定,以保证它在正常使用时足够的准确度。这些工作一般要求将传感器从使用现场拆卸送到实验室或检验部门进行,对于在线测量传感器出现异常则不能及时诊断。采用智能传感器时,情况则大有改观。首先是,自诊断功能在电源接通时进行自检,诊断测试以确定组件有无故障。其次,根据使用时间可以在线进行校正,微处理器利用存在 E^2PROM 内的计量特性数据进行对比校对。

（4）信息存储功能

信息往往是成功的关键。智能传感器可以存储大量的信息,用户可随时查询。这些信息可包括装置的历史信息。例如,传感器已工作多少小时,更换多少次电源等。也包括传感器的全部数据和图表、组态选择说明,还包括串行数、生产日期、目录表、最终出厂测试结果等。内容可以只受智能传感器本身存储容量的限制。智能传感器除了增加过程数据处理、自诊断、组态和信息存储四个方面的功能外,还提供了数字通信能力和自适应能力。

（5）数据处理功能

过程数据处理是一项非常重要的任务,智能传感器本身提供了该功能。智能传感器不但能放大信号,而且能使信号数字化,再用软件实现信号调节。通常,基本的传感器不能给出线性信号,而过程控制却把线性度作为重要的追求目标。智能传感器通过查表方式可使非线性信号线性化。当然对每个传感器要单独编制这种数据表。智能传感器过程数据处理的另一个例子是,通过数字滤波器对数字信号滤波,从而可减少噪声或其他相关效应的干扰。而且用软件研制复杂的滤波器要比用分立电子电路容易得多。环境因素补偿也是数据处理的一项重要任务。微控制器能帮助提高信号检测的精确度。例如,通过测量基本检测元件的温度可获得正确的温度补偿系数,从而可实现对信号的温度补偿。用软件也能实现非线性补偿和其他更复杂的补偿。这是因为查询表几乎能产生任意形状的曲线。有时必须测量和处理几个不同的物理量,这样将给出各自的数据。智能传感器的微控制器使用户很容易实现多个信号的加、减、乘、除运算。在过程数据处理方面,智能传感器可以充分发挥作用。

此外,它把这些操作从中心控制室下放到接近信号产生点也是大有好处的。第一,因为把附加信号发送到控制室花费很大,而用智能传感器就省去了附加传感器和引线的成本。第二,由于附加信息是在信息的应用点检测到的,这样就大大降低了长距离传输引入的负效应(如噪声、电位差),从而使信号更准确。第三,可以简化主控制器中的软件,提高控制环的速度。

（6）组态功能

智能传感器的另一个主要特性是组态功能。信号应该放大多少倍?温度传感器是以摄氏度还是华氏度输出温度?对于智能传感器用户可随意选择需要的组态,如检测范围、可编程通/断延时、选组计数器、动合/动断、8/12 位分辨率选择等。这只不过是当今智能传感器大量组态中的几种。灵活的组态功能大大减少了用户需要研制和更换必备的不同传感器类型和数目。利用智能传感器的组态功能可使同一类型的传感器工作在最佳状态,并且能在不同场合从事不同的工作。

（7）数字通信功能

智能传感器本身带有微控制器,它属于数字式,自然能配置与外部连接的数字串行通信。串行网络抗环境影响(如电磁干扰)的能力比普通模拟信号强得多。把串行通信配接到装置上,可以有效地管理信息的传输,使数据只在需要时才输出。

5.2.3　力觉传感器

在工业机器人应用领域,力觉传感器的应用要求越来越多,用来检测工业机器人的手臂和手腕所产生的力或其所受反力。手臂都分和手腕部分的力觉传感器,可用于控制机器人手所产生的力,在耗力性作业、限制性作业、力协调性作业等方面起到关键的感知作用,特别是在镶嵌类等工业机器人装配工作中,是一种特别重要的传感器。

1. 力觉传感器介绍

力觉传感器是将力的量值转换为相关电信号的器件。下面以发那科力觉传感器为例,介绍力觉传感器与工业机器人结合应用的功能。其具体使用方法不做说明。

发那科力觉传感器是专门针对发那科机器人研制的力觉检测设备,可同时检出施加在机器人工具前端任意方向的外力的 6 个分量的力和力矩。

力觉传感器系统通过把力觉传感器安装到机器人机构内部,并连接到机器人控制装置而构成。通过在力觉传感器上安装外围装置和外部控制设备可以构成综合的系统。

力觉传感器的安装方式有两种,见表 5-10。一种是安装在机器人的手腕上(手持安装),如图 5-50 所示。另外一种是固定在工作台上(固定设置),如图 5-51 所示。

表 5-10 力觉传感器的安装方式

安装方式	说明
手持安装	安装在机器人手腕上使用,是标准的安装方法
固定设置	固定设置在工作台上使用,可以实现机械手部分小型化,但是需要进行坐标系的初始设置

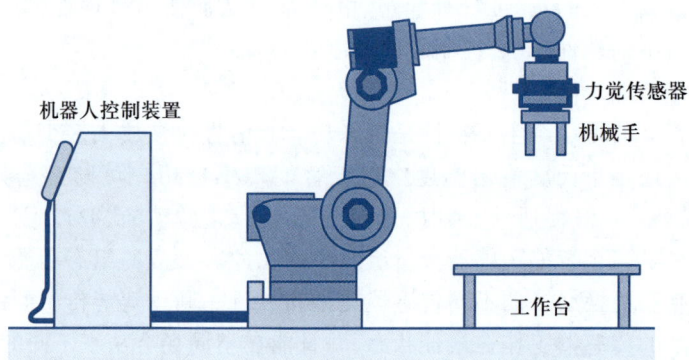

图 5-50 力觉传感器的系统构成(手持安装的情形)

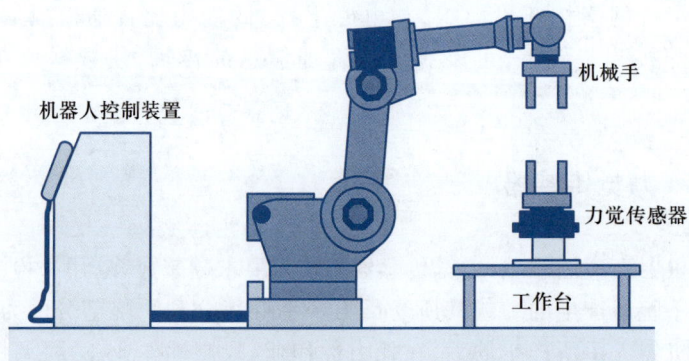

图 5-51 力觉传感器的系统构成(固定设置的情形)

2. 力觉传感器的工作原理

力觉传感器根据力的检测方式不同,可以分为检测应变或应力的应变片式、利用压电效应的压电元件式、用位移计测量负载产生位移的电容位移计式等。对于工业机器人,由于应变片式传感器有价格低廉、适应性强等优点,得到广泛应用。

电阻应变片利用了金属丝拉伸后电阻变大的现象。它被贴在施加力的方向上,用导线接到外部电路上,测定输出电压,得出电阻值的变化。电阻应变片组成电路桥,如图 5-52 所示。

在不施加力的状态下,电路桥上的 4 个电阻是同样的电阻值 R。假如应变片被拉伸,电阻应变片的电阻值增加 ΔR。电路上的各部分的电流和电压值发生变化,它们之间的变化关系为

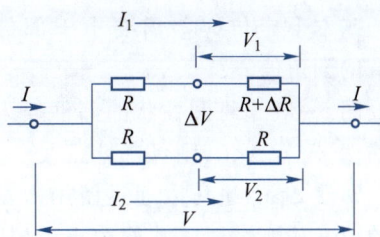

图 5-52 应变片电路桥

$$\left. \begin{array}{l} V = (2R+\Delta R)I_1 = 2RI_2 \\ V_1 = (R+\Delta R)I_1 \\ V_2 = RI_2 \end{array} \right\} \qquad (5-1)$$

因而,电阻值的变化为

$$\Delta R = \frac{4R\Delta V}{V} \qquad (5-2)$$

可以看出,如果已知力和电阻值的变化关系,就可以测出力。

力觉传感器经常装在机器人关节处,通过检测弹性体变形来间接测量所受力。装在机器人关节处的力觉传感器常以固定的三坐标形式出现,有利于满足控制系统的要求。目前出现的六维力觉传感器可实现全力信息的测量,因其主要安装在腕关节处被称为腕力觉传感器。腕力觉传感器大部分采用应变电测原理,按其弹性体结构形式可分为两种:筒式和十字形腕力觉传感器。其中筒式具有结构简单、弹性梁利用率高、灵敏度高的特点;而十字形的传感器结构简单,坐标建立容易,但加工精度高。

3. 力觉控制的功能

(1) 力觉控制的功能

力觉控制中,可通过机器人执行以下作业。

- 机械部件的精密装配。
- 齿轮的啮合。
- 基于恒力的推压。
- 将一个部件的面与另外的部件的面贴合。
- 使用磨床或喷砂机进行部件的研磨。

这些功能按照恒力推压、圆柱装配、相位匹配后装配等应用的种类而分类。

(2) 力觉控制的条件

① 装配的公差。

- 可进行 H7/g7 或 G7/h7 级的装配。

例如,对于孔径 φ10 mm 的工件,间隙配合需要 12 μm 左右。

● 无法进行间隙配合在 0 以下的装配。

② 力觉控制开始时的定位误差。

基本上定位误差需要小于部件所具有的倒角值。

图 5-53 是将圆柱状的部件插入圆孔的例子,若 Δ<C,则可进行插入。

即使 Δ>C,也可以通过使用力觉控制的搜索功能来搜索孔的中心位置,再进行插入。但是,搜索功能将增加作业所需的总时间。

③ 力觉控制功能的种类见表 5-11。

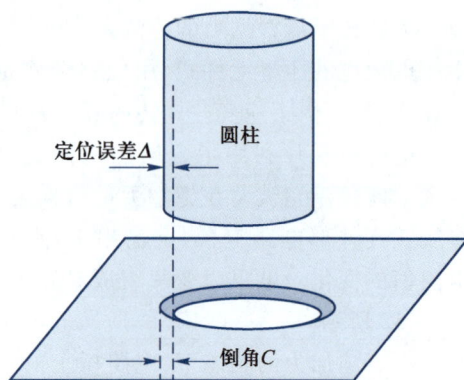

图 5-53　力觉控制功能的应用实例

表 5-11　力觉控制功能的种类

序号	功能种类	功能介绍
1	恒力推压	接触判定、暂时放置、使得工件沿着特定的导槽对齐方向等、希望使得机械手轻轻接触工件时使用的功能
2	平面匹配	向机床的夹具插入工件等、使得抓住的工件与作业对象的面相互对齐时使用的功能
3	圆柱装配	进行圆柱和定位销等的圆柱形机械部件的装配时使用的功能
4	凹槽装配	将四棱柱的工件装配到凹槽中时使用的功能
5	四棱柱装配	将四棱柱的工件装配到四角形的孔中时使用的功能
6	相位匹配后装配	将带有键的圆柱装配到带有键槽的圆孔中,以及装配齿轮等、用于首先进行相位匹配然后再进行装配的功能,与"相位搜索"功能类似;与"相位搜索"相比,参数的设置数较少,但功能因此而受到限制
7	装配后相位匹配	用于首先进行装配然后再进行相位匹配的功能,动作顺序与"相位匹配后装配"相反
8	搜索	在开始力觉控制前执行的,用来补偿初始位置和姿势误差的功能,可补偿除了插入方向外的 5 个方向(2 个平行方向+3 个旋转方向)的误差
9	相位搜索	进行带有键的圆柱和齿轮的装配等、轮齿与轮齿的相位匹配功能,功能上与"相位匹配后装配"类似,但是具有如下的差异: "相位搜索"中如果再相位匹配中感测到力矩,就会反转;通过使得旋转速度和扭矩微秒地变动,进行相位匹配,以免损伤工件; "相位匹配后装配"中,在进行相位匹配后,还会进行装配,但是"相位搜索"中只进行相位匹配;接着进行装配时,要连续执行"圆柱装配"
10	孔搜索	"圆柱装配"和"凹槽装配"等装配作业中,初始位置误差必须小于倒角量;初始位置误差大于倒角量时,需要先使用"孔搜索"来搜索孔的位置;但是,"孔搜索"只是搜索孔的位置,要继续进行装配作业,就需要连续执行"圆柱装配"等功能
11	离合器搜索	可以进行汽车自动变速箱用的离合器组装的功能。同时进行绕插入轴的相位匹配、和与插入轴垂直的平面内的位置搜索
12	仿形	在保持作用力恒定的同时,对加工工件的表面进行仿形的功能。通过与喷砂机等进行组合,即可进行研磨作业
13	仿形结束	结束执行中的仿形功能
14	拧螺丝	通过机器人或者附加轴来拧螺丝的功能。通过力觉传感器进行扭矩管理

4. 力觉控制功能的应用实例(表5-12、图5-54)

表5-12　力觉控制功能的应用实例

序号	说明	示意图	序号	说明	示意图
1	使用"圆柱装配"进行引擎组装(插入带有O标记的定位销)	引擎盖罩 引擎垫块	5	使用"离合器搜索"进行变速箱的组装	变速箱齿轮
2	使用"相位匹配后装配"插入带有键的圆柱	键 键槽	6	使用"相位搜索"进行齿轮部件的相位匹配	齿轮
3	使用"平面匹配"向车床卡具插入	车床卡具 使用"平面匹配"向车床卡具插入	7	使用"孔搜索"来搜索要插入的孔的位置	
4	使用"凹槽装配"向四棱柱部件的凹槽插入		8	使用"仿形"进行工件表面的研磨、去毛刺	被加工工件 磨床

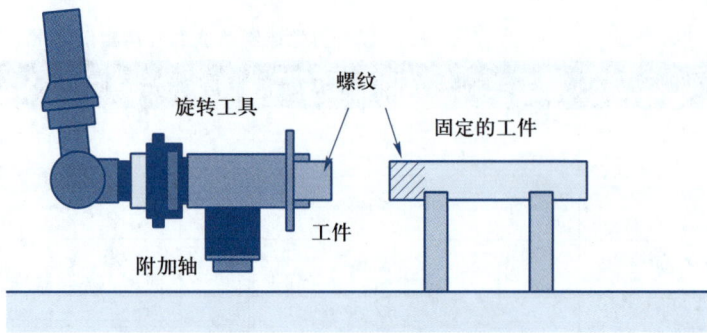

图 5-54　力觉控制功能应用实例

　　此外,图 5-55 所示不是力觉控制功能,而是表示使用力觉传感器在移动中测量工件质量的模式图。

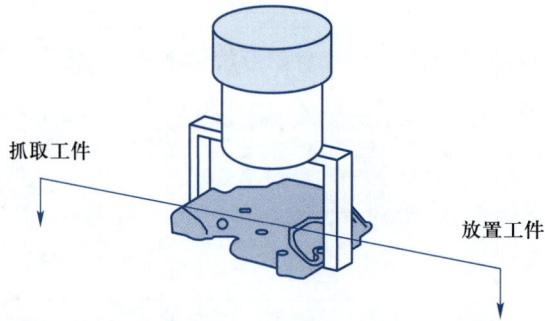

图 5-55　测量移动中工件的质量

任务完成报告

姓名		学习日期	
任务名称	传感器系统与智能传感器		
学习自评	考核内容		完成情况
	1. 简述力觉传感器的功能		□好　□良好　□一般　□差
	2. 列举力觉传感器的应用		□好　□良好　□一般　□差
学习心得			

项目自评

序号	学习目标	知识技能点	自我评估结果		
1	了解机器视觉的应用原理及系统结构	• 机器视觉的原理 • 机器视觉的应用 • 机器视觉的结构	□掌握	□初步掌握	□未掌握
2	掌握视觉设备的基本选型方法	• 视觉设备的选型方法	□掌握	□初步掌握	□未掌握
3	掌握视觉设备的安装、连接方法	• 视觉设备安装 • 视觉设备电气连接	□掌握	□初步掌握	□未掌握
4	掌握电子表格的编制方法	• 视觉软件安装与设置 • 电子表格编制	□掌握	□初步掌握	□未掌握
5	了解力觉传感器的应用	• 力觉传感器的应用场景	□掌握	□初步掌握	□未掌握

学生签字：　　　　　教师签字：　　　　　　年　　月　　日

学习体会

_____

_____

_____

_____

_____

练习题

1. 主要的 4 种视觉是_____、_____、_____、_____。
2. 列出视觉设备的结构。
3. 列明视觉设备选型需要考虑的因素。
4. 简述力觉传感器的工作原理。

参考答案
项目 5 练习题

系统程序设计

本项目以视觉搬运工作站软件系统设计为核心,介绍工业机器人系统集成控制系统程序设计的流程与方法,主要包括 PLC 控制系统程序设计、工业机器人系统程序设计、人机界面组态的思路与方法。这部分的学习内容要求学习者有一定通用型 PLC、触摸屏与工业机器人的使用基础。本项目的学习重点为 PLC 程序的设计与调试、工业机器人程序设计、人机界面的设计与调试方法,以及设备之间的信息交互方式;学习的难点为 PLC 程序的编制思路、人机界面的构建思路,以及工业机器人程序的编制思路。

项目6

学习目标

知识目标
- 掌握工作站网络拓扑的设计与搭建方法。
- 掌握 PLC 程序的设计与编制方法。
- 掌握人机界面的设计与创建方法。
- 掌握埃夫特工业机器人 KEBA 系统常用信号与外围设备的交互思路。
- 掌握工业机器人程序的调试方法。

能力目标
- 能够根据任务要求搭建网络拓扑并实现系统的通信连接。
- 能够根据任务要求设计并编写 PLC 程序。
- 能够根据任务要求设计并构建人机界面。
- 能够根据 PLC 程序内容需要完成工业机器人程序信号的收发。
- 能够根据任务要求设计并编制工业机器人程序。

学习内容

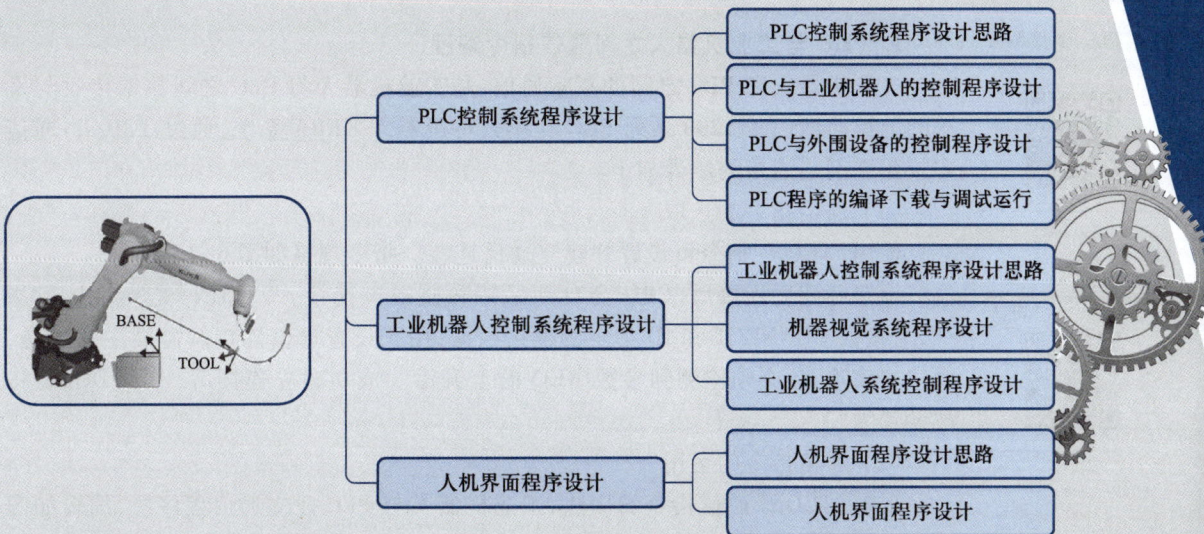

任务一　PLC 控制系统程序设计

本系统集成项目，以 PLC 作为主控制系统，工业机器人、视觉相机、外部电气设备的信号反馈与动作执行都由 PLC 控制器进行逻辑判断，并发送指令。

6.1.1　PLC 控制系统程序设计思路

西门子 S7-1200 系列 PLC 程序的设计与调试，在 TIA 博途软件环境下进行，以本项目为例，讲解 PLC 程序设计思路。

首先，整体上要完全掌握 PLC 逻辑控制任务。通俗地说，就是完全掌握 PLC 要接收哪些信号，控制哪些设备，与哪些设备通过什么协议进行通信，以及所有信号之间的逻辑关系。

其次，给所有信号分配地址，列出地址表，建立存储区。分配地址表尽量归类，便于后期程序的更新和修改。

再次，根据逻辑控制关系，调用指令，进行程序编写。

最后，编译下载、调试运行。

对于本视觉分拣系统集成实训项目，PLC 控制系统的任务主要有以下两大部分。

一是与工业机器人之间的控制程序。PLC 可以与工业机器人通过 PROFINET 通信进行信息的交互，PLC 也可以通过与工业机器人的 I/O 接口进行信息交互。

二是与外围设备的控制程序，主要包括上下料执行机构的自动控制、传送带的驱动控制、安全及报警控制等。

6.1.2　PLC 与工业机器人控制程序设计

1. PLC 与工业机器人之间通信指令编程

工业机器人和 PLC 之间的正常通信，是工业机器人与 PLC 之间数据接收与发送的前提。西门子 1200 系列 PLC 与埃夫特机器人 KEBA 系统，通过 TCP/IP 通信方式建立网络连接的步骤如下。

（1）通信指令的选取

使用"TCON"指令可设置并建立通信连接。指令规格如图 6-1 所示。

设置并建立连接后，CPU 会自动保持和监视该连接。"TCON"是异步执行指令，为参数 CONNECT 和 ID 指定的连接数据，用于设置通信连接。需要注意的是，要建立该连接，必须检测到参数 REQ 的上升沿。成功建立连接后，参数 DONE 将被设置为"1"。

（2）通信指令的运用

根据"TCON"通信指令的用法，工业机器人与 PLC 建立通信程序段，编辑如图 6-2 所示。

参考资料
S7-1200 基本以太网通信使用指南

课件
PLC 通信程序指令

微课
PLC 通信程序指令

延伸阅读
TCP 与 IP 协议

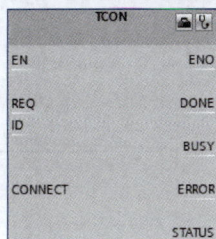

图 6-1　TCON 指令规格

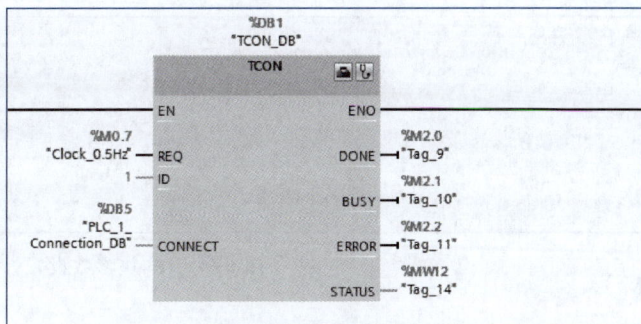

图 6-2　工业机器人与 PLC 建立通信程序段

使用通信指令"TCON"时的注意事项如下。

① 通信指令常常要使用沿触发信号进行检测。可以采用系统内部自带的时钟脉冲信号,右击 CPU,并选择【属性】命令,弹出"属性"对话框,如图 6-3 所示。

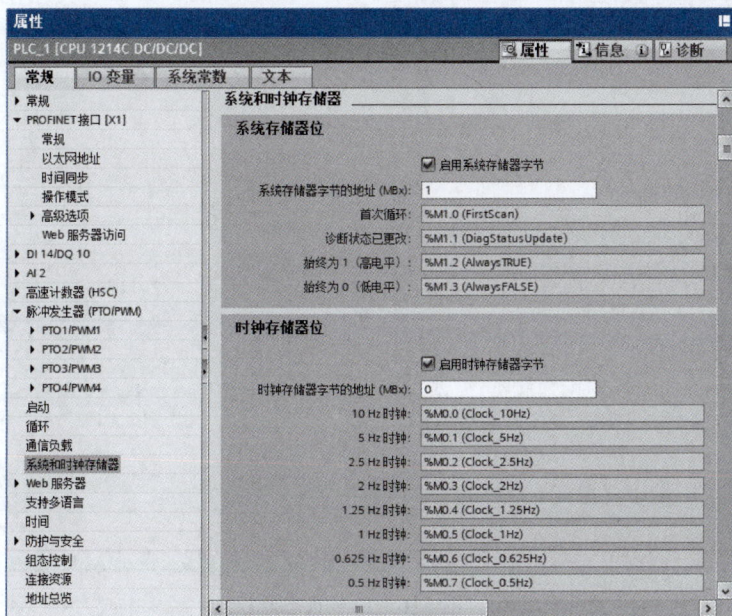

图 6-3　CPU 属性

如果通信对所需要的沿触发时钟脉冲有特殊要求(系统时钟脉冲无法满足时),可以通过手动编写的方式满足时钟脉冲需求。

② CONNECT 参数可以用 DB 块引用。在对应的 DB 块中进行参数设置,项目中的程序使用 DB5,如图 6-4 所示。

③ 通信模块除了连接参数和时钟脉冲外,还会有 DONE、BUSY、ERROR 等状态反馈。如果对这些参数没有特殊需要,通常可以使用中间存储器 M 点占用,这样既可以避免编译时报错,也可以通过监控表对这些数据的状态进行监控,如图 6-5 所示。

	名称	数据类型	启动值	保持性	可从HMI...	在HMI...	设置值	注释
1	▼ Static							
2	InterfaceId	HW_ANY	64		✓	✓		HW-identifier of IE-interface submodule
3	ID	CONN_OUC	1		✓	✓		connection reference / identifier
4	ConnectionType	Byte	16#0B		✓	✓		type of connection: 11=TCP/IP, 19=UDP (17=T...
5	ActiveEstablished	Bool	true		✓	✓		active/passive connection establishment
6	▶ RemoteAddress	IP_V4			✓	✓		remote IP address (IPv4)
7	RemotePort	UInt	3320		✓	✓		remote UDP/TCP port number
8	LocalPort	UInt	2000		✓	✓		local UDP/TCP port number

PLC_1_Connection_DB（创建的快照：2017/9/30 星期六 10:19:22）

图 6-4　DB 块参数设置

使用系统存储区以及输入输出点时,须避免出现"双线圈"或者信号的重复使用,可以通过右击 CPU,选择【分配列表】命令,查看信号的使用情况,如图 6-6 所示。

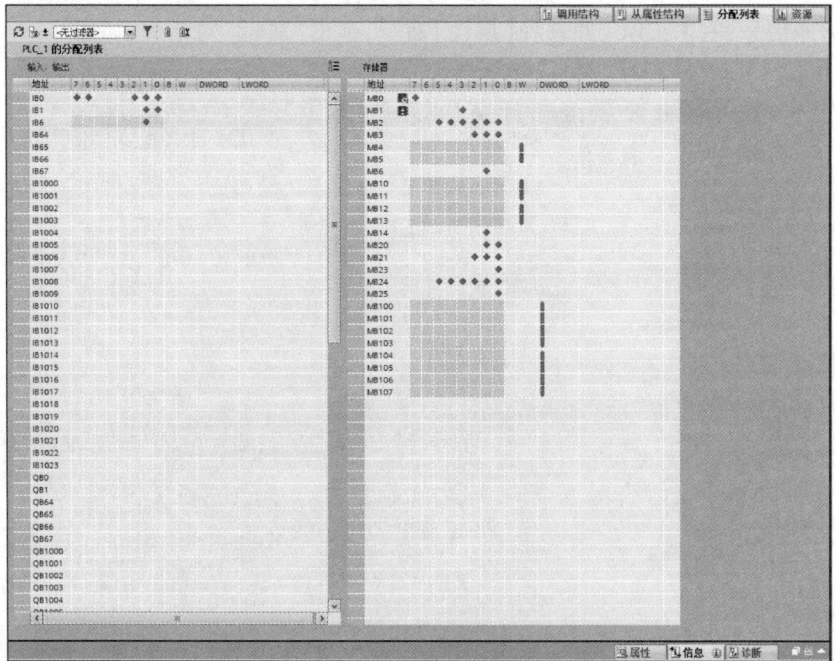

图 6-5　TCON 状态
反馈参数

图 6-6　信号状态监视

2. PLC 数据接收

项目 6 的软件系统中,PLC 的数据接收指的是接收工业机器人发出的数据信息。

（1）数据接收指令的选取

根据 TCP/IP 通信方式,使用"TRCV"指令可以通过现有通信连接接收数据。"TRCV"是异步执行指令,如图 6-7 所示。

参数 EN_R 设置为值"1"时,启用数据接收。接收到的数据将输入接收区。根据所用的协议选项,接收区长度通过参数 LEN 指定(如果 LEN 不等于 0),或者通过参数 DATA 的长度信息指定(如果 LEN＝0)。

接收数据时,不能更改 DATA 参数或定义的接收区,以确保接收到的数据一致。成功接收数据后,参数 NDR 设置值为"1"。可在参数 RCVD_LEN 中查询实际接收的数据量。

（2）数据接收指令的运用

对于接收指定长度的数据,应在 LEN 参数中输入数据长度。在接收完 LEN 参数指定的数据长度后,才能完成数据接收。此后接收区中便有数据了(DATA 参数)。通过输出参数 NDR 报告数据的接收。接收完成后,RCVD_LEN 参数中实际接收的数据长度(以字节为单位)与 LEN 参数中的数据长度一致,如图 6-8 所示。

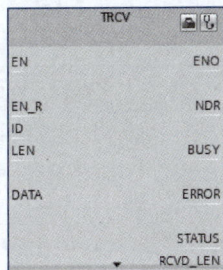

图 6-7 TRCV 指令

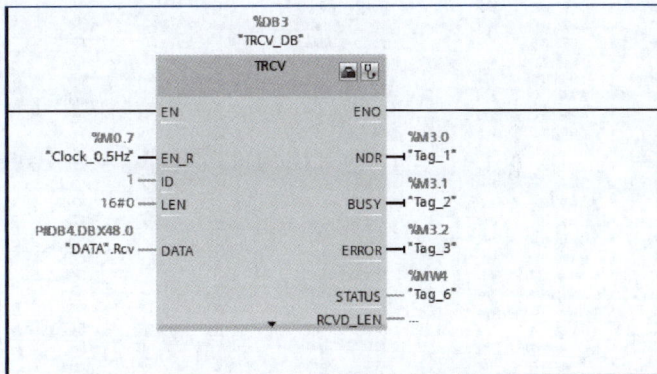

图 6-8 TRCV 指令应用

PLC 数据接收程序段中,DATA 参数用 DB4 占用,并从 DBX48.0 开始接收,如图 6-9 所示。

3. PLC 数据发送

PLC 的数据发送指的是发送工业机器人所接收的数据信息。

（1）数据发送指令的选取

"TSEND"指令可以通过现有通信连接发送数据。"TSEND"是异步执行指令,如图 6-10 所示。

用户使用参数 DATA 指定发送区,包括要发送数据的地址和长度。待发送的数据可以使用除 BOOL、Array of BOOL 外的所有数据类型。

（2）数据发送指令的运用

在参数 REQ 中检测到上升沿时执行发送作业。使用参数 LEN 可指定通过一个发送作业发送的最大字节数,如图 6-11 所示。

PLC 数据发送程序段中,DATA 参数用 DB4 占用,并从 DBX0.0 开始发送,如图 6-12 所示。

4. 工业机器人伺服上电

通常情况下,工业机器人在外部自动运行条件下是无法进行任何操作的。所以工业机器人在外部自动运行时,需要接收伺服上电信号,以确保工业机器人正常使能。

	名称	数据类型	偏移量	启动值	保持性	可从 HMI ...	在 HMI ...	设置值
1	▼ Static							
2	▶ Send	Struct	0.0		☐	☑	☑	
3	▼ Rcv	Struct	48.0		☐	☑	☑	
4	▼ Static_1	Array[0..7] of Byte	0.0		☐	☑	☑	☐
5	Static_1[0]	Byte	0.0	16#0	☐	☑	☑	
6	Static_1[1]	Byte	1.0	16#0	☐	☑	☑	
7	Static_1[2]	Byte	2.0	16#0	☐	☑	☑	
8	Static_1[3]	Byte	3.0	16#0	☐	☑	☑	
9	Static_1[4]	Byte	4.0	16#0	☐	☑	☑	
10	Static_1[5]	Byte	5.0	16#0	☐	☑	☑	
11	Static_1[6]	Byte	6.0	16#0	☐	☑	☑	
12	Static_1[7]	Byte	7.0	16#0	☐	☑	☑	
13	Static_2	DInt	8.0	0	☐	☑	☑	☐
14	Static_3	DInt	12.0	0	☐	☑	☑	☐
15	▼ Static_4	Array[0..31] of Byte	16.0		☐	☑	☑	
16	Static_4[0]	Byte	0.0	16#0	☐	☑	☑	
17	Static_4[1]	Byte	1.0	16#0	☐	☑	☑	
18	Static_4[2]	Byte	2.0	16#0	☐	☑	☑	
19	Static_4[3]	Byte	3.0	16#0	☐	☑	☑	
20	Static_4[4]	Byte	4.0	16#0	☐	☑	☑	
21	Static_4[5]	Byte	5.0	16#0	☐	☑	☑	
22	Static_4[6]	Byte	6.0	16#0	☐	☑	☑	
23	Static_4[7]	Byte	7.0	16#0	☐	☑	☑	
24	Static_4[8]	Byte	8.0	16#0	☐	☑	☑	
25	Static_4[9]	Byte	9.0	16#0	☐	☑	☑	
26	Static_4[10]	Byte	10.0	16#0	☐	☑	☑	
27	Static_4[11]	Byte	11.0	16#0	☐	☑	☑	
28	Static_4[12]	Byte	12.0	16#0	☐	☑	☑	
29	Static_4[13]	Byte	13.0	16#0	☐	☑	☑	
30	Static_4[14]	Byte	14.0	16#0	☐	☑	☑	
31	Static_4[15]	Byte	15.0	16#0	☐	☑	☑	
32	Static_4[16]	Byte	16.0	16#0	☐	☑	☑	
33	Static_4[17]	Byte	17.0	16#0	☐	☑	☑	
34	Static_4[18]	Byte	18.0	16#0	☐	☑	☑	
35	Static_4[19]	Byte	19.0	16#0	☐	☑	☑	
36	Static_4[20]	Byte	20.0	16#0	☐	☑	☑	
37	Static_4[21]	Byte	21.0	16#0	☐	☑	☑	
38	Static_4[22]	Byte	22.0	16#0	☐	☑	☑	
39	Static_4[23]	Byte	23.0	16#0	☐	☑	☑	
40	Static_4[24]	Byte	24.0	16#0	☐	☑	☑	
41	Static_4[25]	Byte	25.0	16#0	☐	☑	☑	

图 6-9 DATA 参数接收列表

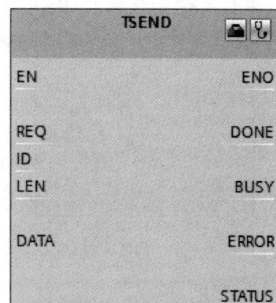

图 6-10 "TSEND" 指令

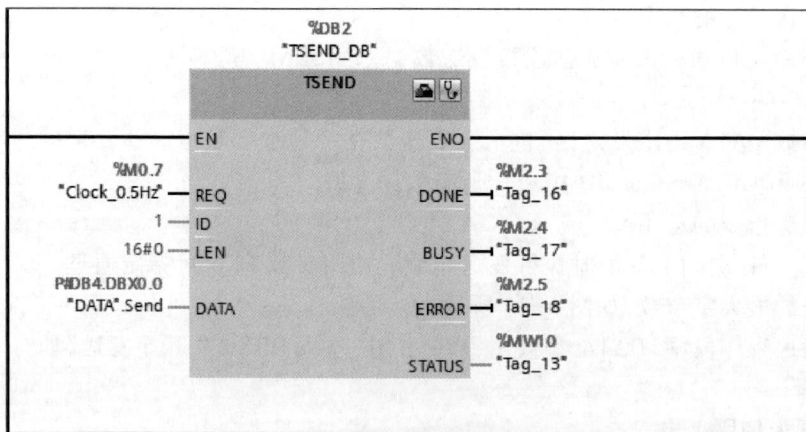

图 6-11 "TSEND" 数据发送指令的应用

图 6-12　DATA 参数发送列表

	名称	数据类型	偏移量	启动值	保持性	可从 HMI...	在 HMI...	设置值
1	▼ Static							
2	▼ Send	Struct	0.0			☑	☑	
3	▼ Static_1	Array[0..47] of Byte	0.0			☑	☑	☐
4	Static_1[0]	Byte	0.0	16#0		☑	☑	
5	Static_1[1]	Byte	1.0	16#0		☑	☑	
6	Static_1[2]	Byte	2.0	16#0		☑	☑	
7	Static_1[3]	Byte	3.0	16#0		☑	☑	
8	Static_1[4]	Byte	4.0	16#0		☑	☑	
9	Static_1[5]	Byte	5.0	16#0		☑	☑	
10	Static_1[6]	Byte	6.0	16#0		☑	☑	
11	Static_1[7]	Byte	7.0	16#0		☑	☑	
12	Static_1[8]	Byte	8.0	16#0		☑	☑	
13	Static_1[9]	Byte	9.0	16#0		☑	☑	
14	Static_1[10]	Byte	10.0	16#0		☑	☑	
15	Static_1[11]	Byte	11.0	16#0		☑	☑	
16	Static_1[12]	Byte	12.0	16#0		☑	☑	
17	Static_1[13]	Byte	13.0	16#0		☑	☑	
18	Static_1[14]	Byte	14.0	16#0		☑	☑	
19	Static_1[15]	Byte	15.0	16#0		☑	☑	
20	Static_1[16]	Byte	16.0	16#0		☑	☑	
21	Static_1[17]	Byte	17.0	16#0		☑	☑	
22	Static_1[18]	Byte	18.0	16#0		☑	☑	
23	Static_1[19]	Byte	19.0	16#0		☑	☑	
24	Static_1[20]	Byte	20.0	16#0		☑	☑	
25	Static_1[21]	Byte	21.0	16#0		☑	☑	
26	Static_1[22]	Byte	22.0	16#0		☑	☑	
27	Static_1[23]	Byte	23.0	16#0		☑	☑	
28	Static_1[24]	Byte	24.0	16#0		☑	☑	
29	Static_1[25]	Byte	25.0	16#0		☑	☑	
30	Static_1[26]	Byte	26.0	16#0		☑	☑	
31	Static_1[27]	Byte	27.0	16#0		☑	☑	
32	Static_1[28]	Byte	28.0	16#0		☑	☑	
33	Static_1[29]	Byte	29.0	16#0		☑	☑	
34	Static_1[30]	Byte	30.0	16#0		☑	☑	
35	Static_1[31]	Byte	31.0	16#0		☑	☑	
36	Static_1[32]	Byte	32.0	16#0		☑	☑	
37	Static_1[33]	Byte	33.0	16#0		☑	☑	
38	Static_1[34]	Byte	34.0	16#0		☑	☑	
39	Static_1[35]	Byte	35.0	16#0		☑	☑	
40	Static_1[36]	Byte	36.0	16#0		☑	☑	
41	Static_1[37]	Byte	37.0	16#0		☑	☑	

埃夫特机器人 KEBA 系统的伺服上电信号属上升沿有效。当工业机器人接收到第一个上升沿信号时,伺服上电有效;再次接收到下一个上升沿时,关闭伺服上电,以此循环,如图 6-13 所示。

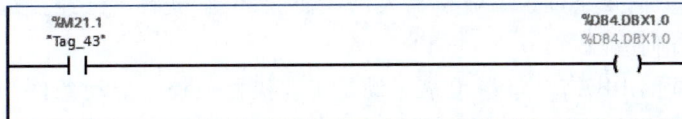

图 6-13　工业机器人伺服上电程序

边沿信号的触发可以通过人机界面中非保持性按钮来实现,即按钮按下时置位变量,松开时复位变量。

5. 工业机器人程序外部启动

工业机器人程序的外部启动信号,一般由 PLC 控制并发送给工业机器人。工业机器人外部启动信号是一个通过沿触发的非保持信号,同时也是一个集合信号,其中包括诸多与启动条件关系密切的信号,如工业机器人是否满足 TCP/IP 程序启动条件、工业机器人是否在工作原点、工业机器人是否准备好以及工业机器人是否存在故障等,如图 6-14 所示。

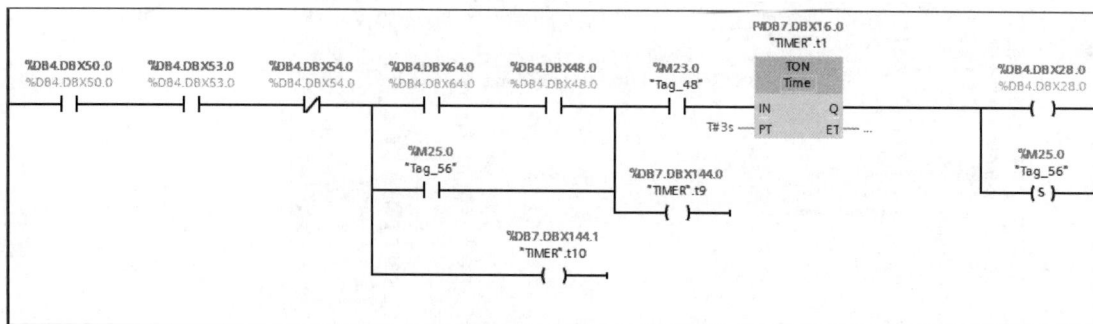

图 6-14　工业机器人程序满足启动条件信号

由于 TCP/IP 网络通信性质,当工业机器人运行模式切换至外部自动运行,且工业机器人程序自动运行后,部分信号才能与 PLC 进行数据交换,如原点区域判断、工业机器人模式判断以及工业机器人运行状态等。

所以在设计工业机器人启动条件程序段时,需要先外部启动工业机器人,再进行程序启动条件判断,如图 6-15 所示。

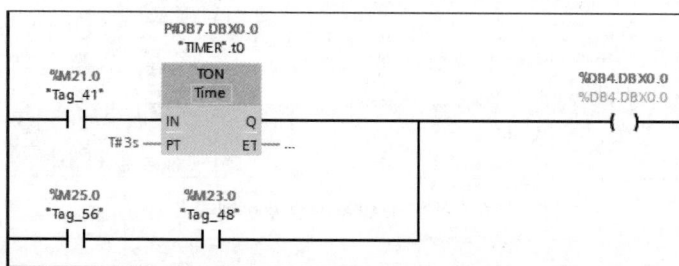

图 6-15　工业机器人连接启动延时

第一处线圈 DB7. DBX144.1 表示满足 TCP/IP 通信启动条件,即程序最开始的运行启动,其满足条件为工业机器人已经使能、工业机器人已经在远程状态、工业机器人无任何故障。

第二处线圈 DB7. DBX144.0 表示满足工业机器人程序启动条件,其满足条件为工业机器人已经使能、工业机器人已经在远程状态、工业机器人无任何故障、工业机器人在原点、工业机器人已经运行。

一般工业机器人程序在首次启动时,需要在原点位置且进行延时启动,这样既保证安全又方便工业机器人生产线统一协调规划。经首次启动后暂停,再次启动则不需要必须在原点位置以及延时启动,从暂停处瞬时启动,继续运行程序即可。

延时程序部分通常选择接通延时型定时器,保持 3 s 以上时间的延时启动。任意位置暂停后再次启动程序部分,可以通过线圈"自保持"的方法将工业机器人原点信号和工业机器人已经在运行信号做并联短接,实现工业机器人程序在任意位置暂停后都可以继续启动运行。

6. 工业机器人程序外部暂停

工业机器人程序外部暂停信号与外部启动信号类似,也是一个通过沿触发的非保持信号。工业机器人接收到外部暂停信号后会立即暂停程序的运行。外部暂停信号通常与循环停止或者产量计数联系在一起。通常除了主动暂停工业机器人程序以外,工业机器人程序一般通过达到一定的产量计数后,自动停止工业机器人程序,如图 6-16 所示。

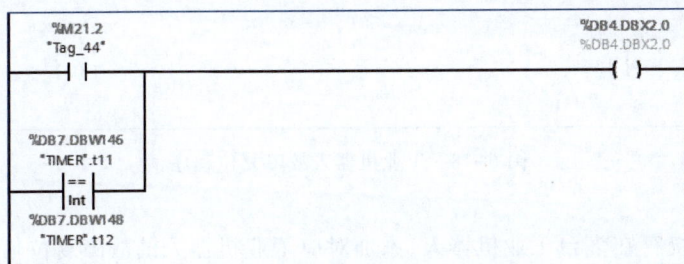

图 6-16　暂停工业机器人程序

产量通常需要在人机界面中进行设定,计数任务由工业机器人发送脉冲信号与 PLC 中的计数器共同实现,如图 6-17 所示。

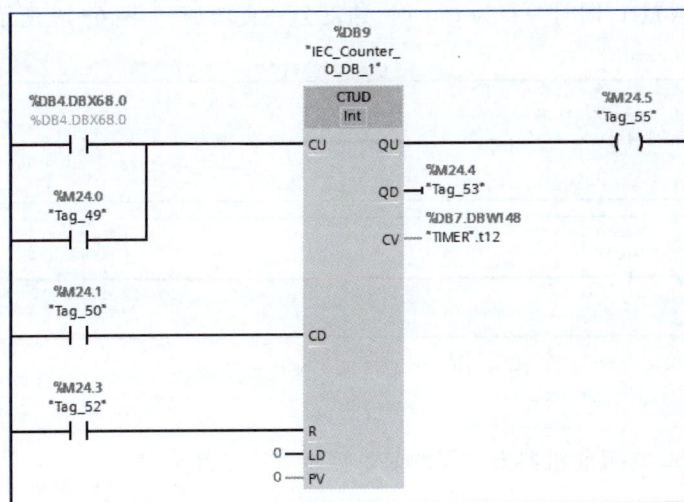

图 6-17　工业机器人产量技术程序

提示

计数器类型也可以选择单加型计数器,同样能够满足计数与复位功能。

程序段中 DB4.DBX68.0 是工业机器人发送的 0.5 s 脉冲信号。工业机器人每完成一次循环任务,就发送一次脉冲信号。程序段中使用的是加减型计数器"CTUD",配合人机界面能够实现手动加减计数与计数器的复位。

7. 工业机器人故障复位

工业机器人自动线在外部自动运行过程中,难免会出现各种各样的故障以及系统报警。此时需要手动复位工业机器人示教器上的报警信息,工业机器人才能继续运行启动。通过工业机器人示教器手动复位故障报警的方式,在单个工业机器人系统中可以实现。但是对于两台或者多台工业机器人系统的自动线,这种复位故障的方式不符合整线控制理念,且复位故障占用时间过多,影响生产效率。

工业机器人故障复位信号可以由 PLC 外部控制,通过人机界面实现统一复位,如图 6-18 所示。

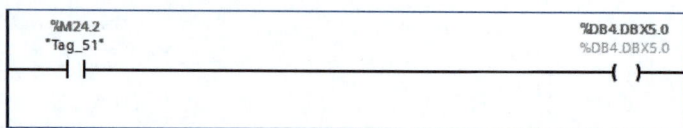

图 6-18　工业机器人故障复位程序

如果系统存在多台工业机器人,添加对应工业机器人的故障复位信号即可。

8. 工业机器人速度外部调节

工业机器人的速度是保证工业机器人生产运行节拍的关键。工业机器人速度调节程序段的设计思路与工业机器人故障复位类似,即通过整线控制的方式,统一调整工业机器人自动运行速度,而非单一手动调整。

埃夫特机器人 KEBA 系统速度调节的信号属上升沿有效。当上升沿有效时,速度量加 1 或减 1,同时一直为 true 时,速度会一直增加,如图 6-19 所示。

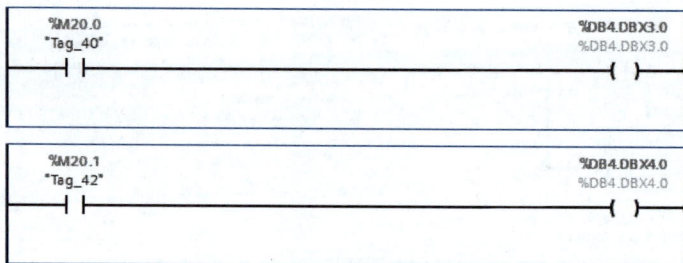

图 6-19　工业机器人速度调节程序

课件
S7 - 1200 运动控制

至此,PLC 与工业机器人之间的基本控制程序已经成型。

6.1.3　PLC 与外围设备控制程序设计

微课
S7 - 1200 运动控制

外围设备的控制主要包括上下料执行机构的自动控制、传送带的驱动控制、安全及报警控制等。上下料执行机构的自动控制和安全报警控制都是数字量的逻辑控制,分配好变量地址,理清逻辑关系,完成梯形图程序编写。此部分比较简单,不再赘述。下面主要介绍 PLC 控制伺服驱动程序设计。

1. 组态轴工艺对象

① 如图 6-20 所示,选择项目树的 CPU 文件夹中的【工艺对象】→【插入新对

象】并双击,打开"插入新对象"对话框。

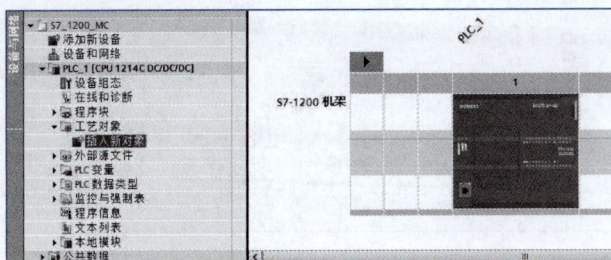

图 6-20 插入新工艺对象

② 如图 6-21 所示,选择命令目录中的【运动控制】→【S7-1200 Motion Control】→【轴】→【TO_Axis_PTO】,并选择【手动】单选按钮,更改 DB 编号为 20,单击【确定】按钮。

③ 组态轴工艺对象基本参数。在轴工艺对象组态界面下,选择【基本参数】→【常规】命令,在【硬件接口】选择区中选择脉冲发生器为"Pulse_1",如图 6-22 所示。

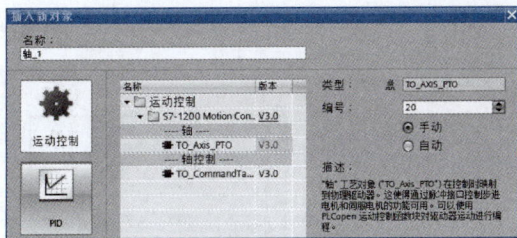

图 6-21 选择对象

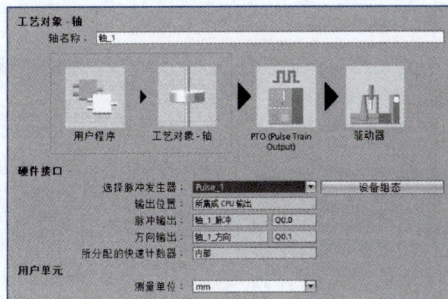

图 6-22 组态轴工艺对象基本参数

④ 组态轴工艺对象扩展参数。选择【扩展参数】→【驱动器信号】命令,在【选择启动输出】下输入"%Q0.4",在【选择输入就绪】下保持默认的"TRUE",如图 6-23 所示。

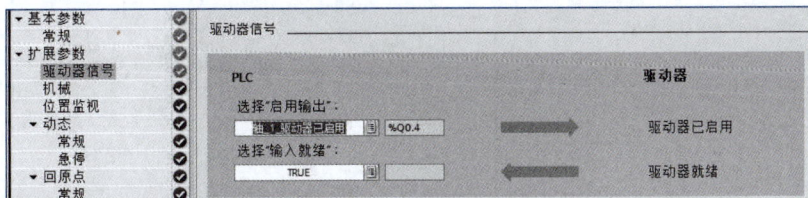

图 6-23 驱动器信号分配

选择【扩展参数】→【机械】命令,在【电机每转的脉冲数】文本框中输入 L 1000,【电机每转的距离】保持默认值 10.0 mm,如图 6-24 所示。

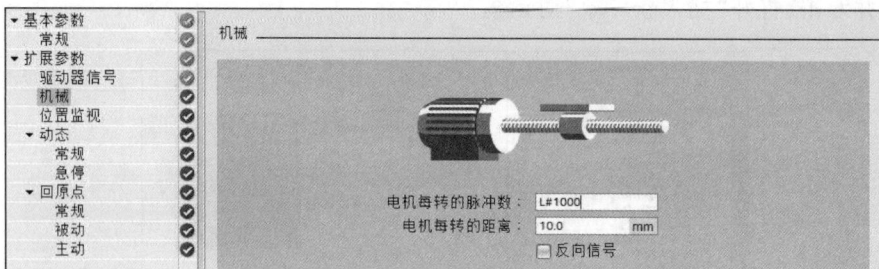

图 6-24　组态机械参数

选择【扩展参数】→【位置监视】命令,选中【激活硬件限位开关】复选框,不要选中【启动软件限位开关】复选框。输入硬件限位开关的下限和上限对应信号,选择电平均为【电平下限】,如图 6-25 所示。

【扩展参数】→【动态】界面下的各参数保持为默认值。选择【扩展参数】→【回原点】命令,在【输入参考点开关】文本框中输入%I0.7,选择【电平上限】选项,如图 6-26 所示。

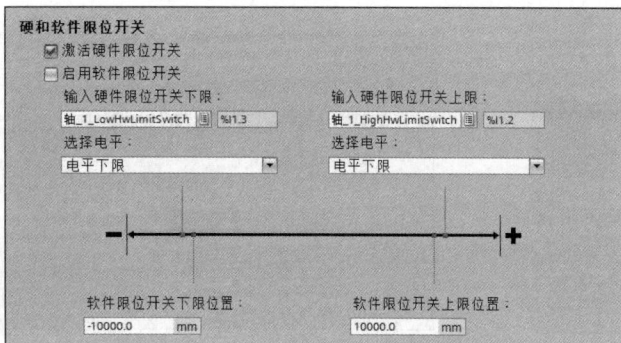

图 6-25　组态限位开关参数

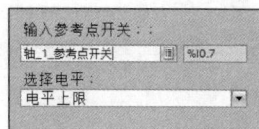

图 6-26　组态参考点开关参数

⑤ 添加"命令表"工艺对象。选择项目树 CPU 文件夹中的【工艺对象】→【插入新对象】命令并双击,如图 6-27 所示。

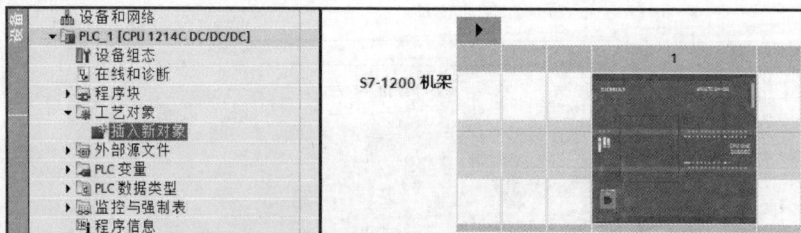

图 6-27　插入新的工艺对象

选择【运动控制】→【S7-1200 Motion Control】→【轴控制】→【TO_Command-Table】命令,并选择【手动】单选按钮,更改 DB 编号为 30,最后单击【确定】按钮,如

图 6-28 所示。

⑥ 组态"命令表"工艺对象。在【命令表】工艺对象参数界面,选择【基本参数】选项;在【命令表】中选择【启用警告】选项。在【使用来自此处的轴参数】中选择已经插入的轴工艺对象,并组态各运动命令序列,如图 6-29 所示。

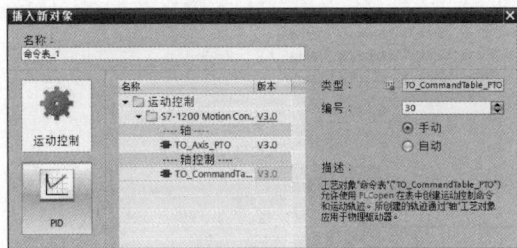

命令表							
☑ 启用警告				使用来自此处的轴参数	轴_1		▼
步进	命令类型	位置/行进路径[m...	速度[mm/s]	持续时间[s]	下一步进	步进代码	
	Separator						
1	Positioning Relative	200.0	25.0	---	命令完成	W#16#0001	
2	Wait	---	---	5.0	命令完成	W#16#0002	
3	Positioning Absolute	0.0	50.0	---	命令完成	W#16#0003	
4	Wait	---	---	5.0	命令完成	W#16#0004	
5	Velocity setpoint	---	10.0	20.0	命令完成	W#16#0000	
6	Halt	---	---	---	命令完成	W#16#0000	
7	Empty						

图 6-28 选择命令表工艺对象   图 6-29 组态命令表基本参数

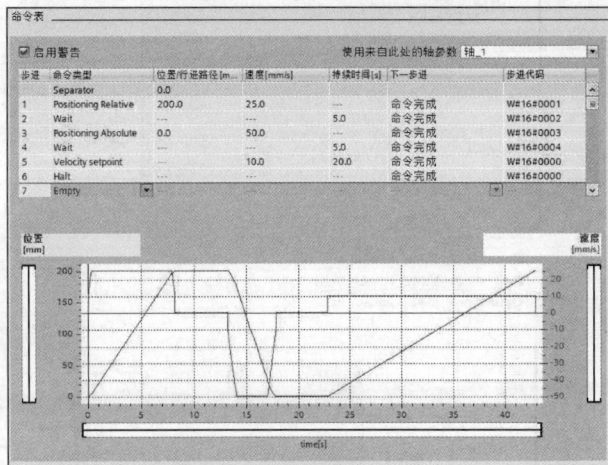

2. 编写程序指令

在用户程序中,可以使用运动控制指令控制轴。这些指令会启动执行所需功能的运动控制任务;可以从运动控制指令的输出参数中获取运动控制任务的状态及任务执行期间发生的错误。

选择项目树的 PLC 中的【程序块】→【Main[OB1]】命令,并双击打开;打开【指令】→【工艺】→【运动控制】→【S7-1200Motion Control】文件夹,选择运动控制过程要求中需要的指令,如图 6-30 所示。

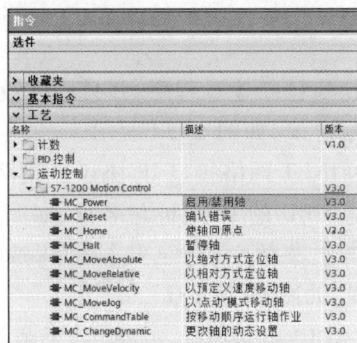

图 6-30 轴控制面板中使能轴

部分指令例程如下。

伺服驱动指令如图 6-31 所示。

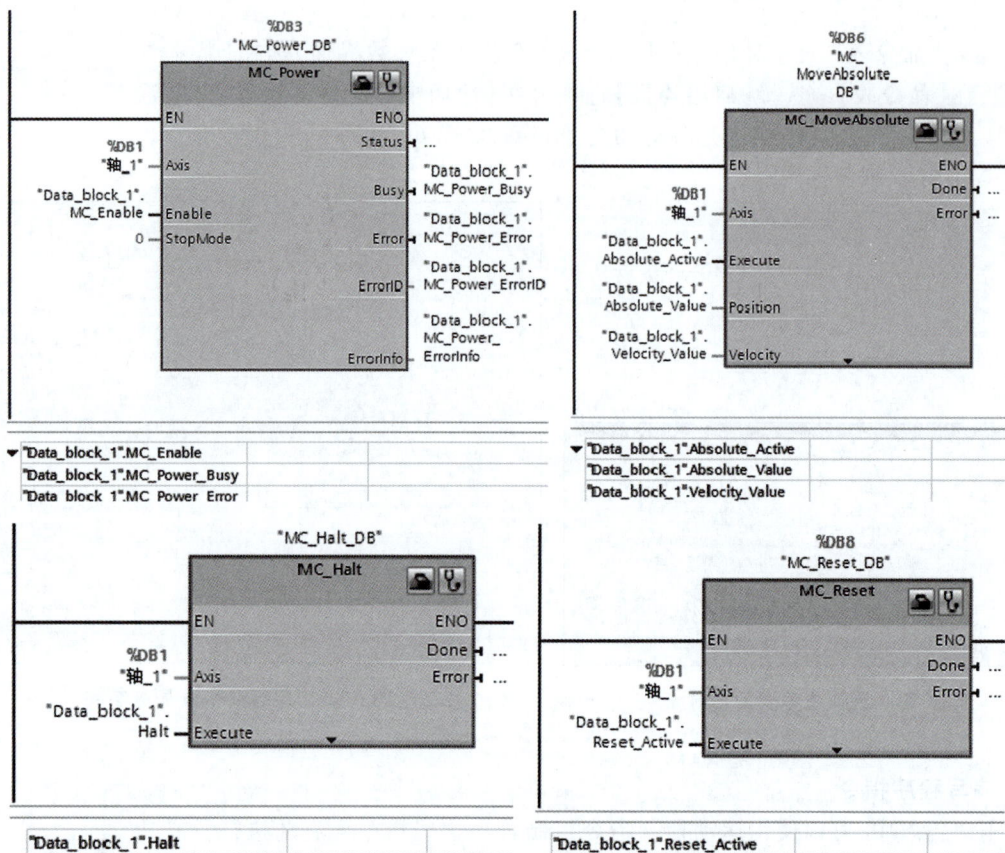

图 6-31 伺服驱动指令

提示

伺服驱动指令中,"启用/禁用"指令需要调用,其他指令根据用户需求有选择地调用。

6.1.4 PLC 程序编译下载和调试运行

程序编写完成之后,进行程序编译、下载,根据情况进行现场运行调试或模拟调试,优化修改程序到最优。

1. 连通设备网络

创建控制系统网络拓扑时已新建过程序,并且硬件设备已添加完毕。

步骤 1:设定 PC 端网络协议,如图 6-32 所示。

步骤 2:设定 PLC PROFINET 网络接口 IP 协议。在网络视图中,右击项目树中 PLC,选择【属性】命令,设定 CPU 的 IP 地址与名称,如图 6-33 所示。

提示

IP 设定时,需要注意保证 PC 端与 PLC 的 IP 地址在同一网段内,且地址独立,不重复。

步骤 3:选中 CPU,单击主菜单中的【下载】命令,选择 PG/PC 接口类型以及 PG/PC 接口,单击开始搜索,如图 6-34 所示。

步骤 4:选中搜索出的 CPU,确认地址,并单击【下载】按钮。

2. 程序编译与下载

按照控制思路编辑程序完毕后,需要编译,再下载传输。如果程序编辑有错误,是不能通过系统编译的,更无法下载。如果出现编译报错,可以根据错误提示进行修改,直至编译通过。

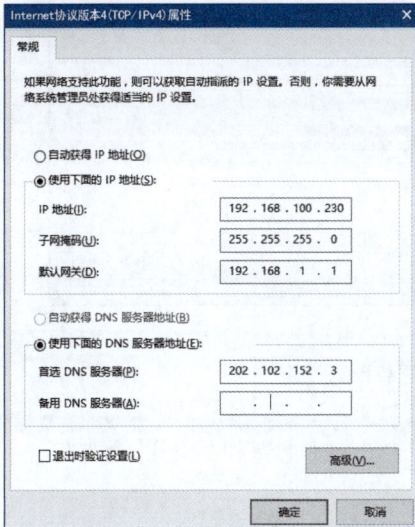

图 6-32　PC 端网络协议设定

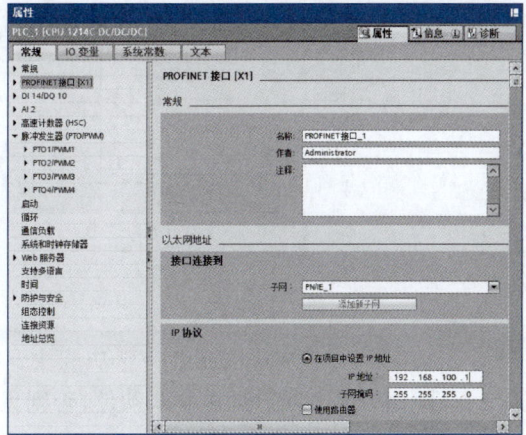

图 6-33　设定 CPU 的 IP 地址与名称

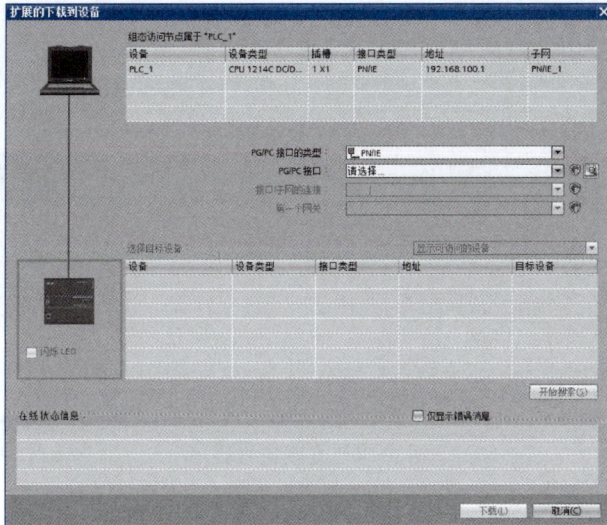

图 6-34　搜索连接的 CPU

提示

如果搜寻不到对应 CPU,请检查网线连接。第一次下载时,可以通过在线诊断的方式,为新 CPU 分配名称、IP 地址以及设备 MAC 地址。

单击快捷工具栏中的【编译】按钮,完成对程序的编译,如图6-35(a)所示。
单击快捷工具栏中的【下载】按钮,完成对程序的下载,如图6-35(b)所示。

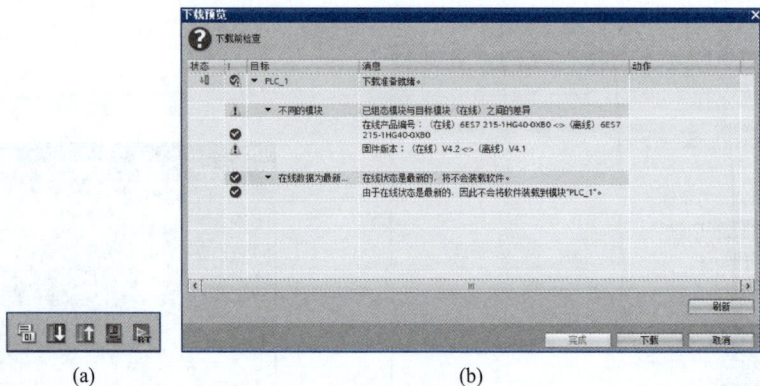

(a)　　　　　　　　　　　　(b)

图6-35　下载预览

对DB块或者特殊功能块下载时,有时会出现【重新初始化】【全部停止】等选项,这时需要选中该条件,否则无法继续下载。

3. 在线监控

在线监控是PLC调试的一个重要部分。在线监控能够监控数据的实时信号状态,比较PLC程序在线与离线的区别,实现PLC程序的在线调试。

选中PLC程序段,单击系统菜单中的【在线】命令或者程序段上方的【启用监视】按钮,实现PLC程序的在线状态,如图6-36所示。

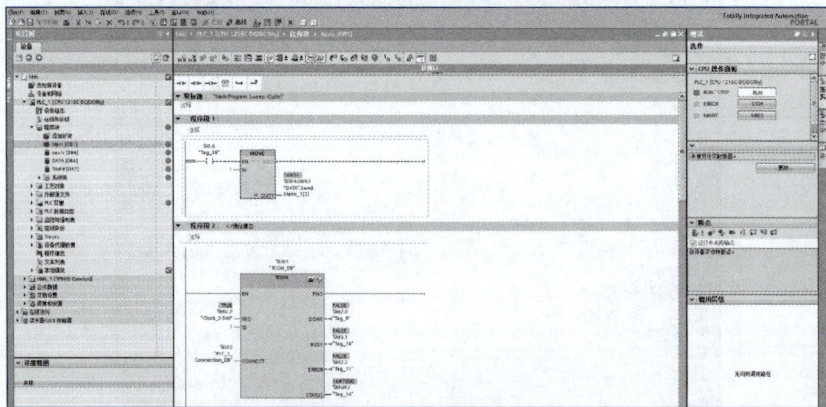

图6-36　在线监视程序

如果出现在线和离线不同的情况,导致程序段无法监控,可以通过工具栏中的在线与离线比较功能,找出不同之处并确认是否符合编程意图,然后重新下载,如图6-37所示。

4. 程序修改与优化

PLC程序的编制一般需要经过多次的编译下载和调试修改后,才能得出最后

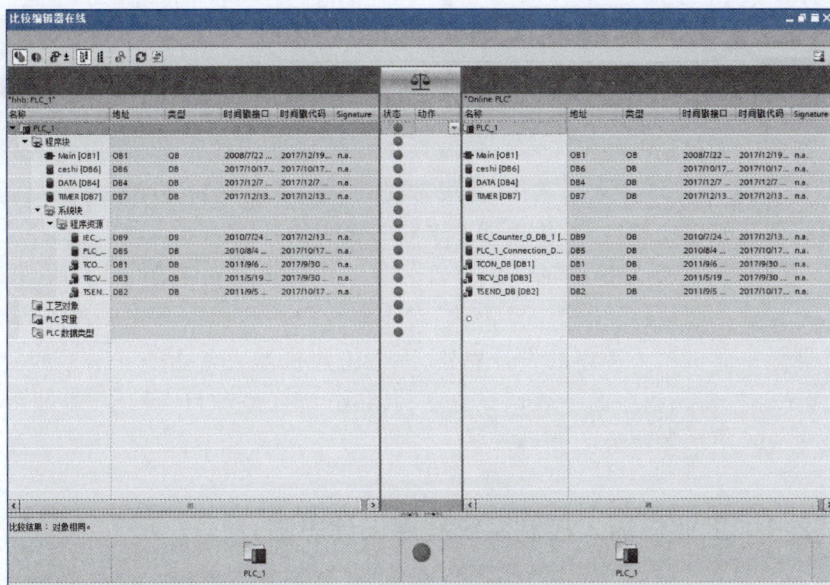

图 6-37　在线离线比较

完整的程序。以输入输出信号为载体,以功能块和指令为工具,以完成控制逻辑为目的来编辑 PLC 程序。最终的 PLC 控制程序应该是正确的、简洁的、方便的,所以 PLC 程序的编辑需要不断地修改和优化。

简洁、正确的控制程序要求编程者能熟练地使用指令信息以及数据地址。考虑到 PLC 程序的监控与阅读,在程序编辑的同时,应该为所用的变量、信号以及数据块添加注释,以方便对程序段的监控与阅读。

提示

程序段、数据块以及默认变量表中都可以添加注释信息,添加注释信息可以有效地提高调试效率,避免错误次数的发生。

任务完成报告

姓名		学期日期	
任务名称	PLC 控制系统程序设计		
学习自评	考核内容	完成情况	
	1. 掌握 PLC 程序设计思路	□好　□良好　□一般　□差	
	2. 掌握 PLC 的 TCP 通信程序设计	□好　□良好　□一般　□差	
	3. 掌握 PLC 系统程序的设计与调试	□好　□良好　□一般　□差	
学习心得			

任务二 工业机器人控制系统程序设计

参考资料

C10 系列机器人编程手册

本任务以带视觉的搬运工作站控制系统软件设计为核心,以埃夫特 KEBA 系统 C10 型 7 kg 工业机器人为载体,完成带视觉分拣功能控制码垛系统。集成系统应用康耐视智能视觉相机,对传送带上不同形状的物料进行统一识别,通过生成不同形状(颜色)代码后发送给工业机器人。工业机器人通过调用不同程序段并根据每一次视觉拍照数据,计算位置偏移,完成物料的精准抓取。完成本任务后,读者能够熟悉工业机器人程序的设计思路,熟悉工业机器人常用交互信号的使用思路,掌握工业机器人程序的一般调试方法,具备分析任务项目、设计工业机器人程序以及集成系统整体统筹的能力。

6.2.1 工业机器人控制系统程序设计思路

根据带视觉识别的码垛搬运工作站集成系统的要求,工业机器人程序的设计思路分为以下几部分。

1. 实现工业机器人的外部启动与停止

结合 PLC 程序段的设计,工业机器人程序设计部分需要根据 PLC 信号表,配置 TCP/IP 通信的 I/O 数据块。通常工业机器人的 I/O 数据分为两部分,一部分是关系工业机器人状态的系统信号;另一部分是用户根据不同需要进行自定义的信号。

内部信号通常包括工业机器人的启动、工业机器人暂停、工业机器人紧急停止、工业机器人故障、工业机器人运行等系统状态信号。

用户自定义的信号通常根据工艺需求来定。以本任务为例,自定义的信号包括允许视觉相机拍照、工业机器人原点信号、打开/关闭工业机器人夹爪以及工业机器人码垛计数等。

2. 相机触发拍照控制

提示

此时皮带机运送的物料类型是随机的,并不一定是刚才搬运过的物料类型。所以,分类的码垛程序段的结尾处需要与视觉程序段进行关联。本任务中采用标签跳转的方式,形成一定的逻辑并完成随机物料的识别与码垛放置。

外部设备皮带机的启动由 PLC 控制实现。当皮带机有料检测开关有信号时,皮带机立即停止,此时 PLC 向工业机器人端发送准备拍照信号,PLC 端的程序条件为皮带机有料信号为真,且皮带机已停止。

工业机器人端接收到 PLC 所发出的准备拍照信号后,可延时 1 s 后,由工业机器人端向视觉系统发送允许拍照信号,并根据视觉处理信息,完成位置的偏移与物料的抓取。

3. 根据物料识别类型实现分类码垛

由于皮带机运送的物料形状顺序是随机的,经过视觉识别后,通过 IF 条件判断完成对应码垛程序段的标签跳转,即完成对应码垛区域的一次物料搬运。接着,工业机器人应该运行至物料皮带机上方,等待视觉相机的物料识别,并准备抓取物料。

4. 处理码垛满仓后的下料任务

考虑到工业机器人码垛工艺包的使用,码垛并不能无限制地循环进行。例如,设置一个 1×1×5 的立体码垛,当完成 5 次码垛后,若再次循环码垛任务,此时系统会由于码垛仓库已满而报警。这样的集成系统尽管能够完成基本工艺,但是并不适用于循环的智能分拣码垛。

所以,工业机器人部分需要设计码垛满仓的下料程序段。这部分思路大致为在视觉拍照前,进行码垛满仓信号的判断(本任务是三种类型的物料,需要三处码垛满仓信号判断)。如果检测到有任何一处码垛满仓信号,需要进行该垛区的拆垛(或者下料)处理。

本任务中采用标签跳转的方式,并在拆垛(或者下料)程序段的结尾处,复位该类型物料的码垛工件数,将工件数及时重置为 0,这样不会影响下一次抓料。如果依然出现该类型物料,此时该码垛区域计数已从零开始计数,避免出现码垛区满仓报警。

6.2.2 机器视觉系统程序设计

结合带视觉的码垛系统集成工作任务,机器视觉程序编辑与调试需要分块进行。可以分为工业机器人与视觉相机通信程序段、视觉分拣类别判断程序段以及视觉偏移数据程序段等。

1. 工业机器人与视觉相机通信程序段

根据康耐视视觉相机的网络设置,IP 为 192.168.1.2,结合埃夫特机器人 KEBA 系统通用型相机的语法结构,工业机器人与视觉相机通信程序段样例如下。

```
gpVisReset ( )
//相机数据复位;
WaitIsFinished ( )
//关闭预读;
WaitTime (1000)
//延时 1 s;
gpVisConnect ( "192.168.1.2", 3000)
//连接视觉相机, IP 地址为 192.168.1.2;
WaitIsFinished ( )
//关闭预读;
bSigOut0. Set ( )
//触发视觉相机拍照信号;
WaitTime (100)
//延时 0.1s;
gpVisHardTrigger ( "ok",7,3000)
//通过指令触发视觉相机拍照;
```

程序编制完毕,将工业机器人模式旋钮旋至远程控制,外部启动工业机器人,检查视觉相机拍照状态,并将康耐视 In-Sight Explorer 软件中的 X、Y 以及 A 数据对比工业机器人中的标准视觉模块,检查数据是否正常接收。

需要注意的是,gpVisHardTrigger("ok",7,3000)此条语句是通过指令触发相机拍照,在此之前需要通过 bSigOut0.Set()指令提前触发视觉拍照。

2. 视觉偏移数据程序段

选定已示教完毕的抓料点,将视觉拍照后的数据偏移,与之完成坐标整合,实现坐标的偏移,使工业机器人完成皮带机上变化位置的物料抓取。视觉坐标偏移程序段样例如下。

```
Lin (cp5)
//原示教抓取点正上方;
xjposition.x:=ER_Vision.gpData.x
//拍照后的视觉 X 轴坐标;
xjposition.y:=ER_Vision.gpData.y
//拍照后的视觉 Y 轴坐标;
xjposition.z:=cp5.z
//拍照后的视觉 Z 轴坐标,与原示教抓取点 cp5 正上方高度一致;
xjposition.a:=ER_Vision.gpData.a
//拍照后的视觉角度变化 a;
xjposition.b:=cp5.b
//拍照后的视觉姿态变化 b,与原示教抓取点正上方 cp5 姿态 b 一致;
xjposition.c:=cp5.c
//拍照后的视觉姿态变化 c,与原示教抓取点正上方 cp5 姿态 c 一致;
Lin (xjposition)
//经过视觉偏移的抓料点正上方
xjposition.z:=cp5.z-10
//下探 10 mm, 准备进行抓料;
Lin (xjposition)
//经过视觉偏移以及高度整合的新抓料点;
xjposition.z:=cp5.z
//调整新抓料点的 z 轴高度;
Lin (xjposition)
//经过视觉偏移以及高度整合的新抓料点正上方;
```

这部分程序内容主要是将视觉相机所提供的坐标信息与示教时的抓料点坐标进行整合,确定出新抓料点坐标,并根据接近点的高度,提供以新抓料点位置为基准的抓料点正上方位置,确保物料的垂直抓取。

结合实际夹爪的 I/O 点位信号,在上述程序"经过视觉偏移的抓料点正上方"

处,添加打开夹爪指令;在"经过视觉偏移以及高度整合的新抓料点"处,添加夹紧夹爪指令,完成物料的夹取。

3. 视觉分拣类别判断程序段

工业机器人以原示教抓料点为基准,根据视觉相机新拍照所得到的视觉偏移,整合出新的抓料点坐标。完成精准抓料后,需要进行物料类型的判断。视觉相机在拍照时,除了将坐标偏差发送给工业机器人外,还将所识别的物料类型信息 ID 发送给工业机器人。

工业机器人可以根据不同的物料类型信息 ID 进行相应的条件判断,然后跳转到不同的标签,实现分类别的物料码垛。视觉分拣类别判断程序结构段样例如下。

```
IF ER_Vision.gpData.id=1 THEN
//判断物料识别 ID 是否为 1;
* * * * * * *
//正方形码垛程序段;
ELSIF ER_Vision.gpData.id=2 THEN
//判断物料识别 ID 是否为 2;
* * * * * * *
//三角形码垛程序段;
ELSIF ER_Vision.gpData.id=3 THEN
//判断物料识别 ID 是否为 3;
* * * * * * *
//圆形码垛程序段;
END_IF
//IF 条件判断结束
```

6.2.3　工业机器人系统控制程序设计

结合带视觉的码垛系统集成工作任务,工业机器人程序编辑与调试需要分块进行。可以分为分拣类别码垛程序段、拆垛复位计数程序段等。

1. 分拣类别码垛程序段

根据埃夫特机器人 KEBA 系统码垛基础工艺包中的码垛功能,分类码垛程序段结构样例如下。

```
Pal1.Toput ( )
//工业机器人运动至正方形物料码垛区域;
WaitTime (500)
//延时 0.5 s;
Pal1.FromPut ( )
//工业机器人离开正方形物料码垛区域;
```

微课
机器人程序设计

课件
机器人程序设计

```
Lin（cp7）
//过渡点位；
bSigOut1.Pulse（2000）
//发送2 S脉冲信号，正方形物料码垛计数加一；
WaitTime（500）
//延时0.5 s；
```

编辑码垛程序段时，根据 KEBA 系统的要求，需要先创建一行码垛指令，然后在码垛导航中设置码垛规格，包括垛型、垛高、第一个码垛点位以及码垛过渡点位等。在码垛工艺设置完毕，可以进行码垛可达性检验，通过后才能执行，反之需要检查点位设置。

根据 KEBA 系统码垛指令使用规定，Pal1.Toput（ ）与 Pal1.FromPut（ ）两条指令之间不能没有指令，所以在调试过程中避免出现报错，可以暂时插入一条延时指令。待码垛程序段成型后，根据系统的配置，插入 I/O 点位控制，打开夹爪与关闭夹爪，实现码垛任务中物料的抓取与放置。

放置物料完毕，需要插入脉冲信号指令，完成码垛计数。调试时可以手动执行脉冲信号指令，同时检测 PLC 程序中能否接收上升沿信号。

样例程序中以正方形物料码垛为例，用同样的方法再次创建两个码垛规格（三角形物料和圆形物料），并示教对应的码垛位置。另外，确定两个脉冲输出为码垛计数信号，调试方法与正方形物料相同。

2. 拆垛复位计数程序段

根据码垛工艺包中的运行模式，当垛型数量达到满仓时，系统会出现报警，即程序运行暂停。考虑集成系统的循环性，需要进行拆垛（或者下料）程序段的设计。

由于工业机器人每一次仅码放一种物料，系统仅会出现一种物料的满仓报警提示，所以在下一次视觉识别抓取之前，需要进行码垛仓库的最大垛量信号的判断。如果三处码垛中出现任何一处满仓信号，则工业机器人需要立即进行该码垛区域的拆垛（或者下料）程序。当完成拆垛（或者下料）程序后，需要复位码垛信息。

使用 While-Do 循环判断以及跳转标签码，完成垛满仓信号判断与复位程序段的编制，样例程序如下。

提示

选取脉冲信号时，注意不要与其他信号重复，建议配合用户自定义工业机器人信号表，避免工业机器人重复输出。

提示

添加复位码垛信息，这样的目的是执行完毕拆垛（或者下料）程序后，如果下一次视觉识别仍然为该物料码垛区域，则可以直接循环进行，而不会出现码垛满仓信号报警。

```
WHILE pal1.isfull DO
//判断正方形物料码垛区是否满仓；
GOTO a
//如果满仓，则跳转至 LABEL a 程序段处；
END_WHILE
WHILE pal2.isfull DO
//判断三角形物料码垛区是否满仓；
GOTO b
//如果满仓，则跳转至 LABEL b 程序段处；
```

```
END_WHILE
WHILE pal3.isfull DO
//判断圆形物料码垛区是否满仓;
GOTO c
//如果满仓，则跳转至 LABEL c 程序段处;
END_WHILE


LABEL a
//标签程序段 a，正方形物料拆垛（下料）程序段;
Lin（cp7）
Lin（cp11）
//正方形拆垛（下料）程序段;
pal1.Reset（）
//复位正方形码垛计数信息;
GOTO tt
//跳转至视觉识别程序段 LABEL tt 程序段处;


LABEL b
//标签程序段 b，三角形物料拆垛（下料）程序段;
Lin（cp8）
Lin（cp12）
//三角形拆垛（下料）程序段;
pal2.Reset（）
//复位三角形码垛计数信息;
GOTO tt
//跳转至视觉识别程序段 LABEL tt 程序段处;
LABEL c
//标签程序段 c，圆形物料拆垛（下料）程序段;
Lin（cp9）
Lin（cp13）
//圆形拆垛（下料）程序段;
Pal3.Reset（）
//复位圆形码垛计数信息;
GOTO tt
//跳转至视觉识别程序段 LABEL tt 程序段处;
```

提示

考虑集成系统的循环性，建议在程序的开始处插入码垛信息数据复位指令，即 Pall.Reset（），为三处码垛区域数据初始化。

　　这一部分程序段中跳转标签较多，编制时需要注意其中的逻辑关系。根据拆垛(下料)程序段的设计思路，判断满仓信号时在视觉识别抓取之前，如果出现满仓信号,则需要执行拆垛(下料)程序。所以满仓信号判断要编辑在视觉识别程序段标签中,而拆垛(或者下料)以及码垛复位程序段标签要在视觉识别程序段标签外,即拆垛(或者下料)程序段独立。

任务完成报告

姓名		学习日期	
任务名称	工业机器人控制系统程序设计		
学习自评	考核内容		完成情况
	1. 掌握工业机器人程序设计思路		□好　□良好　□一般　□差
	2. 掌握工业机器人系统程序的设计调试		□好　□良好　□一般　□差
学习心得			

任务三　人机界面程序设计

人机界面的设计通常要围绕控制系统的 PLC 程序,目的是将系统中的重要数据、过程量直观地展示出来,且能够对系统加以控制和数据处理。带视觉识别的搬运工作站人机界面包含内容主要为:由人机界面控制工作站的启动与停止、显示工业机器人的启动条件、运行状态、故障状态等关键信号状态、速度显示、速度调节以及行产量设定等功能。

6.3.1　人机界面程序设计思路

微课
人机界面组态设计思路

人机界面设计的一般思路如下。
① 确定需要显示的数据信息与显示方式(如数字显示、曲线显示)。
② 确定可以进行人工操作的信息(如启动按钮、电磁阀手动操作等)。
③ 确定报警显示信息(如码垛区满等)。
④ 根据信息的关联性进行分类、布局,确定画面分布。
⑤ 开始组态编程。
⑥ 联机调试、优化编程。
⑦ 美化界面、组态结束。

课件
人机界面组态设计思路

如何进行重要程序数据信息的选取,确定状态量的显示方式,以及子画面之间存在的逻辑关系等,具体介绍如下。

1. 选取系统重要数据信息

一般工作站的关键数据信息包括人工操作信息、运行状态数据信息、故障报警信息等。

人工操作信息部分如下。

- 工业机器人伺服上电输入(按钮)。
- 工业机器人故障清除输入(按钮)。
- 工业机器人 TCP/IP 连接输入(按钮)。
- 工业机器人程序启动输入(按钮)。
- 工业机器人程序暂停输入(按钮)。
- 工业机器人速率调节输入(按钮)。
- 工作站产量设定输入(过程量)。
- 工作站产量计数调节设定(按钮)。

运行状态数据信息如下。

- 工业机器人伺服接通状态。
- 工业机器人远程状态。
- 工业机器人故障状态。
- 工业机器人 TCP/IP 连接条件。
- 工业机器人原点状态。
- 工业机器人运行状态。
- 工业机器人程序启动条件。
- 工业机器人速率状态。
- 工作站产量计数状态。

故障报警信息:故障报警信息一般包括报警说明、报警时间、报警方式(如报警弹窗等)。

- 工业机器人故障报警信息。
- 码垛区满报警信息。
- 其他报警信息。

2. 确定子画面

根据工作站工作流程与 PLC 控制程序信息,子画面设计包括进入系统界面、监控状态界面、启动条件界面、产量统计界面等。

(1)进入系统界面

进入系统界面是 HMI 的初始界面。通过初始界面进入人机界面系统,通常在初始界面中需要设定用户权限,通过用户名和密码进入系统。

(2)监控状态界面

监控状态界面一般提供工业机器人运行过程中的重要信息,如工业机器人的运行模式、工业机器人的运行状态、工业机器人的故障情况、工业机器人运行的程序号、工业机器人的速度等。

(3)启动条件界面

启动条件界面是监控工业机器人运行状态的重要子界面,通常包括工业机器人伺服接通状态、工业机器人远程状态、工业机器人故障状态、工业机器人TCP/IP 连接条件、工业机器人原点状态、工业机器人运行状态、工业机器人程序启动条件。

此外,启动条件界面还应包括工业机器人伺服上电输入按钮、工业机器人故障清除输入按钮、工业机器人 TCP/IP 连接输入按钮、工业机器人程序启动输入按钮、工业机器人程序暂停输入按钮等。

（4）产量统计界面

产量统计界面是对工作站工业机器人的产量进行计数与设定的子界面,通常包括工作站产量计数状态、工作站产量设定输入、产量计数加一按钮、产量计数减一按钮、产量计数复位按钮等。

3. 确定状态量的显示

人机界面状态量的显示通常按照以下方式设定。

① 满足状态量数据信息,状态量显示一般设定为绿色。

② 不满足状态量数据信息,状态显示一般设定为红色或灰色。

③ 满足启动条件数据信息,状态显示一般设定为绿色闪烁。

④ 启动类别的按钮,一般设定为绿色。

⑤ 暂停类别的按钮,一般设定为黄色。

6.3.2 人机界面程序设计方法

根据人机界面设计思路以及 PLC 控制程序,人机界面的调试部分分为组态人机界面、系统模板设定、子界面的创建与编辑以及人机界面的编译下载。

1. 组态人机界面

步骤 1:右击设备中的 HMI,选择【属性】命令,在显示的属性设置区域中设定 ProfiNET 接口信息,如图 6-38 所示。

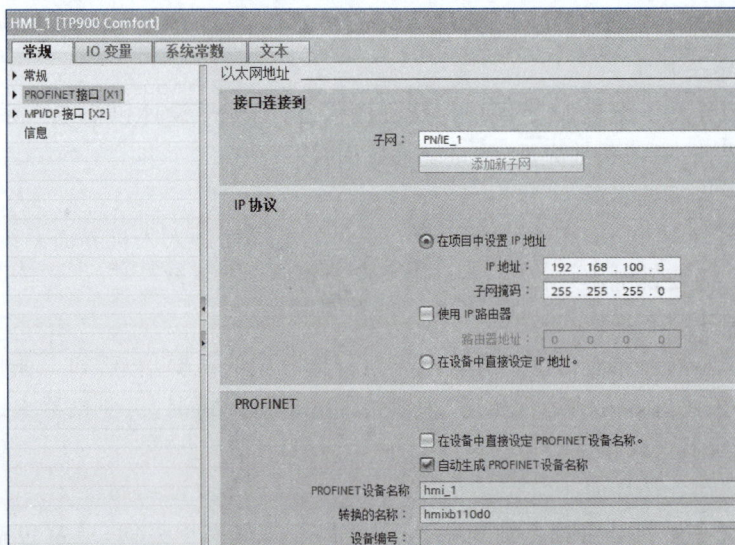

图 6-38 设定 ProfiNET 接口信息

步骤 2:选中 HMI 设备,单击【下载】按钮,成功组态后如图 6-39 所示。

提示

组态人机界面的方法与前文中组态连接 PLC 的方法一致,需要注意 IP 数据设定不能重复。

2. 系统模板设定

步骤 1:单击画面管理中的【添加新模板】,如图 6-40 所示。

步骤 2:在工具箱中选择按钮组件并拖曳到画面中,在按钮属性中对按钮进行文本和颜色背景等编辑,如图 6-41 所示。

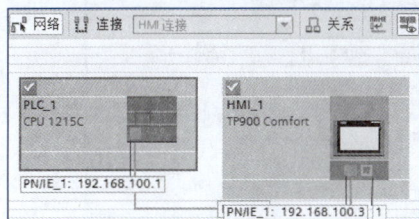

提示

　　首次下载 HMI 时,需要为 HMI 分配 IP 地址和设备名称,方法与前文一致。另外,首次下载 HMI 时,HMI 界面下载进度条时间会很长,此时不用任何操作,等待 HMI 界面进度条读取完毕即可。

图 6-39　HMI 组态成功　　图 6-40　添加新模板　　图 6-41　编辑按钮

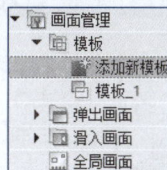

步骤 3:在按钮"事件"中对按钮触发进行编辑,设定为单击状态下激活屏幕,如图 6-42 所示。

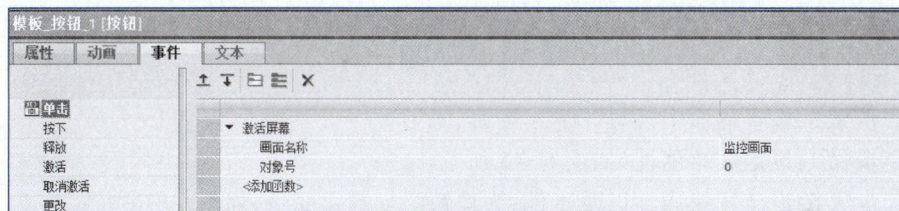

图 6-42　编辑按钮触发事件

步骤 4:根据规划的子画面,依次完成模板的编辑,如图 6-43 所示。

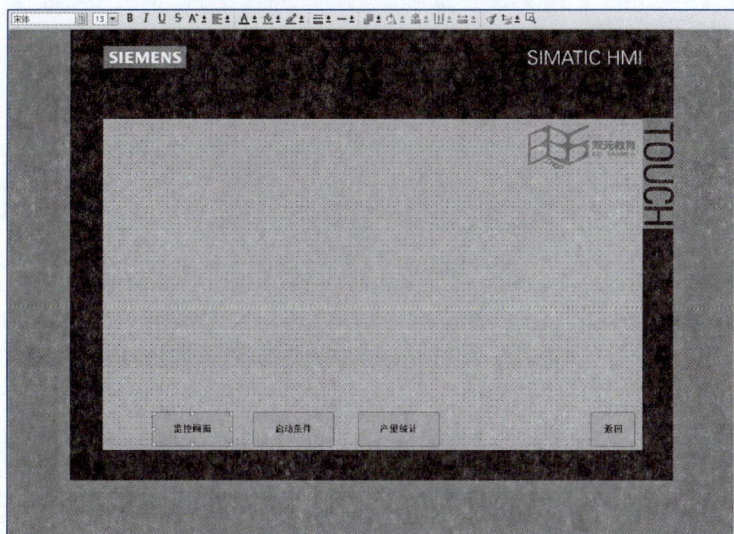

图 6-43　编辑模板

3. 子界面的创建与编辑

步骤1：双击添加新画面，完成子画面的创建。

步骤2：在初始界面中，为系统设定用户权限，如图6-44所示。

提示

用户权限的创建需要在人机界面的用户管理中创建，包括用户名称、用户密码、用户权限。

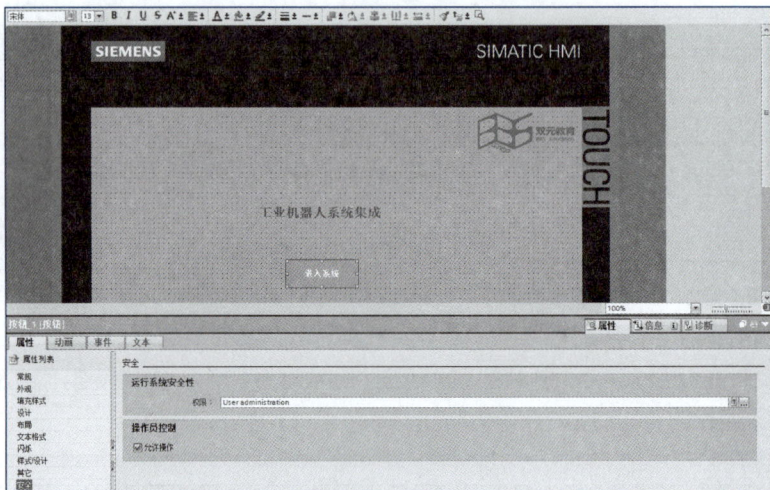

图6-44 设定用户权限

步骤3：在子界面中，添加文本、按钮、图形。

步骤4：设定文本属性，如图6-45所示。

步骤5：设定按钮属性以及事件，为按钮添加触发变量，如图6-46所示。

提示

最常见的按钮设置为非保持型按钮，即按下时置位PLC触发变量，松开时复位PLC触发变量。

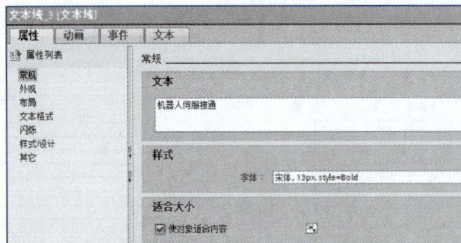

图6-45 设定文本属性

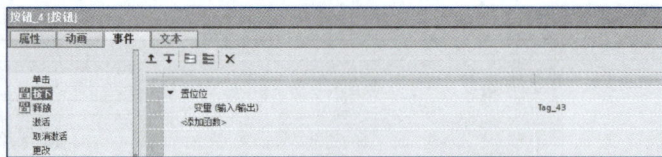

图6-46 添加触发变量

步骤6：设定图形属性，如图6-47所示。

步骤7：右击子程序，为子程序设定模板信息，如图6-48所示。

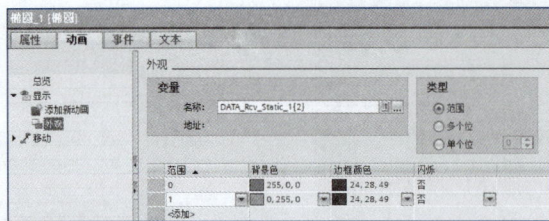

图6-47 设定图形属性

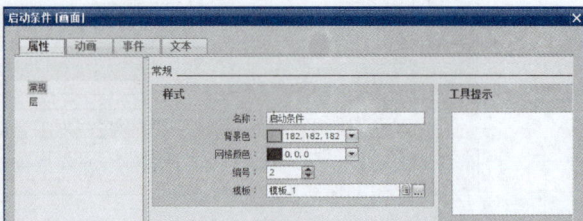

图6-48 设定子程序模板信息

至此,子画面的创建与编辑完毕。初始启动画面如图 6-49 所示。

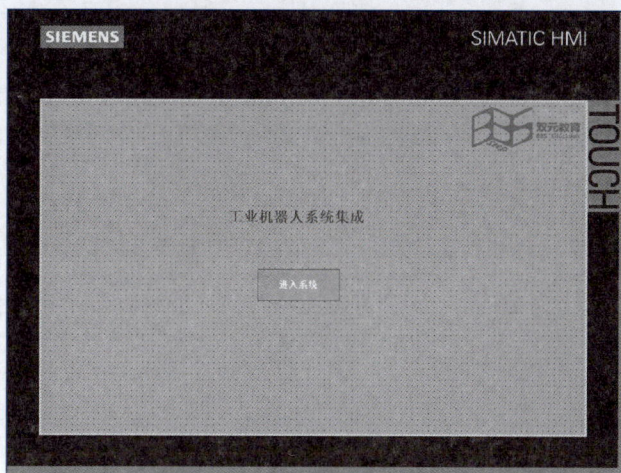

图 6-49　启动画面

监控画面如图 6-50 所示。

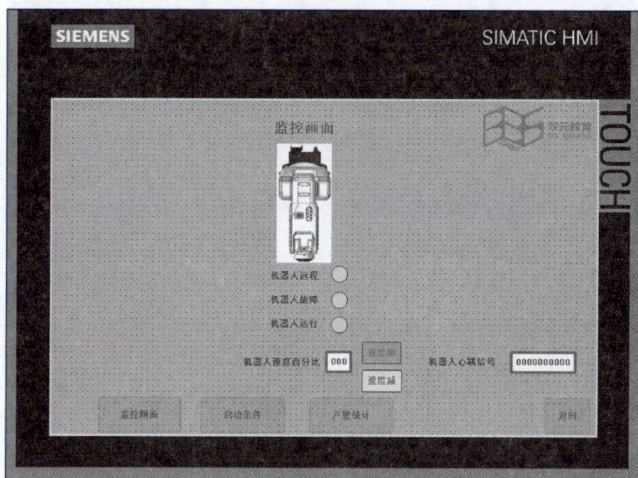

图 6-50　监控画面

产量统计画面如图 6-51 所示。

启动条件监控画面如图 6-52 所示。

4. 人机界面的编译下载

人机界面的编译下载与 CPU 的编译下载类似,任何修改只有在编译下载后方能生效。编译时如果出现错误,可以根据错误提示进行修改,直到编译通过。下载界面如图 6-53 所示。

提示

　图形、按钮以及过程量的变量连接都需要添加 PLC 程序中的变量。变量可以通过在 HMI 中创建变量表,也可以直接使用 PLC 中的变量。

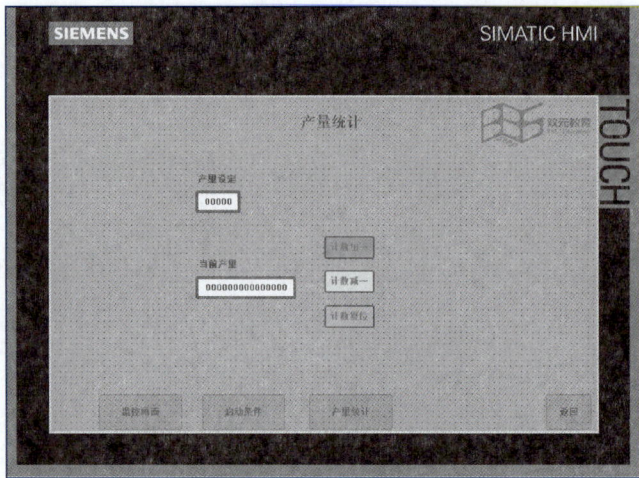

图 6-51 产量统计画面

图 6-52 启动条件监控画面

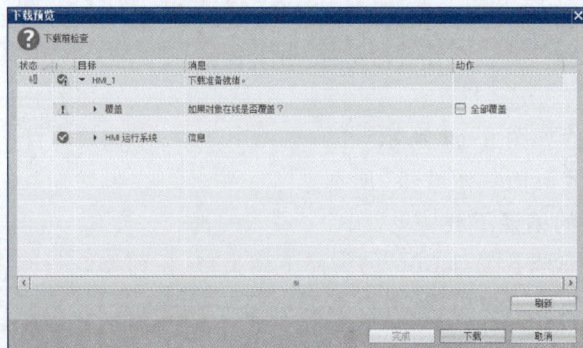

图 6-53 组态编译下载界面

任务完成报告

姓名		学期日期	
任务名称		人机界面程序设计	

学习自评	考核内容	完成情况
	1. 掌握触摸屏的编程思路	□好　□良好　□一般　□差
	2. 掌握触摸屏的程序设计	□好　□良好　□一般　□差
学习心得		

✎ **项目自评**

序号	学习目标	知识技能点	自我评估结果
1	掌握工作站网络拓扑的设计与搭建方法	• 掌握工作站网络拓扑的设计思路 • 掌握工作站网络拓扑的搭建方法	□掌握　□初步掌握　□未掌握
2	掌握 PLC 程序的设计与编制方法	• 掌握 PLC 程序的设计思路 • 掌握 PLC 程序的编制方法	□掌握　□初步掌握　□未掌握
3	掌握人机界面的设计与创建方法	• 掌握人机界面的设计思路 • 掌握人机界面的创建方法	□掌握　□初步掌握　□未掌握
4	掌握埃夫特机器人 KE-BA 系统常用信号与外围设备交互的思路	• 掌握埃夫特机器人 KEBA 系统常用信号的使用思路 • 掌握工业机器人通用信号与外围设备的交互思路	□掌握　□初步掌握　□未掌握
5	掌握工业机器人程序的调试方法	• 能够根据任务要求设计工业机器人程序 • 能够根据任务要求编制工业机器人程序 • 根据任务要求掌握埃夫特机器人 KEBA 系统程序的调试思路与调试方法	□掌握　□初步掌握　□未掌握

✎ **学习体会**

_____

_____

_____

_____

_____

练习题

1. 简述 PLC 程序的设计思路。
2. 简述人机界面的设计思路。
3. 实际操作，编程实现 PLC 与触摸屏、PLC 与工业机器人、工业机器人与视觉相机的通信，并完成简单动作指令。

参考答案

项目 6 练习题

系统装调

项目 7

工业机器人系统安装、调试包括工业机器人及专用系统、外围设备的安装调试,其任务是将系统集成的工程方案和设计方案变为现实。安装调试活动应以系统集成的工程设计施工图所涉及的内容和要求为任务,根据生产工艺条件和环境要求,将工业机器人、系统设备及外围设备组装在一起,同时确保所集成的系统符合验收规范。

学习目标

知识目标
- 熟悉系统安装、调试的工作内容。
- 掌握工业机器人的安装、调试方法。
- 掌握典型外围系统的安装、调试方法。
- 掌握系统联调的流程、方法。

能力目标
- 能够进行工业机器人的安装、调试。
- 能够安装典型外围系统并调试。
- 能够进行系统联调。

学习内容

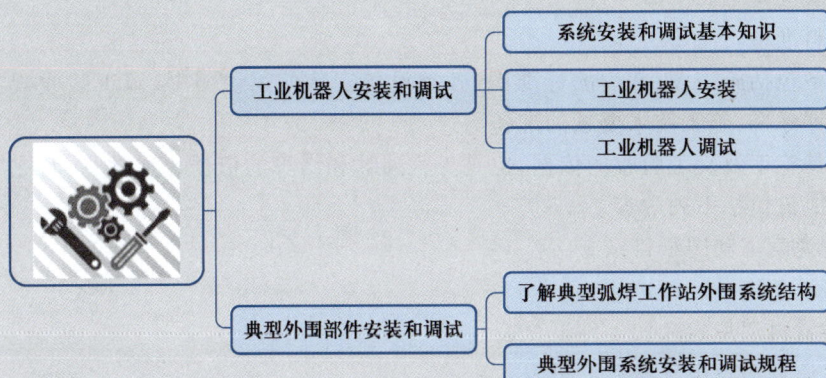

工业机器人安装和调试	系统安装和调试基本知识
	工业机器人安装
	工业机器人调试
典型外围部件安装和调试	了解典型弧焊工作站外围系统结构
	典型外围系统安装和调试规程

7.1.1 系统安装和调试概述

系统安装与调试工作由施工准备阶段、安装施工阶段、调试及投运阶段三部分组成。系统设备安装、调试过程的一般顺序是按施工或验收规范的项目和工程施工的常规顺序排列组合而成的，如果受到现场条件限制，可以根据现场条件灵活调整，也可将一个项目化整为零或分期完成。集成系统为生产工艺服务这一特性决定着从安装工作开始，到每个功能部分的调试，再到整个集成系统的投运全过程，各个环节都与工艺过程、土建、电气、非标制作等各专业和工种相关联，既有专业业务上的关联，也有工种施工工序之间的关联和施工条件方面的关联。这些相互关联的因素都会制约系统集成工程施工进度和施工工序的顺利进行，而施工进度和施工工序的有序推进是确保工程质量和降低损耗的有效途径。所以，需要主动与相关专业沟通，寻求各工种之间的相互支持，甚至为顾全大局，需要做出局部让步，才能最终完成安装、调试与投运任务。

1. 施工准备阶段

在系统安装前需要进行一系列的准备工作，施工准备是工业机器人系统安装调试的一个重要阶段。这个工作重复与否，将直接影响施工进度及任务完成的质量。施工准备包括资料准备、技术准备、物资准备、表格准备、施工工具与机具及标准仪器与仪表准备等。

（1）资料准备

资料准备包括施工图、常用的标准图、各类设备安装使用说明书、施工验收规范和质量验评标准、施工技术要领的准备等。

施工图是施工及交工验收的依据，也是工程预算和结算的依据。通常，一套完整的施工图应该包括下列内容。

- 设计说明书和图纸目录。
- 设备汇总表。
- 安装材料汇总表和加工件汇总表。
- 电气原理图及电气材料汇总表。
- 电气接线图。
- 气动原理图。
- 槽板（桥架）定向图和电缆敷设图。
- 设备平面图。
- 设计单位企业标准、安装图册等。

施工验收规范是在施工中必须达到和遵守的技术要求。通常国家标准是设计、施工和建设三方都需要接受的标准,有些部门和企业还有自行的验收标准。执行什么标准应在工程开工前确定。

（2）技术准备

技术准备包括:施工方案的编制说明及编制依据,工程概括,工程特点,主要施工方法和施工工序,质量要求和质量保证措施,安全技术措施,进度网络计划或统筹表,劳动力安排,主要施工工具、机具、标准仪器一览表等。

（3）物资准备

物资准备是施工准备的关键,包括集成系统施工图上提及的所有设备和材料的准备,如各种传感元件、电动、气动、液动执行部,供电开关和断路器,材料表上所列的各种型钢、管材、电缆、电线、补偿导线、加工件、消耗材料等。

（4）表格准备

需要准备的表格主要包括施工表格和质量记录表格两类。施工表格是如实记录施工过程中工程施工情况的表格,又可分为施工记录和设备调试记录表格,一般由工程管理部负责。质量记录表格是如实记录施工过程中质量管理和质量情况的表格,一般由质量管理部负责。

（5）施工工具、机具及标准仪器、仪表的准备

施工进度的快慢在很大程度上取决于施工使用的工具和机具,而施工质量是否符合质量标准则依赖标准仪器、仪表。

2. 安装施工阶段

准备工作完成后,正式进入安装施工阶段。该阶段的施工周期根据系统涉及的范围和复杂程度确定。如果需要预埋件和预留孔时,在土建施工期间就要主动配合。在设备安装时,要随时跟踪工艺安装的进度,以便确定各类设备安装的位置。

3. 调试与投运阶段

设备安装就位,工艺条件满足调试条件,即可进入调试与投运阶段。调试由单机调试、联机调试、整体系统调试三部分组成。

7.1.2 工业机器人安装

1. 安全注意事项

实施安装、运转、维修保养、检修作业前,务必熟读安装调试说明及其他附属文件,正确使用产品。在充分掌握设备知识、安全信息以及全部注意事项后,再行使用。安装调试说明书常用记号见表7-1。

2. 工业机器人吊装与搬运

（1）搬运、安装、保管注意事项

① 当使用起重机或叉车搬运机器人时,绝对不能人工支撑机器人机身。

② 搬运中,绝对不要趴在机器人上或站在提起的机器人下方。

③ 在开始安装之前,务必断开控制器电源及元电源,设置施工中标志。

提示

主要施工方法和施工工序是核心,质量要求和质量保证措施是基础,这些是技术准备的重点。施工方案和施工步骤要一步一步具体地写出来,以便施工人员拿到方案后能按照方案自行工作,解决技术问题并能保证质量满足检验方案的标准。

提示

集成系统施工的主要工作包括工业机器人底座安装、工业机器人安装、执行装置与气动液压回路安装、电气系统安装、电缆敷设等。

延伸阅读

系统调试内容

表 7-1 安装调试说明常用符号及其含义

序号	符号	含义
1	**危险**	表示处理有误时,会导致使用者死亡或负重伤,且危险性非常高的情形
2	**警告**	表示处理有误时,会导致使用者死亡或负重伤的情形
3	**注意**	表示处理有误时,会导致使用者轻伤或发生财产损失的情形
4	**重要**	表示其他重要的情形

④ 开动机器人时,务必在确认其安装状态后,接通电动机电源,并将机器人的手臂调整到指定的姿态,此时小心不要接近手臂并被夹紧挤压。

⑤ 机器人机身是由精密零件组成的,所以在搬运时,务必避免让机器人受到过分的冲击和振动。

⑥ 用起重机和叉车搬运机器人时,应事先清除障碍物等,以确保安全地搬运到安装位置。

⑦ 搬运及保管机器人时,其周边环境温度为 10℃ ~ 60℃、相对湿度为 35% ~ 85%RH,无凝露。

（2）机器人的运输

图 7-1 机器人包装图

机器在运输过程中,一般采用木箱包装,包括底板和外壳。底板是包装箱的承重部分,与内包装物之间有固定,内包装物不会在底板上窜动,是起重机或叉车搬运的受力部分。箱体外壳及上盖只起防护作用,承重有限,包装箱上不能放重物,不能倾倒,不能雨淋等,如图 7-1 所示。

拆包装前先检查是否有破损,如有破损联系运输单位或供应商。使用电动扳手、撬杠、羊角锤等工具,先拆盖,再拆壳,注意不要损坏箱内物品。最后拆除机器人与底板间的固定物,可能是钢丝缠绕、长自攻钉、钢钉等。

核查零部件。根据装箱清单核查机器人系统零部件,一般包括机器人本体、控制柜、示教器、连接线缆、电源等。注意检查外观是否有损坏。

（3）搬运方法

机器人出厂时已调整到易于搬运的姿态。可以用叉车或起重机搬运。首先根据机器人的重量选择适当承重的叉车或起重机。注意研究叉车或起吊绳位置,以确保平衡稳定。

① 叉车搬运示意图如图 7-2 所示。

② 使用起重机搬运时常见以下两种情况。

a. 无底板时使用吊绳。在手臂上安装一个吊环,并在其上挂住吊绳提升起来。有架台时也用同样方法。不同型号机器人的提升姿态不同,如图 7-3(a)(b)所示。

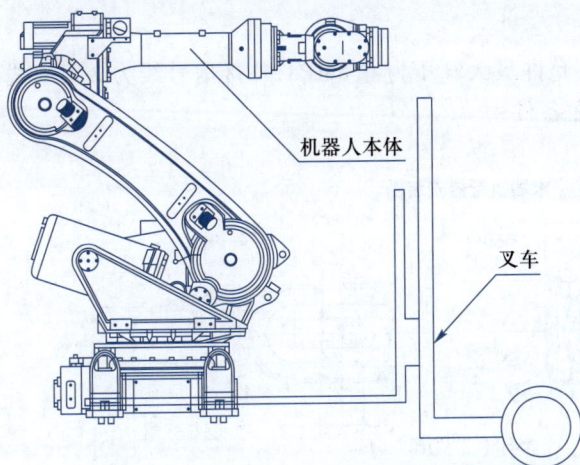

图 7-2　叉车搬运示意图

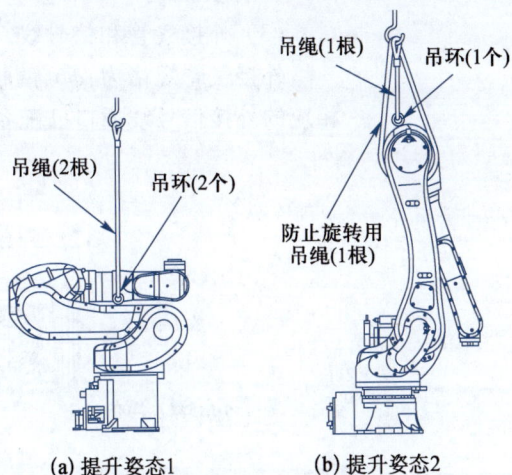

图 7-3　无底板吊装示意图

b. 有底板时使用吊绳。在基座的 4 个吊环上挂着吊绳,为防止跌倒,再在手臂上的吊环上挂住吊绳并提升起来。有架台时也用同样方法。不同型号机器人提升姿态不同,如图 7-4(a)(b)所示。

3. 工业机器人机械部分安装

（1）机器人本体安装

有时需要将工业机器人安装在底座上以满足生产需要,则首先安装底座。通常使用地脚螺栓将底座固定在地基上。底座的上部为工业机器人的安装孔位。

机器人采用 4 个 M16 * 40 的螺钉和 2 个 φ8 销子将底座固定在安装台架上,尺寸关系如图 7-5 所示。

延伸阅读
ER7-C10 吊装搬运

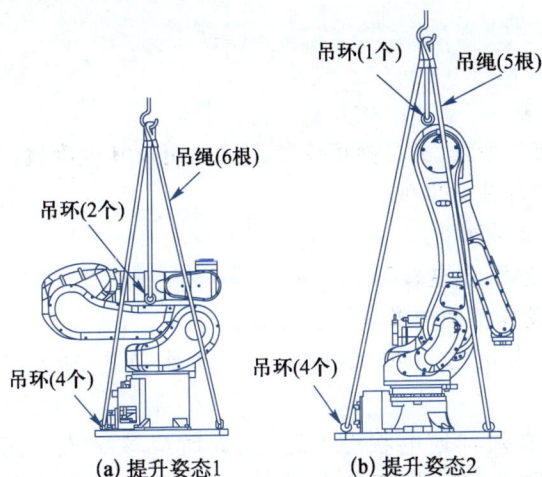

图 7-4　有底板吊装示意图

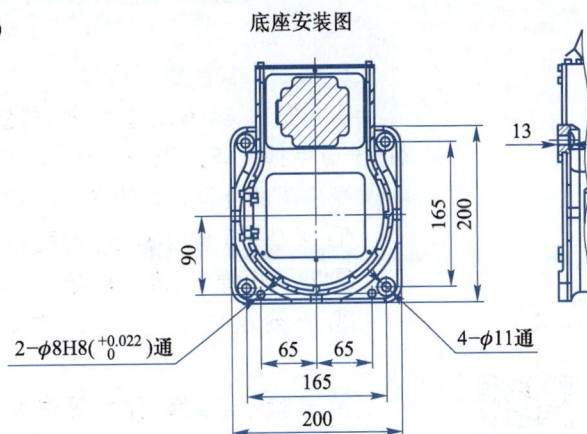

图 7-5　机器人底座安装图(单位:mm)

（2）末端执行器安装

将末端执行器安装到工业机器人第 6 轴法兰上。末端执行器安装尺寸如图 7-6 所示。

（3）外接气管和信号线

外接气管规格为：$\phi 6$，两根、允许最大气压为 0.8MPa，外接信号线为 2 根引线，相应的外接信号线插口已配备在备件中。

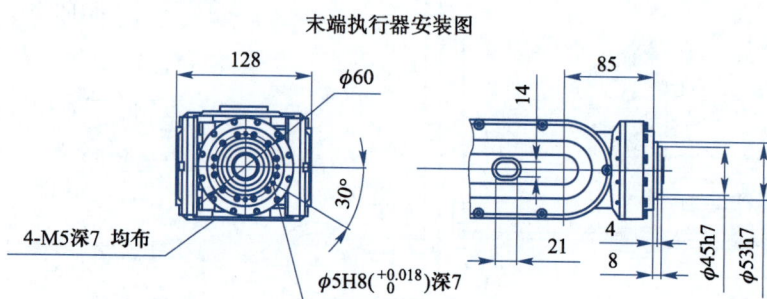

图 7-6 末端执行器安装图（单位：mm）

4. 电控系统安装

机器人电控系统包括：伺服系统、控制系统、主控制部分、示教系统、动力通信电缆等。

① 控制柜位置要距离墙壁 20 cm 以上，保证控制柜通风良好。控制柜一般置于地面，如需要也可安装在高处，但一定要加装固定螺钉，以防掉落或倾倒。参考安装连接手册连接控制柜与本体、控制柜与电源间线缆。

② 示教器与控制柜连接。参考安装连接手册中线缆图操作连接。

③ I/O 连接设置。参考安装连接手册中 I/O 设置图操作连接。

7.1.3 工业机器人调试

1. 机器人安全使用须知

实施安装、运转、维修保养、检修作业前，务必熟读安装调试说明及其他附属文件，充分掌握设备知识、安全信息、全部注意事项。

操作调试机器人时的安全注意事项如下。

① 作业人员须穿戴工作服、安全帽、安全鞋等。

② 投入电源时，确认机器人的动作范围内没有作业人员。

③ 必须在切断电源后，作业人员方可进入机器人的动作范围内进行作业。

④ 若检修、维修、保养等作业必须在通电状态下进行，此时应该 2 人 1 组进行作业。一人保持可立即按下紧急停止按钮的姿势，另一人则在机器人的动作范围内，保持警惕并迅速进行作业。此外，应确认好撤退路径后再行作业。

⑤ 手腕部位及机械臂上的负荷必须控制在允许搬运重量以内。如果不遵守允许搬运重量的规定,会导致异常动作发生或机械构件提前损坏。

⑥ 仔细阅读使用说明书《机器人操作说明》的"安全注意事项"章节的说明。

⑦ 禁止进行维修手册未涉及部位的拆卸和作业。机器人配有各种自我诊断功能及异常检测功能,即使发生异常也能安全停止。即便如此,因机器人造成的事故仍然时有发生。

2. 试车安全对策

试车时,示教程序、夹具、序列器等各种要素中可能存在设计错误、示教错误、工作错误。因此,进行试车作业时必须进一步提高安全意识。

试车之前应注意以下事项。

① 首先,确认紧急停止按钮、保持/运行开关等用于停止机器人的按钮、开关、信号的动作。一旦发生危险情况,若无法停止机器人将无法阻止事故的发生。

② 机器人试车时,首先将速度超控设定为低速(5%~10%),实施动作的确认。以2~3周期,反复进行动作的确认,若发现有问题,应该立即修正。之后,逐渐提高速度(50%~70%,直到100%),各以2~3周期,反复确认动作。

3. 工业机器人调试

工业机器人安装完毕后,要对其进行调试,一方面作为检验工业机器人的性能参数,另一方面对机器人示教器进行基本设置,方便后续示教编程。

(1)上电

自动化集成系统的全部设备、接地、供电、通信安装完毕,并符合各项要求,即可进行供电设备检查与上电测试。首次上电为现场调试的第一个重要环节。

上电步骤如下。

① 检查接地是否完备、接线牢固。

② 清理检查配电盘等有接线连接的地方是否无短接线,各处接线是否牢固。

③ 用万用表检测上级供电电源状态,测量提供给系统的总电源电压是否在容许范围之内。

④ 检查下级断路器状态,使之都处于断开状态。

⑤ 逐级闭合总电源断路器、下级断路器。等待工业机器人系统启动。

⑥ 检查急停按钮是否有效,操作是否灵便。

⑦ 为工业机器人加使能,检查示教器上急停、三段开关等是否有效,示教器界面正常,上电完毕。

(2)示教器设置

上电完毕后,示教器是操作工业机器人的人机界面。通常要对其进行设置便于使用。需要设置的内容如下。

① 界面设置,包括界面语言、时间等。

② 设置用户名与权限,为不同人员设置不同的用户名、密码,规定各自权限。

③ 安全设置,机器人都有自我保护功能,如碰撞检测。为其设置合适的碰撞检测数值,使功能生效。

(3)性能测试

示教器设置完毕后,根据工业机器人性能参数表格,逐项检测工业机器人性能。主要测试项如下。

① 测试每个轴的最大动作范围。

② 测试每个轴的最大运动速度。

③ 测试机器人整体的最大活动半径。

④ 重复定位精度

任务完成报告

姓名		学习日期	
任务名称	工业机器人安装与调试		
学习自评	考核内容	完成情况	
	1. 叙述系统安装与调试内容	□好　□良好　□一般　□差	
	2. 描述工业机器人安装安全规范	□好　□良好　□一般　□差	
	3. 叙述工业机器人安装步骤	□好　□良好　□一般　□差	
	4. 简述工业机器人调试安全注意事项	□好　□良好　□一般　□差	
	5. 叙述工业机器人调试步骤	□好　□良好　□一般　□差	
学习心得			

任务二　典型外围部件安装和调试

工业机器人集成系统是为工作任务服务的。针对不同的工艺,具有不同的典型外围系统,如弧焊、点焊、打磨、喷涂、搬运。除此之外,工业机器人集成系统还包括通用的末端执行器、输送带等常规外围机构。

本任务以工业机器人弧焊系统工作站为例,讲解外围系统构成及其安装调试方法。

7.2.1　典型外围系统介绍

前面各章节介绍过,一个完整的工业机器人弧焊系统由工业机器人、焊枪、焊接电源、送丝装置、焊接变位机、清枪剪丝机构、保护气瓶等组成。在实际应用安装调试过程中，了解清楚工作站各设备的空间布局对系统的安装调试是十分必要的，如图7-7所示。

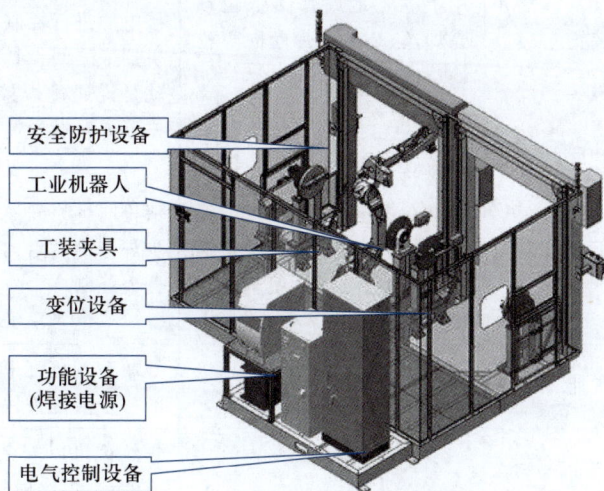

图7-7 工业机器人焊接工作站空间布局

工业机器人焊接工作站主要组件及其作用见表7-2。

表7-2 工业机器人焊接工作站主要组件及其作用

序号	组件	作用	特点
1	工业机器人	用于执行焊接动作，在其末端安装焊枪，在其背部安装送丝装置。工业机器人控制器中安装专用的焊接工艺包，设置焊接工艺参数、实现不同的焊接功能等。与焊接电源通信，相互传送数据。有时可在工业机器人的底部或腰部安装焊丝盘底座	弧焊工业机器人的负载一般在4~10 kg之间。专用的焊接机器人通常为中空臂结构，以便安装焊接管线包，优化整体布局
2	变位机	用于承载待焊接工件，并使之处于利于焊接的姿态	可与工业机器人一起联动，也可用PLC控制，独立运动。根据实际焊接需要选配
3	焊接电源	为焊接电弧提供电能	弧焊机器人多采用气体保护焊方法，焊接电源与工业机器人可以通信
4	焊枪	焊枪是输送焊丝、馈送电流和保护气体的操作器具，焊接电缆、控制电缆、送丝软管、气管及冷却水管等都与它相连	通常在焊枪与工业机器人末端法兰之间会安装碰撞保护装置，主要由喷嘴、导电嘴、分流器、喷嘴座枪颈等组成

序号	组件	作用	特点
5	送丝装置	用于稳定地向焊接部位填充焊丝,是驱动焊丝向焊枪输送的装置	送丝速度稳定。在机器人焊接工作站中送丝机构的控制由焊接电源进行控制,而焊接电源与机器人之间也是存在通讯的,也就是说通过焊接电源就实现了机器人对送丝速度的控制
6	清枪剪丝机构	焊接过程中产生的飞溅物会粘在焊枪的喷嘴内部,通过清枪机构清理喷嘴。通常带有剪丝机构,用于剪切出适当长度的焊丝	清枪时可喷硅油到喷嘴内部,减少焊渣的黏附,其动作由工业机器人控制
7	保护气瓶	为气体保护焊提供保护气	气瓶上的气压检测开关是焊接的一个前提条件
8	焊丝盘座	承载焊丝盘或焊丝桶	焊丝盘可以安装在机器人底部或腰部,焊丝桶安装在工业机器人附近,外加支架类设备保障焊丝顺畅送到送丝机
9	工装	包括装夹待焊工件的工装和其他辅助工装,如安装连接板	如果待焊接工件成批量,规格型号差别不大,可以用专用工装。否则可采用柔性工装,二者的区别在效率和通用性

7.2.2　典型外围系统安装和调试

在进行外围系统安装之前,需要做好前期准备,如现场条件、安装工具、安装图纸、人员等。

1. 外围系统安装

(1) 安全注意事项

① 遵守机电设备安装的通用安全要求。

② 按照各设备安装说明上的安全注意事项、安装要求安装。

③ 安装完成后做好检查工作,各安装项无误后方可上电调试。

(2) 安装步骤

① 根据布局图及安装要求进行土建准备。

② 根据布局图规划变位机、清枪剪丝机构的安装位置,安装地脚螺栓。

③ 吊装搬运设备到安装位置,紧固到预定力矩。

④ 将焊接工装安装到变位机上。

⑤ 将送丝机及焊丝盘安装到工业机器人上。

⑥ 将焊枪安装到工业机器人末端。

⑦ 将焊丝盘座通过工装安装到机器人腰部。

⑧ 将焊接电源、保护气瓶安放到布局图中规定的位置。

⑨ 根据布局图安装电缆槽架。

⑩ 进行电气线路、气动线路连接。

2. 工业机器人工作站安装的原则

① 充分准备：包括现场条件准备、图纸准备、技术准备等 7.1.1 节的内容。准备充分则安装顺利，任何一个方面准备有缺陷，必然会影响整体进度。

② 按图安装：严格按照布局图安装。如果在安装过程中发现布局图有不合理的地方，需要及时反馈给设计人员，核算后方可更改。

③ 按说明书安装：各类成套设备均有生产厂家编制的设备安装说明书，要严格遵守。如有疑问，应当与生产厂家技术服务人员沟通，确定安装方法。

④ 先安装主要设备、大型设备：通常主要设备、大型设备是整个工作站安装的起始环节，其他设备要安装在它们上边。并且主要设备、大型设备的安装要求高，位置要求严格，如果放在后期安装，则不方便。如果有需要调整的地方，则牵涉众多。

⑤ 有先后安装顺序的按顺序安装：除主要设备、大型设备优先安装外，其他设备如有安装顺序的要求，则按顺序安装。否则误工，已安装设备还要拆除后重新安装。

⑥ 主要设备安装完毕后安装电缆槽架：在工作站级别的系统进行安装时，往往将电缆槽架类设备在主要设备安装完毕后再进行安装，便于优化调整。

⑦ 最后安装气动、电气管线：主要设备安装完毕后，安装气动原理图、电气原理图安装气动管路、开关、电气线路等。

3. 外围系统调试

外围系统安装完毕后，进行例行调试、检测。其调试过程与工业机器人调试过程大致相同。具体的系统有其独特的部分，以弧焊工作站为例，其主要调试内容与步骤如下。

① 检查。检查工业机器人、变位机、焊接电源、工装等安装牢固，电气线路安装正确、紧固，接地良好，现场清洁。

② 变位机上电手动操作运行。检测变位机各参数。

③ 安装试焊件，编程测试起弧、灭弧功能，同时测试工业机器人与焊接电源的通信是否正常，参数调整是否准确。

④ 编制焊接程序，调整焊接参数，达到良好的焊接效果。

⑤ 测试工业机器人焊接工艺包中的其他功能，如电弧跟踪、智能寻位、多层多道焊等功能。

⑥ 编制完整焊接程序，测试弧焊工作站的整体效果，如变位机的联动功能、焊接效率、焊达率等。

⑦ 测试整个工作站的手动、自动运行模式，急停功能、碰撞保护功能等，保证各项功能完备。

⑧ 调试完毕，向甲方申请验收。

微课
焊接工作站调试

课件
焊接工作站调试

提示
工厂级的项目，主干电缆槽架的安装不按此顺序在此阶段安装。在设备附近的槽架类设备要在设备安装完毕后才能安装。

姓名		学习日期	
任务名称		典型外围部件的安装	
学习自评	考核内容		完成情况
	1. 简述弧焊工作站空间布局		□好　□良好　□一般　□差
	2. 了解外围系统安装原则及步骤		□好　□良好　□一般　□差
	3. 了解外围系统调试的内容及步骤		□好　□良好　□一般　□差
学习心得			

项目自评

序号	学习目标	知识技能点	自我评估结果
1	熟悉机器人搬运方法	• 机器人的吊装 • 机器人的运输	□掌握　□初步掌握　□未掌握
2	掌握工业机器人机械部分安装	• 机器人本体安装 • 气路、管路安装	□掌握　□初步掌握　□未掌握
3	掌握工业机器人电气安装	• 动力线接线安装 • 信号线、控制线接线安装	□掌握　□初步掌握　□未掌握
4	掌握外围设备的安装与调试	• 外围设备的空间布局 • 外围设备的联动调试	□掌握　□初步掌握　□未掌握
学生签字：		教师签字：　　　　　　　年　　月　　日	

学习体会

_____

_____

_____

_____

_____

练习题

1. 简述工业机器人的吊装方法。
2. 简述机器人系统安装与调试的过程。
3. 叙述焊接机器人工作站的调试步骤。

参考答案

项目 7 练习题

项目管理

在整个工程项目实施过程中,设计阶段是进行全面规划和具体描述实施意图的过程,是工程建设的灵魂,是处理技术与经济关系的关键性环节,是保证项目质量和控制项目造价的关键性阶段。因此,本项目就如何在设计阶段融入项目管理的思想,从而更好地提高项目设计质量进行介绍。

本项目共三个任务,按照项目流程的形式,任务一介绍项目特点及初期的项目策划,任务二介绍项目中期的综合管理方法,任务三介绍项目验收及后期管理的内容。

项目 8

学习目标

知识目标
- 熟悉项目的特征,掌握项目策划的流程及内容。
- 掌握项目综合管理的内容及各自方法。
- 掌握项目验收的流程及内容,熟悉后期文档管理的方法。

能力目标
- 能够根据项目的特征,进行项目策划的工作。
- 能够掌握项目综合管理的方法。
- 能够掌握项目验收的流程,并进行后期文档管理的工作。

学习内容

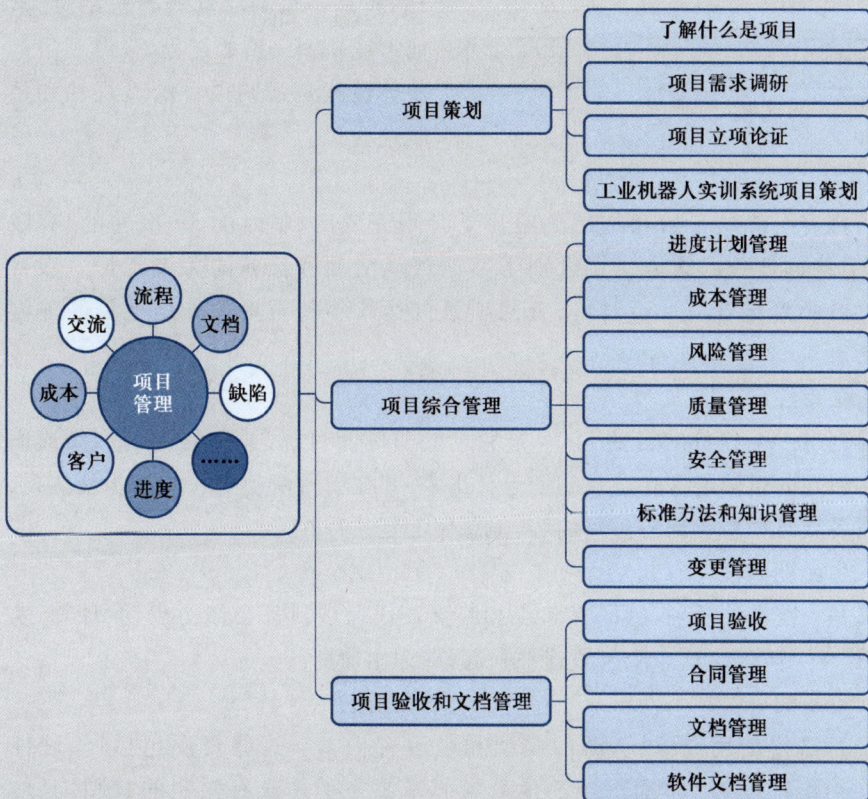

8.1.1 项目概述

1. 什么是项目

项目是为达到特定的目的,使用一定资源,在确定的期间内,为特定发起人而提供独特的产品、服务或成果而进行的一次性努力。这里的资源指完成项目所需要的人、财、物等;时间指项目有明确的开始日期和结束日期。项目具有如图 8-1 所示的典型特征。

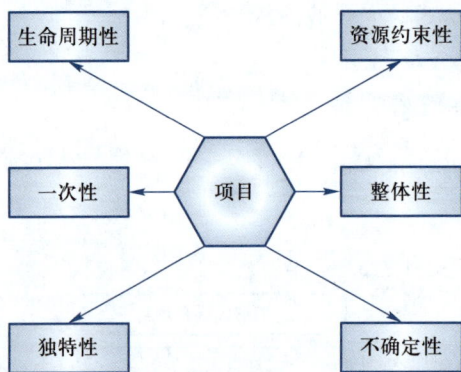

图 8-1 项目典型特征

从图 8-1 可以看出,项目一般都具有整体性、一次性、独特性、生命期属性、资源约束性、不确定性六大特征。

(1) 整体性

项目是为实现目标而开展的任务的集合。它不是一项项孤立的活动,而是一系列活动的有机结合,从而形成一个完整的过程,强调项目的整体性就是强调项目的过程性和系统性。

(2) 一次性

项目都有明确的开始和结尾。项目是必须完成的、临时的、一次性的、有限的、有始有终的任务。这是项目区别于其他常规活动和任务的关键特征。项目的一次性并不意味着项目历时短,有的项目可达几年甚至更长。是项目的关键特性。

(3) 独特性

项目都有一个独特的目的,有一个特定的明确的目标,或称特定的产品或服务。这一特定的目标通常在项目初期设计出来,并在项目活动中一步一步地实现,尽管有时各项目中包含部分重复内容,但总体上是独特的。

(4) 生命期属性

项目是一次性的任务,因而有起点和终点。任何项目都会经历启动、计划、实施、收尾这 4 个阶段。这 4 个阶段连在一起,称为生命期。

(5) 资源约束性

项目都需要使用资源,资源的类型和来源有很多。这些资源包括人、硬件设备、软件配置、资金、时间以及其他。然而资源并不是没有限制的,项目只能在一定的资源约束条件下进行。这些约束条件是完成项目的制约因素,也是项目管理的前提条件。因此,各种资源必须有效地加以利用以满足项目的需要。

（6）不确定性

因为每一个项目都是唯一的,有时很难确切地定义项目的目标,或准确估计完成项目所需要的时间和成本,这种不确定性是项目管理如此具有挑战性的主要原因之一,这种情况在新技术项目中更为突出。通过项目生命期4个阶段的进展,使项目的目标逐渐明确,同时也需要逐步地投入资源,持续地累积可交付成果,最终得到初期设计所要求的产品或服务。

2. 典型项目举例

从项目的典型特征可以看出,项目是一个过程,不是目的物,比如建设一座工厂本身是一个项目,但工厂本身不是项目。项目可以是完成一个产品,也可以是一项服务,比如组织一项活动。

三国故事"草船借箭"是一个典型的项目实例,剖析如下。

- 项目目标:10万只箭。
- 项目时限:3天。
- 项目成本:船多少、草人多少、鼓手多少。
- 风险项:立下军令状。
- 一次性、独特性。
- 生命期属性:接受任务(启动);准备草船(计划);雾天借箭(实施);满载而归(收尾)。
- 资源约束性:缺少造箭的材料。

3. 项目完成的标准

在规定的时间和批准的预算内,完成计划的工作范围,符合设定质量性能要求,达到客户的满意。

8.1.2　需求调研分析

项目源于各种需求。自动化系统项目的需求特点是跟随工艺或建设主体需求而产生的。对于电力、冶金、化工等流程制造型主体来说,它总是服从于各类工艺需求,按照满足工艺运行的控制要求,符合用户控制水平和投资能力的定位等原则,进行项目需求的识别和分析。通过需求调研过程,产生需求建议书(request for proposal,RFP)。

需求建议书应当是用户提交承包方的需求表达,但如果用户更希望由承包方了解需求后,代为汇总,也会委托承包方完成。承包方从用户角度出发,通过访谈、讨论、提纲、问卷、调查表等方式,让用户充分传达需求意愿,承包方利用专业优势,借鉴其他项目业绩经验,协助用户进行需求调研分析工作,收集整理各类信息,完成符合用户要求的需求建议书。项目需求建议书的模板如下。

项目需求建议书(RFP)

A. 项目信息

(提供关于项目名称、客户名称、项目经理以及项目发起人姓名等方面的一般信息。)

项目名称：　　　　　客户名称：

项目经理：　　　　　文件起草人：

项目发起人：　　　　日　期：

B. 项目目标

(描述完成项目的时间、质量要求等方面的信息。)

C. 工作描述(SOW)

(描述执行项目的具体工作。)

D. 可交付结果

(描述执行项目的阶段,完成项目任务的主要交付结果等方面的信息。)

E. 合同类型

(描述使用哪种性质的合同。)

F. 付款方式

(描述付款的时间、金额、币种、方式等。)

G. 建议书的内容

（描述建议书应包括的具体内容。）

H. 建议书的评价标准

（描述评价建议书的主要标准，包括价格、技术方案、项目管理方法、经验与资质等方面。）

I. 提交建议书的时间、地点要求

（描述建议书的截止日期、提交的地点等信息。）

1. 需求建议书的主要内容

（1）项目范围

首先要明确项目所涉及的工作任务和任务范围。对于自动化系统项目来说，应包括自动化系统的控制对象范围、控制系统本身的层次范围和控制系统水平，控制对象是针对工艺检测控制流程；控制系统层次包含了现场仪表设备、L1 基础自动化级、L2 过程控制级、L3 工厂监控级等；控制水平则要定位自动化设备和系统的配置水平以及自动化程度。

（2）项目目标

项目目标是定位项目建设的结果，要明确、具体，尽可能量化，包括交付的成果、技术指标或水平、实施周期、项目费用等。

（3）项目实施内容

自动化系统项目的核心是实现哪些功能，根据功能需要配置检测控设备，功能需求的识别需要详细了解工艺流程，掌握用户现场工艺过程状况、环境条件、系统运行操作方式等，列出详细的功能需求任务书。

（4）其他要求

项目实施还会有一些约束条件，如进度、标准、指标、付款方式等要求。

2. 需求识别

需求识别是对项目功能需求调研的过程，通过与用户交流，逐项清晰项目内容的细节。需识别的方法有访谈、问卷、填表、现场勘查等多种。

延伸阅读
需求问卷

8.1.3　项目立项论证

项目的审批需要经过立项论证,通常都需要经过对立项报告的审核,确认项目的可行性和合理性。对于小型项目,业主自身可以审批立项,对于一些大中型建设项目,会有逐级政府的审批流程,列入建设计划。

1. 项目立项

项目立项需要编制立项报告。报请相关部门和领导审批,下达立项计划,包括项目编号、投资费用、建设周期等。立项报告通常包括以下内容。

① 项目概述:说明项目名称、包括项目编号、投资费用、建设周期等。

② 项目建设的必要性和条件:对项目建设的环境条件、投资条件进行分析说明,具有哪些资源优势,其实施的意义和必要性。

③ 市场预测:说明经过市场调研和产品分析,预计的市场类型、需求量和市场份额的占有率等。

④ 建设规模:项目建成后的生产规模,如产品的年产量。

⑤ 设计方案:说明采用哪些先进技术,创新点或核心技术内容,实施的技术方案和设备、工艺等方面的技术特点和技术水平。

⑥ 投资概算和效益分析:说明投资的主要构成,如设备费用、工程费用等,对项目产生的经济效益进行分析,给出合理的核算依据;同时分析说明产生哪些方面的社会效益,如环境或民生改善,填补技术空白,提升国内外市场竞争力,是否具有推广意义等。

2. 审核论证

综合性项目的审核论证是对项目提出的技术方案、实施的可行性、经济性、市场前景、环境影响等各个方面进行分析论证。对于自动化系统工程项目,重点是技术方案的评审。项目的实施方案会多种多样,但一定也会各有利弊。审核论证的过程,就是要组织各相关方和专家技术人员,对方案进行全方位的审核评价,根据项目提出的目标和业主方的需求,充分考虑技术先进性、投资费用计划和应用的成熟度,选择最佳的方案。

8.1.4　工业机器人实训系统项目策划

项目一中,甲方需要一套集成化的教学实训装备配合教学,具体要求不明确。开展系统集成业务的公司,得到甲方的需求消息后,就派遣业务人员到甲方与负责人交流探讨。明确客户的实际需求,以及其他相关问题,然后根据需求与问题进行分析总结,客户出具一份需求意向书发给集成公司。

需求意向书的目的是从客户的角度出发,全面详尽地阐述客户的基本需求,项目一需求意向书见表8-1。

表8-1 需求意向书

日期： 年 月 号
相关事项
××××单位向××××公司征求建议,要求承约公司具备承接该项业务的资质与丰富的成功案例。其主要目标如下。 1. 对机器人系统集成教学装备具备产品开发和集成经验。 2. 完成产品的相关实训指导书的教学资料编制。 3. 具备实训装备和实训内容的培训服务能力。 4. 完整的机器人系统集成硬件教学装备。
××××公司必须向××××单位提供足够的信息以决定下列事项。 1. ××××单位准备足够的场地用来安放设备。 2. 场地必须有 380V 的三相相供电电源,电流 32A。 3. ××××公司必须提供相关的服务培训以及相关的手册和视频。
本需求建议书内容在项目完成前不得对第三方公开。

1. 项目综述

集成商应提供以下资料。

（1）提供针对该产品的开发设计方案

设计方案包括:机器人系统集成教学装备上所必需的各种模块,如工业机器人品牌与型号,实验台台体结构构造、实验台尺寸大小、实训台的基本构成模块、实训台的整体供电参数、实训台的基本控制模块、视觉传感分析模块、传送模块、堆垛模块、上料模块等。

（2）提供整个教学装备的详细预算

该预算必须合理,尽可能精准,预算高低将直接影响对集成公司的最终选定。

（3）集成公司负责购买准备材料、按照计划实施

给出详尽的工期和每个阶段的任务,并制定出现问题的解决方案。

2. 技术要求

① 实训台主要采用钣金和铝合金型材搭建框架构成实训台台体。

② 实训台整体色彩基调采用银色和灰色,工业机器人本体的色彩不做要求。

③ 实训台整个装备的供电应采用 380V 三相电源供电。

④ 机械结构模块采用钣金零件喷塑和铝合金模块表面喷砂银色氧化。

⑤ 电气控制部分(机器人控制系统之外)采用 PLC 逻辑编程控制方式和触摸屏。

⑥ 要使用视觉传感进行识别引导。

⑦ 线缆的布局按照电气行业生产标准进行,走线整洁美观。

⑧ 集成设备中必须包含安全防护措施和安全防护提醒。

⑨ 气动系统使用空气压缩器作为气源。

⑩ 方案预算资料要详细,包含核心部件和模块的品牌、型号、规格、参数、报价等。

⑪ 方案中要包含关键部分的产品功能和结构的介绍,以及相关的结构构成和图片等。

3. 需交付的设备与资料

① 详细的技术方案书。应详细介绍整体方案、结构、关键技术,主要核心部件品牌、数量、主要参数。

② 整体结构布局的效果图。

③ 供货周期和进度计划,以及产品的报价等。

④ 整套教学装备的详细资料。

4. 审批要求

在设备进行加工制造前,集成商必须获得甲方对最终产品方案的全面认同。

5. 合同类型

合同采用固定价格的形式,与合理满足需求意向书要求的集成商签订正式合同。

6. 截止日期

集成商要在 2017 年 6 月 15 日以前向院校提交 2 份方案书。

7. 时间表

产品的供货周期限定为 3 个月,从 2017 年 7 月 1 日到 9 月 30 日。设备及资料要在 9 月 30 日以前交付给甲方。

8. 付款方式

甲方将按照下面的时间表付款给集成商。

① 当合同签订后,甲方首先付款 30%。

② 当装备和相关材料制造完毕后,甲方再付款 30%。

③ 当装备发货到院校后,装调完毕合格验收时,甲方再付款 35%。

④ 剩余的 5% 作为质保金,在产品交付验收合格后 1 年内作为质保金,1 年内产品没有问题,付款剩余 5%。

9. 意向书答复内容

集成商的方案书至少包括以下内容。

① 技术方案。要针对需求意向书进行明确答复,清晰阐述实现方法。

② 交付物清单。集成商要提供最终交付的设备及资料清单。

③ 进度计划。列出甘特图或网络图表,列明整个产品周期要执行的详细任务的时间表,以便在要求的日期内能够顺利供货。

④ 成功案例。简要介绍一下集成商近期成功完成的项目案例。

⑤ 人员安排。列出项目经理姓名及所执行的项目,以及主要研发人员的介绍。

⑥ 成本概算。必须说明固定成本,并详解成本构成。此外,所有直接或间接

的费用逐条列表也必须包括进来。

10. 方案评价标准

甲方将按照以下的标准评价集成商所提供的产品的方案书：

① 设计方案（30%）。设计的实用性及美观度。

② 经验（30%）。集成商进行类似项目开发的经验。

③ 成本（30%）。集成商方案中所列的固定成本。

④ 进度计划（10%）。集成商应提出进度计划的详细而全面的周期说明，以保障项目能够如期或提前完成。

任务完成报告

姓名		学习日期				
任务名称	项目策划					
学习自评	考核内容			完成情况		
	1. 描述项目的特征			□好　□良好　□一般　□差		
	2. 叙述需求调研分析的内容			□好　□良好　□一般　□差		
	3. 描述立项论证的内容			□好　□良好　□一般　□差		
学习心得						

任务二　项目综合管理

项目管理的核心部分在于进度计划的编制和控制，项目费用的预算和控制，实施过程中质量和安全的控制等。经过多年的积累，项目管理已形成了一整套科学的管理流程和标准方法。

8.2.1　进度计划管理

1. 进度计划的要求

进度计划是整个项目进程的管控依据，根据项目总体目标要求、任务、资源，对项目各阶段任务进行分解，生成详细的任务时序表，确定每项任务的开始时间、结束时间、任务间的关联性，对项目实施过程进行工期安排。科学合理的进度计划是项目顺利实施的基本要素。进度计划按照不同的管理要求，可分为总进度计划、分项工程进度计划、阶段性进度计划等，以便于不同层次管理的需要。进度计划的编制依据主要来源于项目的工期目标、项目资源条件以及与技术经

微课

项目管理

课件

项目管理

项目综合管理　任务二　**205**

济条件的匹配程度、项目各工序内容的实施时间等。进度计划编制包括项目描述、项目分解、工作任务时序安排、任务实施所需的持续时间、网络计划或进度计划图示等。

2. 进度计划的编制方法

(1) 项目分解

项目分解通常采用工作分解结构(work breakdown structure,WBS)图表示,项目分解过程是对项目整体按照任务类别、技术层次、实施路线进行单元性分解,展开所有的工作内容。项目分解没有固定的模式,关键在于抓住项目特点,满足项目实施要求,合理安排资源。掌握不能遗漏任务项,不能重复交叉,便于项目管理分解的基本原则。

图 8-2 所示为某生产线自动化系统实施项目的 WBS 图。

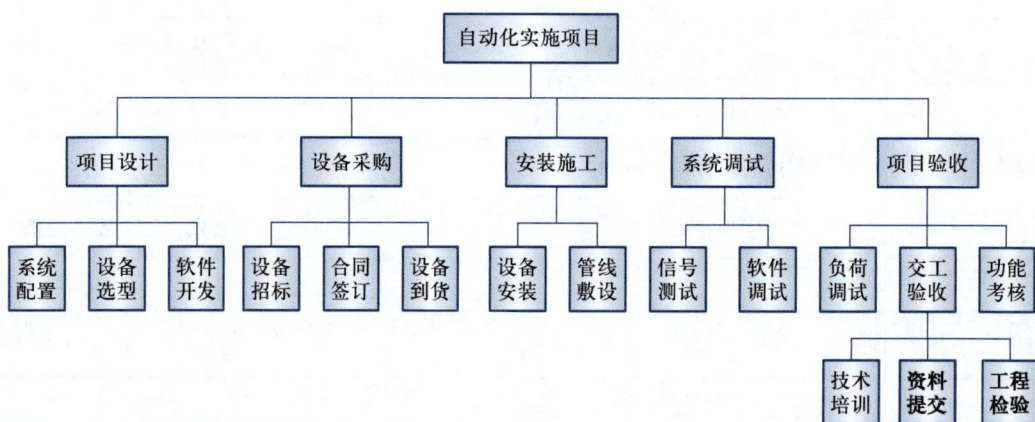

图 8-2 某生产线自动化系统实施项目的 WBS 图

(2) 网络计划

网络计划包括网络图和时间参数。网络图由箭线、节点和线路组成,体现了各子项名称、任务间的工作关系、工作时序和持续时间,表示出每项工作任务的持续时间和任务间的关联性,是项目管理人员和各相关方执行项目的基本依据。网络计划有两种表示结构:双代号网络图和单代号网络图。两种表现形式都是由节点、箭线和相应的符号参数组成的线路图,所表达的概念是相同的,但节点和箭线的含义不尽相同。在双代号网络图中,箭线表示工作任务,箭尾和箭头分别表示工作的起点和终点,箭线上方标示工作任务名称,箭线下方标示实施所需的时间;而在单代号网络图中,节点表示工作,包括了工作编号名称和持续时间,箭线则连接两个相邻工作,表示出两项任务间的关联关系。单代号网络图的识读性较好,逻辑关系清晰,易绘制;双代号网络图便于进行网络优化,也可编制成时间坐标网络,更直观地体现工期进度和工作的关联性。

某自动化系统仪表安装调试项目网络计划中的项目工作列表见表 8-2。

表 8-2　项目工作列表

序号	工作任务名称	工作代号	紧后工作	工作持续时间/天
1	施工图设计交底	A	B、C	1
2	现场施工准备勘查、编制施工方案	B	C	2
3	设备材料统计出库	C	D、E、F	3
4	仪表调教	D	F	3
5	管路、桥架敷设、管件等安装	E	G、H	12
6	现场仪表设备安装	F	I	10
7	电缆敷设	G	I	5
8	介质取样管路、气源管路打压试验	H	J	6
9	仪表较接线	I	J	3
10	设备上电、信号测试	J	K	3
11	仪表带负荷投运调试	K	L	3
12	验收结果	L		2

对应上述项目列表,编制单代号网络图,如图 8-3 所示。

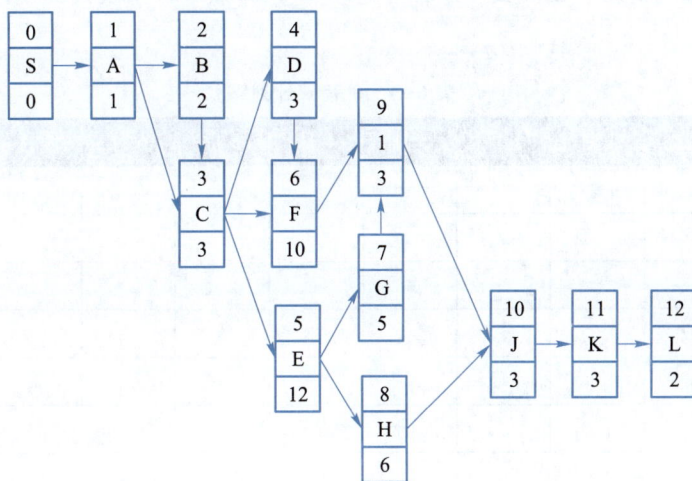

图 8-3　单代号网络图

（3）甘特图

甘特图也是一种项目进度计划的表现形式,由横纵二维平面和横线条组成。横维代表进度时间,时间单位可以根据所要体现的进度计划的详细程度来选择;纵维代表工作项,横线条的长度对应工作项的持续时间。甘特图绘制简洁,清晰直观,适用于简单短周期的项目计划,通过丰富横线条的表现内容,可以反映工程的实际进度和工作项目之间的关系。甘特图举例如图 8-4 所示。

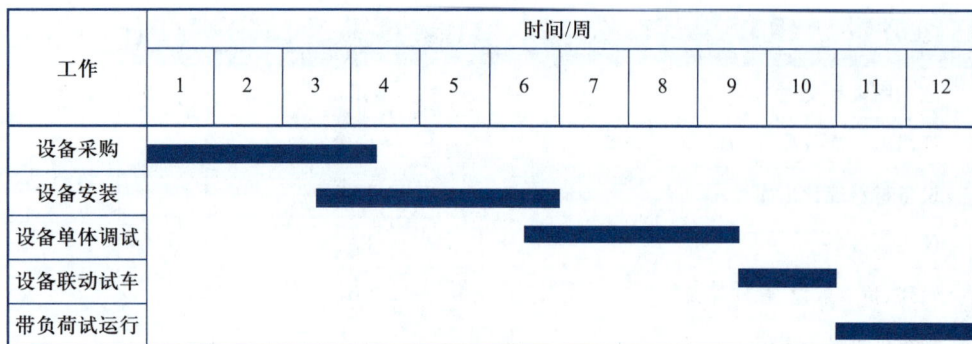

工作	时间/周											
	1	2	3	4	5	6	7	8	9	10	11	12
设备采购												
设备安装												
设备单体调试												
设备联动试车												
带负荷试运行												

图 8-4　甘特图

(4) 里程碑计划

项目通常都会分为几个阶段。里程碑是项目过程中阶段性结果的体现,是表征项目实施过程的关键或重要事件点。设置里程碑的目的是识别项目的重要节点,合理分解项目进程,通过对重要节点的进程控制,以跟踪阶段性目标来保证项目总体计划的推进和实现。里程碑计划的编制步骤首先是确定项目有哪些里程碑事件。这些事件的认定通常采用六西格玛管理方法提出的"头脑风暴法",即团队成员集思广益,充分挖掘队员对项目的理解和认识,收集丰富的事件提案,最终由决策者整理审核,提炼出代表性强的里程碑事件,排出事件实现的预期时间。里程碑计划举例见表 8-3。

表 8-3　里程碑计划

里程碑事件	1 月	2 月	3 月	4 月	5 月	6 月	7 月	8 月
项目技术交流	▲							
签订实施合同		▲						
工厂设计完成			▲					
设备采购完成					▲			
安装调试完成							▲	
系统设置								▲

延伸阅读
自动化工程中的项目资源计划

8.2.2　成本管理

项目立项都经过预算审批,确定项目实施的费用。项目成本管理是对实施项目过程中涉及自费用管理,包括项目资源计划、费用估算和费用控制。

1. 项目资源计划

项目资源计划是项目费用估算的依据。也就是说,项目涉及的资源都包含成本消耗。识别完整的资源计划内容,才能理清费用的结构,合理控制费用的发生。

资源计划是以 WBS 内容为基础,综合项目进度计划、组织机构、项目相关资料等信息汇总项目所需的各类资源和数量统计,明确项目各个阶段和各项工作对资源的使用情况。

2. 费用估算

费用估算是在项目实施前,对项目需要消耗的所有资源费用的近似估计。费用估算的方法包括 WBS、资源计划、定额、进度计划、经验、参考数据等。快捷的估算方法是参考近期类似项目的实际费用,进行逐项比较后,可以直接估算项目费用。参数模型法也是较为简单的估算方法之一,可以选择项目的某些资源费用为基数,其他相关工作费用建立与之关联的数学运算关系。例如,自动化项目的软件费用可以建立在硬件范围的基础上,按照一定的比例范围,根据项目难易程度,确定该项目软件费用的系数。

3. 费用控制

项目投资费用随立项而确定,如何控制项目成本和收益在预算的投资费用范围内,也是项目的实施目标之一。费用控制是对项目成本、技术实现、进度保证的综合协调管理。项目费用包括采购设备材料、人工投入、机具等辅助服务费用。这些费用应由各自负责的部门按项目阶段做出支出计划和支出报表。财务部门监控费用的执行情况,也可以通过专用的管理软件跟踪费用的计划、支出、调整。在项目实施过程中,也会出现设计变更或其他影响造成的项目工作内容和进度计划的改变,必然会引起费用的变化,这也是费用控制所要解决的问题,出现任何变化都必须纳入计划管理。例如,针对变更内容要有审批流程、变更费用核算,保证变更在受控范围。

8.2.3 风险管理

1. 风险的定义

在项目管理中,风险是一种存在于项目过程中的不确定性,会对项目收益带来损失,会造成项目预期目标偏离的事件。

2. 风险事件的识别和分析

风险是存在于项目的全过程中的,所以风险识别在项目的全周期内都需要进行。风险识别包括确定风险来源、风险产生的条件、风险特征和对项目的影响。

在自动化系统工程项目中,风险一方面产生于项目组织过程,另一方面产生于项目技术实施过程。从项目的组织过程看,用户和实施方都存在有主观方面自身对项目的认识、重视程度、配合态度、组织方法等带来的风险因素;同时,在技术实施过程中,从合同和技术协议条款的描述、需求调研分析、方案设计和详细设计、控制功能规格的确认、设备选型采购到应用软件开发、现场调试投运,都存在风险因素。尤其是在项目前期,由于对项目的了解认识也是一个逐步的过程,不确定的因素越多,风险事件的可能性和数量也越大。例如,在需求调研分析阶段,实施方对用户需求的掌握程度既取决于用户的展示,也取决于实施方的引导,因为往往有些用户不清楚如何表述自己的需求才能符合实施方设计素材的需要,而如果实施方

提示

过程控制系统和运动控制系统的自动化项目有不同的工艺流程、控制要求、环境条件等,费用估算也需要考虑到这些不同因素带来的成本投入。

延伸阅读

自动化工程中的费用控制

项目综合管理 任务二 **209**

也不能很好地引导提炼,不能获取有用的、完整的信息,势必造成设计提资的不足或失误,对后续的详细设计、设备配置、软件设计都会产生一系列可能风险。对于识别的风险要认真分析其影响项目的哪些工作、影响的程度和可能的损失,应该由哪些部门提出解决方案,建立这些方案的评价审核和批准流程。

3. 风险管理

项目的风险管理是指通过项目组织对风险识别、评估,采取有效措施对风险事件进行防范、转化和控制。风险管理包括制定风险管理规划(明确方法、人员、时间周期、风险类型定义、应对方式和应对人、报告方式、跟踪方式等)、风险识别分析和量化、风险应对和监控。

在项目启动时,项目经理就可以组织项目组成员,采取头脑风暴法的方式,充分识别各个阶段风险事件的可能性,评估影响程度,提出规避风险的措施。

在自动化系统工程项目中,各阶段需要关注的风险有以下几方面。

① 合同和技术协议签订阶段合同和技术协议的条款是否存在双方责任界定不清晰的风险,是否存在没有量化或时效性的服务条款,是否存在不具备执行条件的条款等。

② 需求调研分析阶段需求内容是否清晰,是否具备判断或量化条件,用户的表述是否完整、清晰且能够准确理解,现场调研是否充分深入。

③ 方案设计和详细设计阶段方案设计是否经过和用户的充分讨论和审核确认,详细设计是否经过各相关方参与的设计联络,解决好自动化与工艺的融合和各相关专业的接口。

④ 设备采购阶段设备的供货周期和质保是否满足项目的执行周期。

⑤ 软件开发阶段开发人员是否充分熟悉工艺流程和检测控制原理,采用新的控制方法是否有成熟的应用。技术人员的能力与所承担的任务难度是否匹配。

⑥ 安装调试阶段工艺和检测设备的安装工期和控制系统安装调试工期的配合是否合理,安装调试的预留时间是否满足。

提示
　　除了项目技术实施过程的风险预控,项目团队和项目各合作方的组织管理也是风险管理的重要部分,团队的凝聚力、队员和部门间的配合协调、管理流程的科学合理性、用户和项目实施方的配合程度,都是风险管理要关注的内容。

8.2.4　质量管理

质量一直被奉为企业的生命之重,质量管理也自然是从产品到工程项目都必不可少的管理内容。国际标准 ISO9001:2000 和国家标准 GB/T19001—2008 都定义了建立质量体系的管理方法、标准和要求。质量的定义是指一组固有特性满足要求的程度。产品的质量管理是以保证产品符合一系列生产制造标准而进行的管理活动。项目的质量管理就是围绕项目工作质量所进行的指挥、协调和控制活动。自动化系统工程项目中,项目的技术特点决定了技术服务质量占有较大的比重,其质量管理内容也有所不同。

项目的质量管理可概括为项目的质量策划、质量控制、质量保证。

1. 质量策划

项目的质量策划是围绕项目的总体目标,明确项目的质量目标,确定项目的质量标准。对于自动化系统工程项目,质量计划根据项目合同范围的内容,分别对设计阶段、设备选型采购阶段、设备安装调试阶段、软件开发和现场调试阶段、系统功能考核验收阶段制定相应的质量标准和管理措施。对于检测仪表等设备,安装和验收都有相应的行业标准,可以直接纳入项目管理的执行标准。而对于系统功能和技术服务的质量衡量,通常是需要以合同和技术协议约定的条款为依据,转化为可衡量的标准。同时,也包括以提升用户满意度、拓展业绩为目标而定义的服务质量标准。

2. 质量控制

质量控制是按照制订的质量计划而进行的管理活动,贯穿于项目实施的全过程。项目的质量控制步骤遵循 PDCA 循环,即计划(plan)、实施(do)、检查(check)和处理(action)。4 个阶段通过制订实施计划、按实施计划执行、对执行情况进行跟踪检查、对发现的问题进行分析,制订应对措施并落实处理,循环往复,保证质量计划受控。在进行质量分析过程中,可以采用因果图、控制图、流程图、帕累托图等统计分析工具,帮助识别问题成因,指导改进方向。要达到质量控制的目的,先要了解影响质量的主要因素有哪些,针对影响因素的控制措施是什么。通常的影响因素分为 5 个方面:人、机具、物料、方法、环境。对于自动化系统工程项目而言,大多数是"人"和"方法"的不确定性影响最大,其中"人"包括了项目团队的所有人,项目的每个参与者的能力、责任心、质量意识等都有差异。控制的措施除了加强思想认识和知识水平的培训提升,就是建立标准化的管理流程和考核机制,约束人的行为规范。这应该就是国外品牌快餐店,无论在什么地点、什么时间、什么人操作的条件下,口味、观感、服务质量几乎都一致的原因。另一方面,"方法"在自动化项目中,主要是指设计和技术措施,对"方法"的质量控制同样离不开标准化的管理流程。例如,对于自动化系统工程项目,设计阶段是整个项目的基础,关系到设备的合理性、功能的完整性,这个阶段也是整个项目质量控制的重点,应该有一套标准的设计方法和审核流程,审核的过程也是分析确认的过程,对此阶段来说也是设计质量控制的方法和步骤。对于其他环节如设备安装调试质量,可以制订一些检查测试的方法,如外观目则检查,数据测试、功能测试,并产生相应的记录,作为质量异议的追踪判断依据。

3. 质量保证

要认识到质量保证是一个指标、一种承诺。不同于一般概念的质量保证,质量保证在很多自动化项目中也是项目的目标承诺之一,如果成为合同指标的一部分,合同双方都应明确质量保证的内容、指标、衡量方法,要认识到质量是有成本的。

质量保证以保证质量为基本条件,通过质量控制达到保证项目每个环节、每个阶段的工作交付物满足质量保证的结果。

8.2.5 安全管理

项目的安全管理与生产的安全管理意义上是相同的,管项目就要管安全,必须在保证人员和设备安全的前提下,才能保证项目的顺利实施。相对于生产安全管理来说,项目的一次性特点更增加了危险的不确定性。因此,项目的安全管理也需要根据项目特点制订相应的管理流程和管理方法。

1. 安全计划

项目的安全管理实施项目经理安全负责制。安全计划要在项目启动投入实施前制订,制订的原则为目标明确,组织机构和制度健全,责任清晰。

对于自动化系统工程项目,制订安全计划前,要针对自动化工程特点分析项目各阶段的危险因素构成,危险性最大的阶段应是安装调试和负荷试车阶段。安装阶段存在交叉施工、现场不确定因素多、变化性大等复杂情况;在负荷调试期间,则由于各种机械、各类动力介质投入运行,强弱电设备接触机会较多,各专业间的配合问题等,存在人身和设备的安全隐患。安全计划的制订要从危险辨识、安全操作规程、安全措施、应急预案的完善入手,使检查考核计划有针对性,有可操作性。

2. 安全控制

安全控制是对安全计划的落实过程,目的是通过控制人的不安全行为和物的不安全状态,防止项目实施中各种危险的发生,确保人身设备的安全。安全控制的内容包括:建立安全管理体系、健全组织机构,对项目相关人员通过技术讲解、危险认知、安全和应急演练等进行安全技术培训,提高安全意识和技术素质;组织隐患查处和违章检查,制订安全措施、事故考核处理办法等,并采用项目例会通报制度,进行动态管理。

8.2.6 标准方法和知识管理

项目管理经历了几十年的发展历史,从最初的建筑、国防领域到现在的各行各业,积累了丰富的知识和经验。现代项目管理逐步发展为独立的学科体系,形成了完整的科学管理理论和标准方法。

1. 标准管理方法

现代项目管理已从项目组织到项目各阶段的管理内容,总结出一套详细的标准管理方法。这些方法既包括了大量的经验和管理理论,也运用了许多数学、统计学等科学工具,满足各种同规模、类型、行业特点的应用。对于自动化系统工程项目,规模和资源类型都远不同于筑、国防、航天和大型建设项目,或者是这类项目中的一个子项目,或者是一个独立的改造目,有其独特的组织特点和技术特点。针对这些特点,如何形成适合自身项目管理需要的标准方法,应当是选择整合所适用的项目管理方法和管理工具,进行实践和提炼,在项目实施过程中持续改进,逐渐将其形成标准化模块。例如,项目团队机构、项目计划(目标、预算、里程碑等)、项目综合管理(风险、质量、进度等)都可以固化其中的结构,采取套用标准,兼顾特征的方式,运用到具体的项目管理过程中。

2. 知识管理

在自动化系统工程项目中,项目知识管理存在于项目实施的各个阶段和各个方面。典型的自动化系统工程包含需求调研分析阶段、设计阶段、设备选型采购阶段、软件开发阶段、现场安装调试阶段、考核验收阶段。针对每个阶段都有各自的知识点和每个项目实施过程中的成功点,知识管理的过程就是提炼总结这些成功的知识点,使其标准化和模块化,并具有动态改进的能力。例如,软件项目实施的难度,往往是由于用户对需求描述的粗放性,而难以准确、完整地获得需求分析的结果。如何弥补这个重要环节的不足，一些公司的经验就是对实施项目的知识积累，并按行业模块化，形成结合了不同行业、不同实施对象知识，具有针对性的专用知识包，再通过项目的积累不断丰富完善，在应用中采用标准模块和个性化信息结合的方式，达到快捷和完善的目的。

8.2.7　变更管理

变更是偏离根据合同内容所制订的工作计划和设计内容的事件。在项目实施过程中，总有各种变化因素或难以预知的情况，人为或非人为影响而带来实施内容变化的需要。几乎所有的项目都会发生变更需求，自动化系统工程项目也同样存在变更管理问题。变更管理的过程就是识别分析变更需求和影响，控制变更的过程。

1. 变更分析

变更需求的来源有以下几方面。

① 用户对项目需求的变化。

② 由于现场工艺条件、环境条件等变化带来的设计变化。

③ 设计考虑不足或设计失误。

④ 其他综合影响。

变更分析是对提出的变更需求的必要性、合理性、可行性、费用和工期影响以及引起变更的责任方进行识别，预算变更对项目费用和工期的影响程度，以确定合同双方是否能够同意变更，或者双方协商如何承担变更成本。

2. 变更控制

变更实施应有相应的管理流程，建立从变更需求开始到确认和审核实施的执行规范。变更确定后，应及时组织制定变更方案，使影响降到最低。形成的变更内容要有双方签认记录，补充变更设计，制订变更计划，及时将变更内容流转至所涉及的相关方，修改影响到的工作计划和所有相关工作内容。

8.2.8　工业机器人实训项目综合管理

工业机器人系统集成工作站设计的项目，整体遵循项目的开发、准备、实施三个阶段，具体每个阶段的要求在项目1任务三中已详细讲述。本项目综合管理以此三阶段为主线，同时涉及成本、风险、安全质量等管理体系。

1. 项目进度计划

每个项目内容仅为项目总体进程中的主线级工作任务计划管理，在设计小组需要对每个项目进行具体化，见表8-4，具体到人员、时间点、任务完成情况。如图纸设计，包括电气图纸、机械图纸；电气图纸和机械图纸又有加工设计图纸和安装图纸，每个要点要具体细化。

2. 成本管理

成本管理主要包括正常情况下费用估算及异常事件发生的成本控制，在此只对正常计划流程下的成本进行了估算，见表8-5。

提示

表8-5仅为参考值，具体成本根据实际情况而定。

表 8-4　项目进度计划表

时间单位:周

项目负责人	项目任务	明细分解	1	2	3	4	5	6	7	8	9	10	11	12
甲	总体方案与合同	总体方案	■											
		技术协议	■											
		合同签订	■											
乙	系统详细设计	电气设计方案		■										
		机械设计方案		■	■									
		电气图纸			■	■								
		机械图纸				■	■							
丙	设备采购	应急设备采购				■	■	■						
		非应急设备采购					■	■	■					
丁	设备装调	设备的安装							■	■	■			
		设备调试									■	■		
戊	整机运行	整机运行调试										■	■	
己	项目结题	项目验收												■

表 8-5　成本估算表

项目		成本/元	备注
机器人本体		80000	
电气设备	主控制器 PLC	8000	包含扩展模块
	人机设备	7000	触摸屏或工控机
	主要模块化设备	3000	相关信号转换模块等
	传感设备	10000	
	电气辅料	5000	低压电器等
机械设备	上下料设备	10000	
	输送设备	8000	
	仓储设备	1000	
	工作台	5000	
	启动设备	10000	
	执行设备	5000	
设计及人工成本		25000	按设备的 17%
总计		177000	

3. 安全、质量的标准化管理

该系统集成项目是高校设计的一套集成化的教学实训装备,用于教学,质量性与安全性管理极为重要。所用设备及安装调试要严格按照国家标准,保证系统的可靠性;编制规范的设计安装操作规范,并且编写教学使用安全管理规范,保证在项目设计过程及其后期投入使用的安全性。

任务完成报告

姓名		学习日期		
任务名称	项目综合管理			
学习自评	考核内容		完成情况	
	1. 制订项目进度管理计划		□好　□良好　□一般　□差	
	2. 管理项目成本		□好　□良好　□一般　□差	
	3. 简述项目风险、质量、安全管理的内容		□好　□良好　□一般　□差	
	4. 简述标准方法和知识管理内容		□好　□良好　□一般　□差	
	5. 简述变更管理内容		□好　□良好　□一般　□差	
学习心得				

任务三　项目验收和文档管理

项目完成实施内容后,进入考核验收阶段,验收通过后正式交付业主使用。验收内容不仅是针对实施成果,也包括项目实施过程的所有文档资料。

8.3.1　项目验收

1. 验收组织

项目验收通过专门的组织机构进行,根据项目性质、规模、内容的不同,机构成员也不尽相同,大型项目通常应由项目接收方(通常为业主单位)、项目团队、相关实施方、项目监理方组成。对于自动化系统工程项目,重点分为现场设备安装的验收和软件功能调试的验收。

设备安装验收,主要根据设计图纸的量项和要求,对施工方单体设备的安装调试、管线桥架敷设、辅助设施等工程质量和图纸资料交接情况进行验收。软件功能调试的验收,主要针对功能规格书的内容对功能投运的效果和软硬件资料交接情况进行验收。

某自动化系统工程项目验收的流程图如图8-5所示。

微课
项目验收

课件
项目验收

延伸阅读
功能指标考核条款

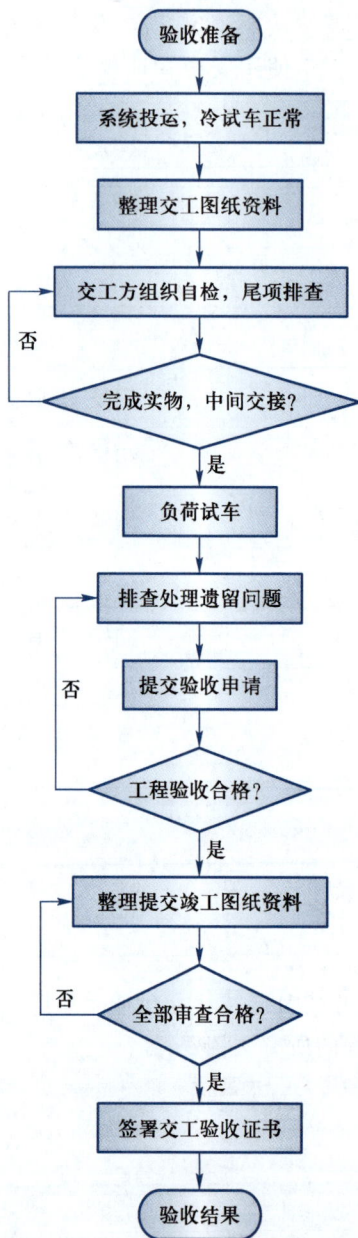

图8-5 某自动化系统工程
项目验收的流程图

2. 验收方法和标准

项目验收方法需要根据项目的类型、特点而确定。自动化系统工程项目中,仪表电气设备安装调试工程的验收都有可遵循的国家和行业标准,其显著特点是仪表电气设备,包括光缆和电缆大多可以采用仪器测试的方法进行确认,确认的过程也有标准可依。其他无标准的量项可以采用国内外和行业的惯例进行。应用软件的验收没有详细统一的标准,通常依据项目合同和技术协议及功能规格书的内容和要求进行。因此,为了避免产生软件功能的争议,在技术附件中应充分明确成果交付的确认方法和依据。验收可重点针对开发的软件系统投运效果是否达到软件需求说明书、详细设计和技术附件所规定的各项技术指标。

项目文件的验收包括图纸(设计图、竣工图、变更图纸)、技术文本资料(设计文本、设备随机资料、设备材料的合格证、仪表检定校准记录等所有与项目相关的内容)、应用软件、电子文档。对图纸资料和电子版的形式和数量也都有要求。

3. 验收结果

项目验收结果包括工程质量的验收结果和项目文件的验收结果。质量验收有标准的验收评定表格,仪表电气设备都可根据评定标准,在验收过程中填报评定表,无可执行标准的部分可根据惯例自制评定项目和标准。项目文件验收结果包括项目文档和验收报告。

4. 功能考核

对于功能性的系统工程项目,除了工程验收外,系统功能考核也是项目最终验收的重要环节。自动化系统工程项目中,基础自动化级、过程控制级和工厂监控级,都是系统性项目,这类项目在合同签订时,需要约定功能指标的类型和数据,以及功能考核的方法和内容。通常功能考核要在生产投运后,工艺流程和设备运行相对稳定的条件下进行,关键是要在合同签订阶段定义清楚这些条款。

8.3.2 合同管理

任何项目都是通过业主方和实施方共同完成的。实施方可能包括设备供应商、技术服务方、工程分包商等多个合作单位。各自的费用、工作内容和责任、合作方式等都需要通过合同和技术协议的方式确定下来,在实施过程中作为约束各方履约的依据,一旦形成合同关系,按照国家合同法的规定,各自的利益就会受到法律保护。在实施过程中如果发生不可调解的争议,即可依法解决。

1. 合同管理

项目的合同可以有多种类型,自动化系统工程项目可以分为自动化工程项目总包合同、分包合同、设备采购合同、技术服务合同、系统或设备运行维保合同等。

合同内容包括:合同的各相关方(甲乙双方的名称,通常甲方为买受人、乙方为卖受人)、合同标的(通常为乙方向甲方提供的货物或服务)、标的的数量和质量、合同金额、合与期限、违约责任、解决争执的方法等。

合同内容经合同双方确认签订生效后,即受法律保护,双方都应按照约定的条款履约,合同管理的过程也是履约的过程。

2. 技术协议

技术协议或技术附件通常是作为合同附件,与合同有同等法律效力。在自动化系统工程项目中,尤其是涉及软件开发、技术服务类型的合同,技术协议或技术附件可以详细地定义软件功能内容、技术服务条款以及双方配合的分工和责任,尽可能量化如服务的次数、质保的时限。同样,对于一些价值较高结构复杂的特殊仪表设备,也可以通过技术协议的方式,约定技术服务内容,如安装指导、仪表调试、维护培训等。对于软件开发部分,还应明确作为软件产品的知识产权所有方,因为开发过程是合同双方都有资源提供,应协商确定知识产权的归属问题。同时,双方也应约定各自承诺的保密行为。

延伸阅读

工业机器人实训系统技术协议书

8.3.3 文档管理

文档是项目的重要组成部分,对项目来说具有重要的历史价值。自动化系统工程项目中,文档管理不仅有大量的日常整理归档工作,还需要有一定的专业知识,识别文档的类型、用途和完整性。除施工图和硬件设备资料外,还有大量的软件资料,而软件资料的难易读性很容易造成资料的缺失和版本的混乱,给后续文档的使用带来不确定性。自动化项目的文档意义很大程度上是为系统运行后的维护改造发挥作用,如系统检修时设备的接线、仪表参数的调校、系统故障的查找、计算机系统死机后软件备份的下载等,因此文档管理工作十分重要。要科学管理项目文档,保证项目执行过程中,所有的技术资料和事件记录都能及时完整地归档,并服务于项目日后的运行维护、问题追踪、信息查阅等。

1. 文档分类

对项目文档进行分类是为了便于文档的管理,项目的复杂程度和规模、类型不同,文档类型和数量也有很大不同。自动化系统工程项目的文档从载体形式可分为纸质文档和电子文档两大类;从工作类型可分为设备工程文档和软件工程文档两大类;从项目工作性质可分为技术文档和管理文档两大类。

设备工程的技术文档主要包括可研报告、初步设计、工程设计图纸、设备招投标资料、设备随机资料、安装调试记录、工程验收记录等。

项目管理文档应包括项目组织机构、项目计划、项目审批文件、会议记录等有关项目实施过程的重要资料。

2. 归档管理

文档管理应建立归档流程和管理制度,保证资料归档的及时性、真实性、有效性和完整性。

建立文档目录,进行文档分类和编号,按类归档,便于查阅检索。

建立归档流程,明确要归档的文档类型、名称、要求和责任人,查阅要求等。

3. 本项目文档资料

交货内容(供货范围),是由甲乙双方商定,以文字形式标明甲方应该向乙方提供的设备、文档、服务等具体明细,在项目完工交付时,逐项交付验收。

- 工作站布局图。
- 工艺流程图、文档。
- 电气原理图。
- PLC、机器人等程序的备份。
- 工作站说明书及相关附件说明书。
- 工作站整体,及易损易耗件的适量备件清单。
- 安装与调试服务手册。
- 培训服务手册。

8.3.4 软件文档管理

自动化系统工程项目中,软件开发往往是项目的主要实施内容,软件文档的管理也更具重要意义。关于软件文档的管理,国家技术监督局已在 1996 年底发布了《软件文档管理指南》,并与 1997 年开始实施。其中对软件文档的管理范围、引用标准、软件文档的作用、文档编制策略和编制标准等进行了说明。

1. 软件文档的编制

软件文档的编制和维护是存在于软件的初期概念、设计开发、集成测试、下载安装、调试投运、修改和升级更新等各个阶段,直至软件生命周期结束。软件文档分为描述软件开发过程的开发文档,描述开发成果和使用维护的产品文档,记录项目管理信息的管理文档。基本的开发文档应包括项目任务书、软件需求、功能规格书、软件设计和测试以及有关软件的详细技术描述等。基本的产品文档应包括产品描述、使用和维护手册、功能等。基本的管理文档包括变更记录、职责定义等。

首先编制文档计划,列出文档目录、参考标准、管理人、质量评审等。根据单位档案管理规则确定软件文档的编号方法,编号具有唯一性和延续性。各阶段文档编制要求的格式具有一致性,便于归类和查询,具有可管理性。对于不同类型的文档,要考虑到不同应用对象的使用,具有可读性。

2. 软件文档的应用管理

软件文档的作用首先是提供管理依据,使管理人员了解软件开发的进程、问题和预期目标,便于实时协调管理。另外,大多数软件项目会是多人、多个专业组合作完成的,或是不同层次的设计合成的。例如,自动化控制系统的软件可能包括基础自动化部分的仪控、电控软件和操作站监控软件,也会包括过程控制级的模型软件或数据管理软件等。各部分软件并非完全独立,对于同一个项目对象来说,是一个整体,相互的关联性很强,数据的交互、功能联锁等,都需要通过文档的联系进行任务联络和工作提交。其他关于质量评审、培训、维护同样是在软件文档的支持下进行的。

软件文档的管理可以使用一些成熟的软件工具,利用图表、索引、数据元素、软件工具所提供的各类功能来进行。

应注意区分项目过程中生成的中间文档和项目结束时的最终文档,尤其对于应用软件从编程到离线测试和在线调试过程中,甚至投运后还会进行不断的修改完善,对于这类资料必须建立版本号制度,明确版本更新和使用流程,保证在各个阶段或不同编程调试人员,都能对软件有序更新和存档。在许多自动化项目中都发生过由于下载软件版本不一致,而导致调试过程控制器、工程师/操作员站、服务器等程序错误,影响系统投运,甚至造成影响生产的问题。

任务完成报告

姓名		学习日期	
任务名称	项目验收和文档管理		
学习自评	考核内容		完成情况
	1. 简述项目验收流程及要点		☐好 ☐良好 ☐一般 ☐差
	2. 简述合同管理方法		☐好 ☐良好 ☐一般 ☐差
	3. 简述文档、软件文档管理方法		☐好 ☐良好 ☐一般 ☐差
学习心得			

项目自评

序号	学习目标	知识技能点	自我评估结果
1	熟悉项目的特征,掌握项目策划的流程及内容	• 项目特征 • 项目调研内容 • 立项论证	□掌握　□初步掌握　□未掌握
2	掌握项目综合管理的内容及各自方法	• 进度计划管理 • 成本管理 • 风险管理 • 质量管理 • 安全管理 • 标准方法和知识管理 • 变更管理	□掌握　□初步掌握　□未掌握
3	掌握项目验收的流程及内容,熟悉后期文档管理的方法	• 项目验收 • 合同管理 • 文档及软件文档管理	□掌握　□初步掌握　□未掌握

学习体会

_____

_____

_____

_____

_____

练习题

1. 简述项目的六大特征。
2. 简述项目策划的主要内容。
3. 简述项目进度计划的编制方法。
4. 简述自动化系统工程项目需要关注的风险。
5. 简述如何实施项目验收。

参考答案

项目 8 练习题

参考文献

[1] 蔡自兴.机器人学基础[M].北京:机械工业出版社,2009.

[2] 周明德.微机原理与接口技术[M].北京:人民邮电出版社,2007.

[3] 郭彤颖,张辉.机器人传感器及其信息融合技术[M].北京:化学工业出版社,2007.

[4] 黄志坚.机器人驱动与控制及应用实例[M].北京:化学工业出版社,2016.

[5] 白柳.液压与气压传动[M].北京:机械工业出版社,2009.

[6] 郑发越.工业网络和现场总线技术基础与案例[M].北京:电子工业出版社,2017.

[7] 阮友德.电气控制与 PLC[M].北京:人民邮电出版社,2009.

[8] 杨杰忠,刘国磊.工业机器人工作站系统集成技术[M].北京:电子工业出版社,2017.

[9] 林燕文.工业机器人系统集成与应用[M].北京:机械工业出版社,2018.

郑重声明

高等教育出版社依法对本书享有专有出版权。任何未经许可的复制、销售行为均违反《中华人民共和国著作权法》，其行为人将承担相应的民事责任和行政责任；构成犯罪的，将被依法追究刑事责任。为了维护市场秩序，保护读者的合法权益，避免读者误用盗版书造成不良后果，我社将配合行政执法部门和司法机关对违法犯罪的单位和个人进行严厉打击。社会各界人士如发现上述侵权行为，希望及时举报，本社将奖励举报有功人员。

反盗版举报电话　（010）58581999　58582371　58582488
反盗版举报传真　（010）82086060
反盗版举报邮箱　dd@ hep.com.cn
通信地址　北京市西城区德外大街 4 号
　　　　　高等教育出版社法律事务与版权管理部
邮政编码　100120

防伪查询说明

用户购书后刮开封底防伪涂层，利用手机微信等软件扫描二维码，会跳转至防伪查询网页，获得所购图书详细信息。用户也可将防伪二维码下的 20 位密码按从左到右、从上到下的顺序发送短信至 106695881280，免费查询所购图书真伪。

反盗版短信举报

编辑短信"JB，图书名称，出版社，购买地点"发送至 10669588128

防伪客服电话

（010）58582300

资源服务提示

欢迎访问职业教育数字化学习中心——"智慧职教"（http://www.icve.com.cn），以前未在本网站注册的用户，请先注册。用户登录后，在首页或"课程"频道搜索本书对应课程"工业机器人工作站系统集成"进行在线学习。